C# 12

y Visual Studio Code

Fundamentos del lenguaje

Descarga

código fuente

Christophe
Mommer

ISBN: 978-2-409-04942-2
Edición original: 978-2-409-04478-6

Ediciones ENI

P° Ferrocarriles Catalanes, 97-117, 2a pl. of. 18
08940 - Cornellà de Llobregat (Barcelona)

Tel: 934 246 401
Fax: 934 231 576

e-mail: info@ediciones-eni.com
http://www.ediciones-eni.com

Autor: Christophe Mommer
Edición española: Beatriz Goyanes Arnedo
y Luis Ignacio Abad Olmos
Colección **Recursos Informáticos** dirigida por Émilie VILLETORTE

Para poder acceder durante un año
a la versión online de este libro,
envíenos su justificante de compra a

librodigital@ediciones-eni.com

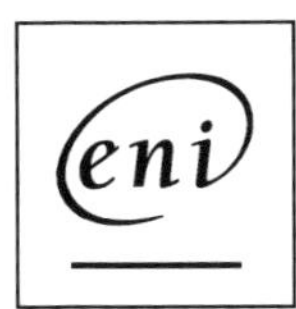

Prólogo

En 2024 no es fácil elegir un lenguaje de programación cuando se quiere empezar una carrera como desarrollador o simplemente entregarse a los placeres de la creación de aplicaciones. Uno de los principales criterios que vuelven a aparecer a menudo es lo que se puede hacer con el lenguaje elegido.

C# es un lenguaje muy popular en el mercado, situado de manera sistemática en todos los estudios entre los diez lenguajes más interesantes, como la clasificación Tiobe, actualizada todos los años. Pero lo que también constituye uno de sus puntos fuertes es su gran alcance estos últimos años, especialmente porque ha sido lanzado con código abierto y se ha convertido en multiplataforma.

En otras palabras, eso significa que todo el mundo puede usar el lenguaje y contribuir a él, pero también puede servir para crear aplicaciones bajo cualquier forma. Para poder enfrentarse a estos desafíos, el lector debe conocer los conceptos fundamentales del lenguaje para crear aplicaciones robustas. Por eso, el libro C#12 y Visual Studio Code va dirigido a todos, tanto principiantes como experimentados, que ya conocen un lenguaje de programación o, simplemente, quieren empezar a aprender uno.

No hay requisitos previos y todos los términos se han estudiado y analizado a fondo con objeto de darle al lector el contexto vinculado con lo que aprende, para reutilizarlo correctamente. El libro se divide en capítulos muy progresivos. Si el lector ya está familiarizado con las bases de la programación, puede leer superficialmente los primeros capítulos porque cubren los fundamentos de la algoritmia y de la programación.

Después de un primer capítulo de introducción general, el segundo da una visión general de las bases de la programación y responde específicamente a la pregunta de la diferencia entre una variable y una constante. También se ven algunos tipos comunes, como las cadenas de caracteres o los enteros, y es el momento de conocer la estructura de una instrucción C#.

En el tercer capítulo puede familiarizarse con el concepto básico y fundacional de la programación orientada a objetos. Este concepto es esencial porque estructura todas las aplicaciones C# existentes; el programa mismo se basa en los principios de la programación orientada a objetos.

En el cuarto capítulo se abordan cuestiones de algoritmia, que permiten descubrir los fundamentos del lenguaje con la finalidad de obtener algoritmos comunes, como la creación de bucles, la gestión de los errores o las rutas de código con las instrucciones condicionales.

A partir del quinto capítulo, el libro estudia los temas más avanzados, empezando por LINQ. Esta solución proporcionada por C# permite usar colecciones en memoria, así como bases de datos. El capítulo da las explicaciones necesarias, pero también aparece como un capítulo de referencia: cuando el lector tenga una pregunta sobre LINQ, aquí podrá encontrar una respuesta con rapidez.

El sexto capítulo aborda el tema extremadamente moderno de la serialización. Este procedimiento aspira a transformar un objeto en una forma que puede pasar por los modos de comunicación estándar (como el protocolo HTTP). Así, vemos cómo es posible transformar objetos en flujo JSON o XML, y cómo leer estos flujos para reproducir objetos en memoria. Este funcionamiento es fundamental en las aplicaciones modernas ultra conectadas.

El séptimo capítulo trata temas más avanzados, como el asincronismo y conceptos algorítmicos más complejos. Estos últimos abarcan la programación reactiva o incluso la gestión de la memoria en C#.

El octavo capítulo es la introducción al campo de las posibilidades usando el lenguaje. En efecto, al llegar a este capítulo, el lector principiante tiene una visión consolidada del conjunto de los proyectos factibles en C#, pero no es capaz de saber cómo crear una aplicación. En este capítulo se muestra la introducción a la creación de aplicaciones web, Windows y móviles. Así, el lector puede acudir a los textos especializados para profundizar en un tipo de aplicación u otra.

En el noveno y último capítulo encontrará un memorando de referencia que permite tener siempre disponible la lista de las palabras clave importantes, para consultarlas sin tener que hojear el libro.

Cuando el lector haya leído todo el libro, tendrá una visión más clara de la dirección que desea tomar con el lenguaje C# para su próxima aplicación, mientras descubre un conjunto de funcionalidades avanzadas.

Podrá descargar algunos elementos de este libro en la página web de Ediciones ENI: **http://www.ediciones-eni.com**.
Escriba la referencia ENI del libro **RIT12CSHAVSC** en la zona de búsqueda y valide. Haga clic en el título y después en el botón de descarga.

Capítulo 3
Programación orientada a objetos

Capítulo 4
Algoritmia

Capítulo 5
LINQ

Capítulo 6
Serialización

Capítulo 7
Conceptos avanzados

Capítulo 8
Crear aplicaciones

Capítulo 9
Referencia

Capítulo 1
Introducción

1. ¿Qué es C#?

El lenguaje C# (se pronuncia «ci sharp» en inglés) es un lenguaje de programación fuertemente tipado, orientado a objetos y multiplataforma. Para desmitificar esta definición, vamos a ver el significado de los elementos:

- Como vamos a ver durante el segundo capítulo, fuertemente tipado significa que todos los elementos se declaran inicialmente con un tipo determinado, que no se podrá modificar durante toda su vida. Por ejemplo, si declaramos un entero para almacenar en él un valor cualquiera, como la edad de una persona, luego no podremos almacenar en él su nombre en lugar de la cantidad de años porque es una cadena de caracteres, y no un entero. Este funcionamiento es muy distinto del de algunos lenguajes denominados débilmente tipados, como JavaScript, por ejemplo.
- El desarrollo orientado a objetos es una forma específica de escribir código informático siguiendo un paradigma preciso. Estudiaremos este tema detalladamente durante un capítulo de este libro. Por ahora, lo único que necesitamos saber es que el lenguaje se clasifica en esta categoría. Como información, existen lenguajes denominados «procedimentales» (como el lenguaje C) y lenguajes denominados «funcionales» (como el lenguaje F#).

- Multiplataforma porque el lenguaje permite realizar aplicaciones que no dependen de la plataforma. En efecto, C# se utiliza como un conjunto de herramientas, llamado framework.NET, que le da al desarrollador la posibilidad de crear aplicaciones con tipologías muy diversas. En este sentido, se puede usar en cualquier tipo de entorno (PC, Mac, móvil, TV, Smart Watch, etc.).

Como habrá comprendido, con el lenguaje C# y el framework .NET, tiene la capacidad de crear una aplicación que puede funcionar en distintos lugares con un mínimo esfuerzo. En este libro veremos algunos ejemplos de aplicaciones que se pueden hacer con C#. Sin embargo, no olvide que, según el destino deseado, habrá limitaciones de entorno. Por ejemplo, incluso si el lenguaje sigue siendo el mismo y los principios son comunes, no puede crear un sitio de internet de la misma manera que una aplicación para Smart Watch. Este libro se centra en las bases del lenguaje, de manera que, cuando escriba su primera aplicación, en función del destino elegido, podrá disfrutar de lo que ofrece el lenguaje.

1.1 ¿Qué se puede hacer con C#?

Aprender un lenguaje de programación es una decisión que debe tomarse en función de varios criterios. Entre ellos, sería lógico que encontrásemos la siguiente pregunta: «Si conociera este lenguaje, ¿qué aplicación podría crear?».

Hemos empezado a mencionarlo muy rápido, pero vamos a ver con más detalle lo que podemos crear con el lenguaje C#.

- Aplicaciones para Microsoft Windows. Con C#, dispone de tres tecnologías que permiten hacer aplicaciones gráficas que se pueden ejecutar e instalar en un ordenador que funciona con Windows. Microsoft da soporte completo a estas tres tecnologías, WinForms, WPF y WinUI (sucesor de la tecnología UWP), en todas las versiones de Windows disponibles en la actualidad. Cabe señalar que WinUI solo permite crear aplicaciones nativas compatibles con Windows 10 y Windows 11.

- Aplicaciones móviles. Con el framework MAUI, puede hacer su próxima aplicación móvil, ejecutable en Android o iOS. MAUI también ofrece la posibilidad de crear una variante de su aplicación en Windows y macOS para para ir más rápido. Todos los proyectos realizados con MAUI se transformarán en aplicación nativa, como si la hubiera escrito directamente en el lenguaje de programación de la plataforma de destino. MAUI es el sucesor del framework Xamarin.
- Sitios y aplicaciones web. Con el framework ASP.NET, se pueden hacer diversas aplicaciones que se ejecutan en internet: sitio escaparate, sitio de comercio electrónico, aplicación de empresa, etc. Con la llegada de .NET 8, Microsoft unificó el desarrollo de aplicaciones web en torno a la tecnología denominada Blazor, que permite crear aplicaciones dinámicas, lo que da al usuario la sensación de que está navegando en una aplicación real, pero también aplicaciones web que se ejecutan íntegramente en el servidor. ASP.NET también permite crear API (*Application Programming Interface*) destinadas a conectar aplicaciones entre sí.
- Videojuegos. Gracias a los motores Unity y Godot, se pueden crear videojuegos con el lenguaje C#. Usará el lenguaje especialmente para escribir scripts y programar el comportamiento global de su juego.
- Aplicaciones integradas. C# se puede ejecutar en entornos que presentan limitaciones de hardware (Raspberry Pi o Smart Watch), y algunos tipos de proyectos se pueden usar para hacer funcionar su aplicación C# en entornos con capacidades limitadas.
- Inteligencia artificial, gracias al framework ML.NET. Podrá escribir algoritmos capaces de interpretar recursos, como textos o imágenes, gracias a un sistema de fácil aprendizaje.

Hay muchas otras posibilidades; esta lista no puede ser exhaustiva. La comunidad en torno al lenguaje C# es muy grande, y hay muchas herramientas y frameworks no oficiales (es decir, no soportados oficialmente por Microsoft, pero sin embargo funcionales y que se benefician del reconocimiento internacional que se ha forjado a lo largo de los años) que le permitirán implementar todo tipo de usos y funciones. Podemos enumerar, entre las que existen, AvaloniaUI o incluso Uno Platform.

1.2 ¿El lenguaje es estable y permanente?

El proceso intelectual que intenta determinar si se debe aprender un lenguaje debe integrar estas reflexiones: ¿cuánto tiempo hace que existe este lenguaje? ¿Quién lo usa? Cuando lo haya aprendido, ¿todavía existirá y podrá usarlo?

Estas preguntas son legítimas, y C# es un candidato excelente por los siguientes motivos:

- La primera versión se anunció y publicó en 2001, es decir, veintitrés años antes de la fecha de redacción de este libro. Después, el lenguaje no ha dejado de evolucionar hasta la versión actual, la versión 12.
- Según un estudio realizado por el sitio Stack Overflow (primera comunidad de cooperación entre desarrolladores en la web, que reúne a millones de usuarios), en 2023 el lenguaje C# está clasificado como uno de los diez lenguajes más populares y más apreciados por los desarrolladores. El framework .NET, por su parte, ocupa el primer lugar entre los frameworks más populares en la misma encuesta (fuente: https://survey.stackoverflow.co/2023/).
- Microsoft es el editor oficial que inició el lenguaje C# y además lo usa para una parte de sus productos, como el motor de búsqueda Bing o incluso el editor de código Visual Studio para Windows. Algunas partes del sistema operativo Windows incluso se basan en el framework .NET. Este último, del que volveremos a hablar durante todo el libro, contiene, entre otras cosas, una colección de herramientas disponibles con el lenguaje.

Considerando algunos de estos puntos, podemos constatar que el lenguaje C# es una parte bien implantada, con sus veintitrés años de existencia, pero también augura un futuro bastante seguro porque no ha dejado de entusiasmar, sino todo lo contrario. Para terminar, Microsoft debe mantener el lenguaje para su propio uso, y el riesgo de que Microsoft se declare en quiebra durante los próximos años es poco probable.

2. Preparar el entorno

El lenguaje no es útil por sí solo, puesto que unicamente define la sintaxis. Es necesario definir una aplicación de destino para usar todo su potencial. Por lo tanto, vamos a tener que elegir:

- el tipo de proyecto que vamos a realizar;
- las herramientas para programar el proyecto antes elegido.

Aunque hemos visto que hay una cantidad bastante impresionante de tipos de proyectos, cada uno tiene sus propias particularidades. Una problemática que aparece es que, para la primera aproximación al lenguaje, no se recomienda añadir limitaciones vinculadas a un entorno muy concreto.

Por eso, la mejor manera de aprender C# es trabajar en una aplicación pequeña que se ejecutará en una consola, lo que se parece a una interfaz de línea de comandos. Desde luego esto no es muy atractivo, pero permite no tener ninguna limitación que interferiría en nuestro necesario aprendizaje de las bases.

Los archivos de código fuente C# son archivos de texto plano; por eso podemos prepararlos y leerlos con cualquier editor de texto (como el bloc de notas de Windows o vi de Linux, por ejemplo). No obstante, hay herramientas llamadas editores de código o IDE (*Integrated Development Environnement* o, en español, entorno de desarrollo integrado) que ofrecen muchas ventajas. Según el sistema operativo, es recomendable elegir uno de los siguientes IDE:

- Para Windows, puede desarrollar la aplicación C# con Visual Studio 2022, Visual Studio Code o Rider.
- En Linux o macOS, puede desarrollar la aplicación C# con Visual Studio Code o Rider.

Visual Studio Code es una herramienta gratuita presente en todas las plataformas, la usaremos para trabajar en este libro. Cuando tenga bastante experiencia, podrá probar otro editor, según su sistema operativo, para comparar.

Observación

De manera bastante lógica, Visual Studio 2022 para Windows (el editor por excelencia) es la herramienta más completa y potente para hacer aplicaciones C#. Sin embargo, dado que este libro se dirige a desarrolladores de todo tipo, para que todos puedan experimentar en su sistema operativo, la elección recae de manera natural en Visual Studio Code.

2.1 Instalación y configuración de Visual Studio Code

Para instalar Visual Studio Code en su ordenador y empezar a trabajar, tiene que visitar el sitio de internet de la herramienta:
https://code.visualstudio.com/

A continuación podrá consultar las instrucciones de instalación, que difieren un poco según el sistema operativo.

Observación

En general, el sitio de internet Visual Studio Code detecta el sistema operativo y propone directamente la versión adaptada. Si no es así, solo tendrá que usar la lista desplegable para acceder a la versión adecuada.

Después de instalar el entorno, debería poder ejecutarlo y tener una ventana que, en general, se parece a esta (excepto los iconos presentes en la barra lateral izquierda, que son extensiones):

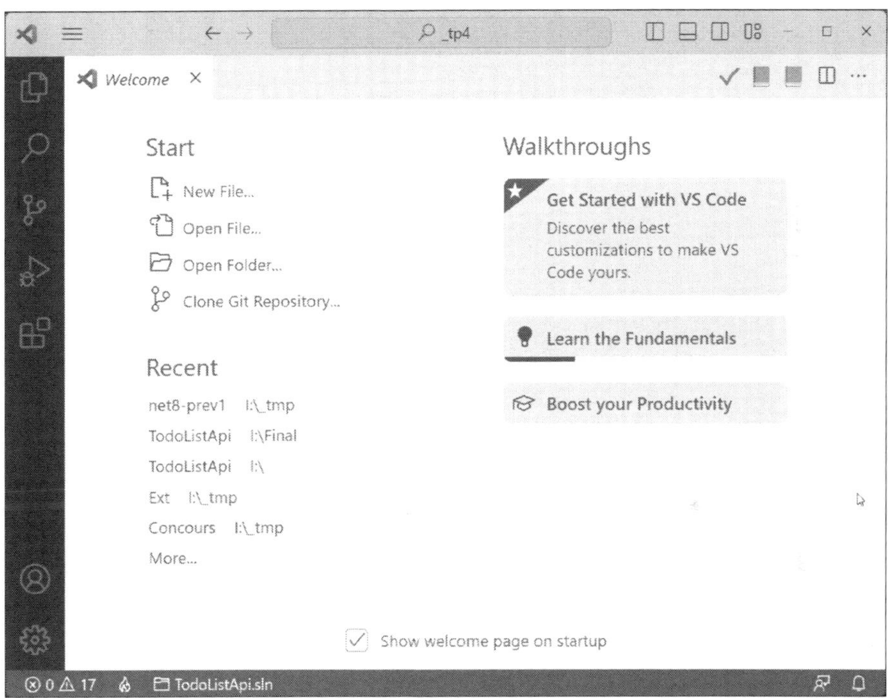

Pantalla de inicio de Visual Studio Code

Si ha llegado al mismo resultado, ahora dispone del editor de código para empezar a trabajar. En caso contrario, le invitamos a empezar de nuevo siguiendo las instrucciones del sitio de Visual Studio Code hasta conseguir instalarlo. La documentación oficial describe detalladamente (en inglés) el procedimiento para su sistema operativo:

- Para Linux: https://code.visualstudio.com/docs/setup/linux
- Para macOS: https://code.visualstudio.com/docs/setup/mac
- Para Windows: https://code.visualstudio.com/docs/setup/windows

Aunque el editor Visual Studio Code sea muy completo de manera predeterminada, no comprende el lenguaje C# (es decir, que lo mostrará como texto sin formato) si no instalamos una extensión que interprete el contenido de los archivos C#. Para que su instancia de Visual Studio Code pueda leer los archivos C# (identificados con la extensión .cs), tiene que ir al icono de las extensiones en la barra lateral izquierda:

Icono lateral para la gestión de las extensiones con Visual Studio Code

En la ventana que se abre, instale la extensión C# Dev Kit (publicada y mantenida por Microsoft). La extensión C# Dev Kit es en realidad una compilación de extensiones y contiene todo lo necesario para tener la mejor experiencia de desarrollo con C# dentro de Visual Studio Code:

- En primer lugar, la extensión llamada C#, que agrega soporte para el lenguaje C# dentro de Visual Studio Code, en particular para tener resaltado de sintaxis y autocompletado al ingresar.
- Pero igualmente IntelliCode para C#, que es una herramienta de apoyo al desarrollo, asistida por inteligencia artificial, que garantizará que la ventana de autocompletado le ofrezca primero las opciones más relevantes.
- Y finalmente, .NET Runtime Install Tool, que instalará automáticamente el SDK (*Software Development Kit*) y el tiempo de ejecución que le permitirá ejecutar y compilar aplicaciones C# localmente.

Las dos extensiones anteriores se pueden instalar individualmente si es necesario. La primera es necesaria para poder desarrollar y seguir los ejercicios y demostraciones de este libro. El segundo es opcional, pero proporciona una gran comodidad al escribir y mayor productividad.

Para instalar una extensión, solo tiene que introducir el nombre de la extensión que desea instalar en la zona de escritura destinada para ello (en la parte superior izquierda), seleccionar la extensión deseada en la lista debajo de la zona de búsqueda y, en la parte superior derecha, hacer clic en el botón **Install**.

En general, Visual Studio Code le pide que reinicie. Proceda con el reinicio de Visual Studio Code al final de la instalación de todas las extensiones para evitar tener que hacerlo después de la instalación de cada una de ellas.

2.2 Instalar las herramientas de compilación

Ahora es necesario pedir a Visual Studio Code que instale las herramientas .NET. Para hacer esto:

- Abra Visual Studio Code.
- Presione el comando [Ctrl]+[Mayús]+P, que abrirá una lista desplegable en la parte superior central de la ventana.
- Busque «Welcome» para encontrar **Welcome: Open Walkthrough...**.
- Elija la opción **Get Started with C# Dev Kit**.

Las Herramientas de Microsoft comenzarán a instalar las herramientas necesarias. En caso de que surja un problema, se abrirá una ventana emergente en la parte inferior derecha que le mostrará el problema encontrado y una posible solución. Por ejemplo, es posible que el SDK no se instale correctamente, por lo que sería necesario instalarlo manualmente. Puede descargarlo en la siguiente dirección:
https://dotnet.microsoft.com/en-us/download/dotnet/sdk-for-vs-code

Observación

El Dev Kit C# requiere autenticación para tener acceso a todas las funciones. Esto simplemente requiere una cuenta gratuita de Microsoft y es altamente recomendado.

Para verificar que la instalación del runtime y del SDK fue exitosa, simplemente abra una terminal en Visual Studio Code (menú **View** y luego opción **Terminal**) e ingrese el siguiente comando:

```
dotnet --list-sdks
```

Después de este comando, debería aparecer una respuesta donde se muestran las versiones de los SDK de .NET instalados en el ordenador, así como su ubicación en el disco duro.

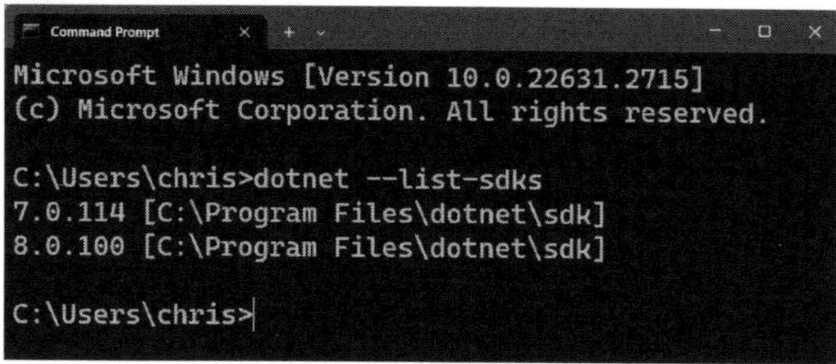

Lista de los SDK instalados

Asegúrese de tener una versión que comience con 8.0 instalada en su máquina para poder seguir el resto del libro.

Si todo se ha desarrollado bien, enhorabuena: ahora está listo para empezar su aprendizaje de C#. Antes de pasar a la práctica, primero vamos a ver un concepto importante en el funcionamiento del lenguaje C#.

3. ¿Cómo funciona C#?

Un ordenador no puede comprender directamente el código fuente escrito en C#. Se trata de un lenguaje de alto nivel que ayuda al desarrollador a ser más productivo y más eficaz, pero este lenguaje no se puede usar directamente sin modificaciones. Vamos a escribir código C# y también vamos a garantizar que este código se pueda transformar en aplicación.

Para ello hay que pasar por dos procesos: la compilación y la ejecución. Como habrá comprendido, el código C# solo es un medio, y no un fin. Entre las herramientas que hemos instalado antes, especialmente las incluidas en el SDK, se encuentran dos utilidades que permiten transformar código C# en aplicación ejecutable: el compilador y la runtime.

La primera etapa consiste en transformar el código C# en un código de base, no comprensible directamente por el ordenador, sino por una pequeña máquina virtual: el CLR (*Common Language Runtime*). El compilador «reescribe» el código C# en otro lenguaje, que se llama código IL (*Intermediate Language*) y la máquina virtual ejecuta este último.

Aunque no está obligado a comprender ni a controlar este aspecto por completo para escribir código en C#, eso permite formular un concepto importante: el código C# se transformará. En efecto, el compilador efectuará un conjunto de modificaciones y mejoras, pero también verificaciones en el código fuente. Si su código C# no compila, eso significa que ha escrito código que no se puede transformar y entonces no es utilizable. Funciona como una primera barrera de seguridad, que no evita todos los problemas, pero que permite estar seguro de que lo que se ha escrito es transformable.

Una vez producido este código, mediante un archivo DLL o un programa ejecutable, según la plataforma a la que vaya dirigido, la máquina virtual que realiza la transformación entre el código intermedio (el código IL) y las instrucciones materiales del ordenador lo lee y lo utiliza. Por eso ha tenido que instalar un SDK específico en su sistema operativo, porque todos no «hablan el mismo lenguaje» (de hecho, el SDK contiene la runtime, que es la pequeña máquina virtual).

Aunque estas explicaciones pueden parecer complicadas, solo hay que recordar que la única vocación del código C# es ser transformado, según la plataforma a la que vaya dirigido, para después ser utilizado por la máquina virtual instalada en la mencionada plataforma.

De la misma manera, para que pueda escribir C#, necesita un conjunto de elementos básicos sobre los que apoyarse. De hecho, aunque el sistema operativo presenta algunas posibilidades técnicas (como leer un archivo o mostrar un mensaje), el lenguaje C# no sería interesante si estuviera obligado a conocer la manera mediante la que el sistema operativo debe recibir las instrucciones.

Con el SDK también se instaló un conjunto de herramientas desarrolladas por Microsoft, listas para usar. Este conjunto se llama la BCL (*Base Class Library*) o a veces FCL (*Framework Class Library*). El punto importante es que C#, que se basa en el framework .NET, ya dispone de un amplio conjunto de utilidades que le permiten escribir código con más facilidad.

Simplificado en un esquema, así es como funcionará el futuro código:

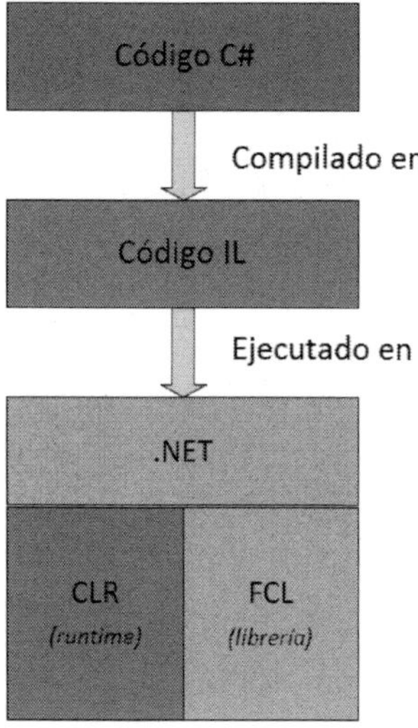

Esquema de la transformación del código C# en código ejecutable.

Armados con estos conocimientos nuevos y buenas herramientas, no esperaremos más y vamos a empezar por crear una aplicación nueva para descubrir la sintaxis del lenguaje.

Observación

.NET 8 democratizó el modo de compilación AOT (Ahead Of Time), que permite obtener instrucciones nativas por adelantado desde la etapa de compilación. De esta manera, el compilador no generará instrucciones IL que luego serán evaluadas por el CLR, sino directamente las instrucciones nativas para el tipo de procesador de destino.

Este enfoque es menos flexible porque requiere conocer con precisión la plataforma en la que se ejecutará la aplicación. Asimismo, a diferencia de una compilación clásica, un programa compilado en AOT no puede ejecutarse en una plataforma distinta a la inicialmente prevista. Por tanto, será necesario compilar la aplicación en AOT para cada plataforma de destino.

Sin embargo, obtener instrucciones nativas directamente y prescindir del CLR para interpretar el código IL brindará un mayor rendimiento, no solo con un inicio más rápido, sino también con menos memoria y consumo de CPU.

También es importante tener en cuenta que compilar en AOT reduce drásticamente el código que se puede escribir, porque no todos los métodos del framework ni todos los tipos de aplicaciones están disponibles en AOT. Se tratará, por tanto, de estudiar la viabilidad del proyecto en cuestión y su beneficio real, y no de convertirlo en una opción por defecto.

Capítulo 2
Primer programa

1. Crear la primera aplicación C#

Ahora ha llegado el momento de pasar a la práctica y descubrir las bases de C# mediante la creación de un primer programa. Como ya se ha mencionado en la introducción, para que no nos molesten los límites propios de un entorno específico, vamos a crear nuestra primera aplicación como si fuera una aplicación de consola. Más adelante en este libro estudiaremos otras formas de aplicaciones.

Teniendo en cuenta que hemos elegido usar Visual Studio Code, hay que pasar por la línea de comandos para crear una aplicación nueva.

En el primer momento, Visual Studio Code probablemente le pedirá que instale el paquete de idioma español para tener los elementos de la interfaz en español. Esta es una elección completamente personal y válida. Sin embargo, el autor recomienda seguir con la versión en inglés de la interfaz para evitar errores de traducción que puedan generar malentendidos. Por ello, todas las capturas de pantalla de Visual Studio Code estarán en inglés.

Para crear nuestra primera aplicación, hay que seguir las siguientes etapas:

- Cree una carpeta nueva en algún lugar del ordenador (en el escritorio, por ejemplo, o en una carpeta donde estén guardados sus documentos) y llámela «MiPrimeraAplicacion».

- Vaya a esta carpeta y abra Visual Studio Code en la raíz de dicha carpeta (en Windows, haga clic derecho en el explorador y luego seleccione **Abrir con Code**. En macOS o Linux, vaya a la carpeta con un terminal y escriba el comando "`code .`").
- Después de abrir la carpeta en Visual Studio Code, abra un terminal nuevo directamente integrado en el editor (haga clic en el menú superior **Terminal** y luego seleccione **New Terminal**). Hay que tener en cuenta que si la interfaz es reducida (como es el caso en la captura de pantalla siguiente), será necesario usar el menú lateral para encontrar el menú **Terminal**.
- En el terminal que se ha abierto en la parte inferior de la pantalla, compruebe que se encuentra en la carpeta correcta y escriba el comando `dotnet new console`.
- En el explorador de archivos de Visual Studio Code (o del sistema operativo), compruebe que los archivos se han creado correctamente.

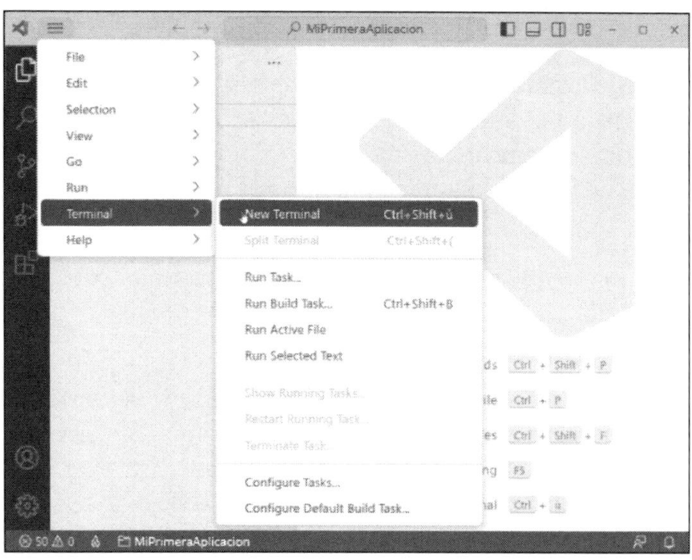

Creación de la aplicación C# con Visual Studio Code

Como consecuencia de esta operación, se ha creado una carpeta llamada **obj** y dos archivos: **MiPrimeraAplicacion.csproj** y **Program.cs**. La carpeta **obj** no nos interesa en el fondo, porque es una carpeta de trabajo temporal que usan las herramientas .NET para trabajar con la finalidad de generar la aplicación de manera definitiva. También es posible que se haya creado una carpeta **bin**; esta carpeta contiene los binarios de la aplicación C# compilados, que veremos más adelante en este libro.

El archivo con la extensión .csproj es el que describe el proyecto C#. Este archivo, estructurado mediante el lenguaje XML, contiene información útil para las herramientas de compilación, pero no afecta al lenguaje directamente. Por eso no vamos a estudiarlo en este momento.

El archivo Program.cs contiene código C#.

Observación

La extensión .cs para csharp es una convención que se usa para reconocer los archivos. No es obligatoria, pero sí muy recomendable, porque la extensión permitirá colocar algunos mecanismos automáticos, como definir qué herramienta abrirá el archivo en caso de doble clic, etc. Se recomienda mantener siempre la extensión .cs para todos los archivos de código C#.

Haciendo clic en él en el explorador de archivos disponible a la izquierda de Visual Studio Code (asegúrese de haber seleccionado correctamente el primer icono en la barra de iconos lateral situada a la izquierda), podemos ver el contenido de un archivo C# con la capacidad llamada coloreado de sintaxis.

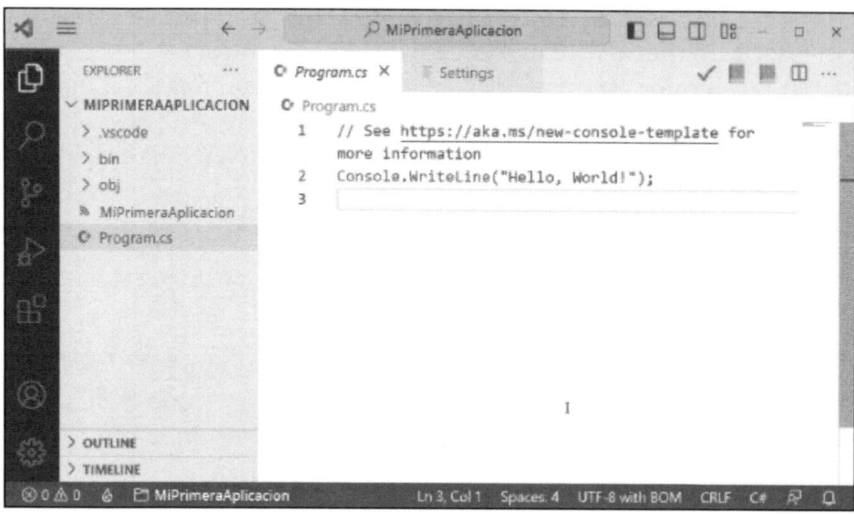

Apertura de un archivo C# con Visual Studio Code

De ahora en adelante, vamos a poder examinar el código fuente de este primer archivo para comprender las bases y el funcionamiento del lenguaje.

Observación

Es posible que Visual Studio Code muestre una pequeña ventana emergente en la parte inferior derecha para solicitar añadir ciertos elementos necesarios, como se muestra en la imagen inferior. Lo mejor es hacer clic en el botón ***Yes*** *para aprovechar al máximo la experiencia de desarrollo. Después de aceptar esta petición, en el sistema de archivos debería estar disponible una carpeta nueva llamada «.vscode».*

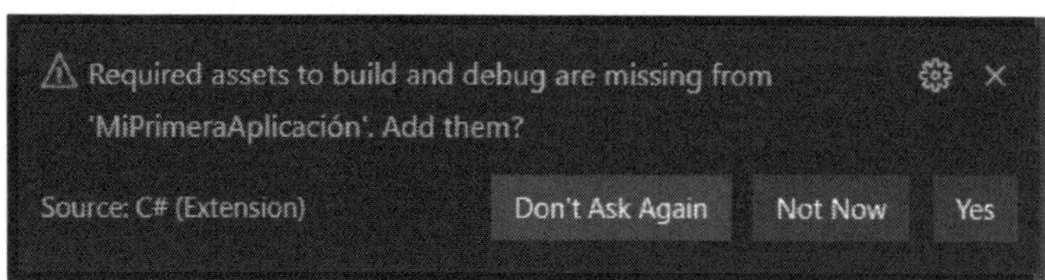

Ventana emergente que solicita añadir elementos mediante Visual Studio Code.

En todo el código C# que vamos a escribir, es posible añadir texto libre dentro de lo que se denomina un comentario (como es el caso de la primera línea de nuestro nuevo proyecto). Este comentario puede estar escrito en una línea en blanco o al final de una línea, después de las instrucciones de C# precedido por «//»:

```
// esta es una línea de comentario
Console.WriteLine("Hello World!"); // esto es un comentario
de final de línea
```

Esta sintaxis se usará en todo el código del libro para añadir información a determinadas líneas de código.

También es posible comentar varias líneas comenzando con /* y terminando con */, y agregando un * al comienzo de cada nueva línea:

```
/* este es un comentario
*  que está en varias líneas
*/
Console.WriteLine("Hello World!");
```

2. Comprender y escribir código C#

Nuestro programa de demostración es muy sencillo porque representa el programa de prueba tipo que se ejecuta habitualmente cuando se aprende un lenguaje: mostrar la frase «**Hello World!**».

Teniendo en cuenta que nuestra aplicación es una aplicación de consola, elegimos mostrar el texto directamente en la consola. Por eso la línea 2 contiene esta instrucción:

```
Console.WriteLine("Hello World!");
```

La primera cosa bastante fácil de identificar es la presencia obligatoria del carácter `;` al final de cada instrucción (excepto en los comentarios). En C#, es necesario separar las instrucciones mediante un punto y coma. Además, eso significa que, cuando el compilador no encuentra este carácter, lee las instrucciones de línea en línea hasta encontrarlo (es posible escribir código en varias líneas).

Aquí, siempre y cuando hable un poco de inglés, la instrucción es sencilla. Usamos la consola para escribir una línea e indicamos entre paréntesis lo que queremos mostrar en esta línea en la consola. Esta manera de proceder se llama pasar parámetros a una función.

En concreto, si analizamos completamente esta instrucción:

- Utilizamos la clase `Console`.
- Llamamos al método estático (estudiaremos qué significa estático más adelante) `WriteLine` en la clase `Console`.
- Pasamos como parámetro al método una cadena de caracteres que contiene "Hello World!".

Aquí nos encontramos con varios conceptos importantes que se aclararán a lo largo del libro. Sin embargo, esta instrucción consiste simplemente en la llamada a un método de una clase ya existente, proporcionada por el framework. También observará que en su archivo no hay ninguna declaración de la clase `Console`. Esto se debe a que dicha clase está definida en el espacio de nombres `System` y, al comienzo del archivo, este espacio de nombres se importa mediante una instrucción `using`. Si estas explicaciones aún le parecen confusas, no se preocupe: se irán aclarando a medida que avance en la lectura del libro.

Otro elemento importante: para llamar a un método en un objeto, siempre se usa el punto como separador. Además, si se coloca en una línea vacía y escribe «`Console.`» (no olvide el punto), comprobará que Visual Studio Code muestra una lista desplegable en forma de ventana emergente. Esta lista contiene el conjunto de los métodos y de los datos disponibles dentro de la clase `Console` que puede usar:

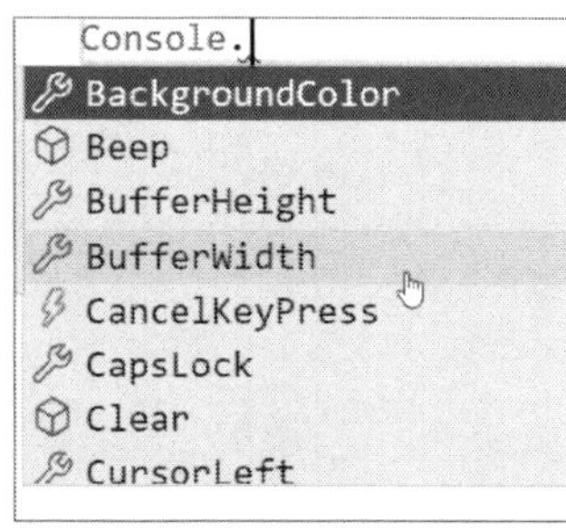

Lista de los elementos disponibles en la clase Console

Una iconografía permite distinguir el tipo de elemento:

- La llave inglesa indica que el elemento contiene un dato, al que se puede acceder en modo de lectura o escritura, según la manera en que se haya definido.
- El cubo indica un comportamiento, un método que es posible ejecutar.
- El relámpago indica un evento, algo que podría suceder en el elemento y que queremos vigilar para actuar (este concepto se verá más adelante en el libro de manera detallada).

Podemos desplazarnos por esta lista mediante las flechas de dirección, y además se reduce según las letras que tecleemos. Este mecanismo se llama IntelliSense.

En el framework .NET hay muchas clases disponibles que se pueden usar, y todas ellas tiene muchos datos, métodos y eventos. Por eso es imposible cubrirlo todo en un libro como este. La documentación oficial proporcionada por Microsoft tiene como objetivo enumerar todo lo que está disponible en el framework. El autor invita al lector a realizar su investigación en el sitio https://docs.microsoft.com para cualquier duda sobre los elementos que pone a su disposición el framework .NET

2.1 Conceptos de variable y constante

Cuando empezamos a escribir un método, puede ocurrir que queramos guardar un dato de manera temporal para trabajar. Hay dos maneras de guardar un dato, dependiendo de la probabilidad que tenga de evolucionar:

- O usamos una **variable** si queremos que el dato pueda cambiar durante las instrucciones.
- O usamos una **constante** si queremos definir un dato que no cambiará y permanecerá inmutable.

Como se ha indicado en el capítulo Introducción, el lenguaje C# está fuertemente tipado. Cuando eligimos definir una variable o una constante, hay que respetar esta limitación. Además, también hay que darle un nombre, para usarla después, así como un valor inicial.

La sintaxis para declarar una variable es la siguiente:

```
TYPE NOMBRE_DE_LA_VARIABLE = VALOR;
```

La sintaxis para declarar una constante es muy similar, pero se distingue por la presencia de una palabra clave adicional, colocada al comienzo de la declaración, que es `const`:

```
const TYPE NOMBRE_DE_LA_CONSTANTE = VALOR;
```

Hay muchos tipos disponibles en el framework .NET (de hecho, cada clase es un tipo por sí misma y se puede usar como tal). Sin embargo, para empezar, vamos a usar los tipos denominados primitivos, es decir, que corresponden a datos sencillos (enteros o cadenas).

El tipo que permite guardar un entero es `int`, y el de las cadenas de caracteres es `string`. Un entero se puede introducir directamente, mientras que para definir una cadena de caracteres hay que rodearla de comillas. Por lo tanto, si queremos declarar una constante de tipo entero con el valor `42` y una variable de tipo cadena que, inicialmente, tiene el valor `Christophe`, escribiremos el siguiente código:

```
const int valor = 42;
string nombre = "Christophe";
```

Hay que respetar algunas normas cuando damos un nombre a una variable o a una constante:

- El nombre no puede empezar con un número.
- Solo debe contener números y letras. Incluso si es posible usar caracteres acentuados o especiales, se recomienda evitarlos.
- Diferencia mayúsculas y minúsculas. Así, la variable `Valor` es distinta de la variable `valor`.
- No se puede usar una palabra clave del lenguaje (por ejemplo: `int int = 1`). Hay una alternativa (añadirle al nombre de la variable el prefijo `@`), pero se recomienda evitarla en la medida de lo posible.

- No hay límite en cuanto a la longitud del nombre de una variable, pero se recomienda cuidar de que los nombres de variables sean consistentes y comprensibles.

Incluso si el lenguaje está fuertemente tipado, existe un atajo de escritura para las variables, que no le quita nada al tipo, pero permite que el compilador lo adivine basándose en el contexto. Hay que usar la palabra clave `var` en lugar del tipo y el compilador deduce el tipo a partir del valor. En ciertos casos, puede ser necesario el uso de un sufijo para indicarle al compilador el tipo específico deseado. Así, en el ejemplo siguiente, a raíz de la asignación de valor, el compilador deducirá los tipos:

```
var entero = 42;
var cadena = "cadena";
```

Observación

La palabra clave `var` está reservada para la declaración de variables y no se puede usar para las constantes. No es posible escribir `const var entero = 42`.

Ahora vamos a ver de cerca los tipos numéricos.

2.1.1 Tipos numéricos

Los tipos numéricos se usan para guardar valores en forma de números. Los números se guardan de distintas maneras:

- **Tipos enteros con signo**: son valores enteros que, como tienen signo, pueden ser negativos (el primer bit de memoria indica si el número es positivo o negativo).
- **Tipos enteros sin signo**: son valores enteros forzosamente positivos ya que, al no contar con el bit de signo, solo pueden representarse los valores positivos. Dado que el primer bit (que lee el valor en formato binario de izquierda a derecha) no se utiliza para el signo, se usa para representar el valor, que de hecho puede ser dos veces mayor que el valor máximo de un entero con signo.
- **Tipos reales**: numéricos con transmisión de la parte decimal.

La tabla que aparece debajo muestra los tipos predefinidos por el lenguaje C#:

Tipo en C#	**Tipo de sistema**	**Sufijo**	**Tamaño de la memoria**	**Rango**
Tipos enteros con signo				
sbyte	System.SByte		8 bits	-2_{7} hasta $2_{7}-1$
short	System.Int16		16 bits	-2_{15} hasta $2_{15}-1$
int	System.Int32		32 bits	-2_{31} hasta $2_{31}-1$
long	System.Int64	L	64 bits	-2_{63} hasta $2_{63}-1$
nint	System.IntPtr		32 o 64 bits	Depende de la plataforma
	System.Int128		128 bits	-2^{127} hasta $2^{127}-1$
Tipos enteros sin signo				
byte	System.Byte		8 bits	0 hasta $2_{8}-1$
ushort	System.UInt16		16 bits	0 hasta $2_{16}-1$
uint	System.UInt32	U	32 bits	0 hasta $2_{32}-1$
ulong	System.UInt64	UL	64 bits	0 hasta $2_{64}-1$
nuint	System.UIntPtr		32 o 64 bits	Depende de la plataforma
	System.UInt128		128 bits	0 hasta $2^{128}-1$
Tipos reales				
float	System.Single	F	32 bits	$\pm -10_{45}$ hasta $\pm 10_{38}$
double	System.Double	D	64 bits	$\pm -10_{324}$ hasta $\pm 10_{308}$
decimal	System.Decimal	M	128 bits	$\pm -10_{28}$ hasta $\pm 10_{28}$

En esta tabla, los más habituales son `int`, `long` y `decimal`. Los otros tipos están presentes para casos avanzados más optimizados o para necesidades de interoperabilidad con otras aplicaciones que usan este tipo de valores.

Observación

Para los tipos reales, se recomienda usar los tipos `float` y `double` para cálculos matemáticos, mientras que `decimal` se recomienda para los cálculos financieros; este último es más preciso y permite evitar redondeos desafortunados.

Desde C# 9, los alias `nint` y `nuint` aparecen con el fin de representar un número entero nativo dependiendo de la plataforma de ejecución. Se recomienda utilizar este tipo solo cuando sea necesario comunicarse con una biblioteca nativa, para transmitir información como direcciones de memoria.

Desde C# 7 se puede usar un separador visual (el guion bajo = «_») para escribir «números grandes» y hacer que se lean con más facilidad. Por ejemplo:

```
int unMillon = 1_000_000;
```

Para los más temerarios, C# 7 también permite definir valores escribiendo su equivalente binario con el prefijo `0b`:

```
int dieciseis = 0b0001_0000;
```

También es posible utilizar la notación hexadecimal haciendo que el valor comience con 0x o 0X:

```
int sesentaYDos = 0x3E;
```

La tabla también detalla el sufijo de ciertos tipos, útiles para el compilador cuando se usa la palabra clave `var`. Por ejemplo:

```
var efectivo = 15.0m;
var largoEnteroSinSigno = 16UL;
```

Observación

Hay que señalar que, según la longitud del valor guardado, el compilador también puede deducir el tipo. Así, `var muyLargoEntero = 8915161984981156S1;` será un `long` de manera predeterminada en lugar de un `int`. Sin embargo, `int` seguirá siendo la elección predeterminada del compilador porque `var pequenoEntero = 2;` no se guardará en un `byte`.

Todos los tipos numéricos son tipos de valores, es decir, que su valor se informa de manera forzosa, incluso si el desarrollador no hace una asignación manual. En este caso, prima el valor predeterminado. Es imposible tener un tipo numérico con el valor `NULL` (valor específico que define ninguna o la ausencia total de información).

De forma predeterminada, el tiempo de ejecución de C# garantizará que no exceda el valor máximo de un número entero. Por lo tanto, al ejecutar el siguiente código, no se compilará:

```
Console.WriteLine(int.MaxValue + 1);
```

Sin embargo, al pasar por una variable intermedia, el compilador no comprueba este desbordamiento:

```
var max = int.MaxValue;
max = max + 1;
Console.WriteLine(max);
```

Al ejecutar este código se mostrará -2147483648, que es el valor mínimo.

Es posible forzar la verificación de desbordamiento en tiempo de ejecución usando la palabra clave checked:

```
checked
{
    var max = int.MaxValue;
    max = max + 1;
    Console.WriteLine(max) ;
}
```

La ejecución de este código provocará un error de ejecución:

```
Unhandled exception. System.OverflowException: Arithmetic operation
resulted in an overflow
```

2.1.2 Tipos textuales

Hay dos tipos para representar los textos: `char` y `string`. El tipo `string` es un tipo más complejo porque representa una cadena de caracteres, mientras que `char` representa un único carácter.

Para definir una cadena de caracteres, es necesario usar comillas. En caso de usar `char`, prevalece el apóstrofo:

```
string cadena = "cadena";
char a = 'a';
```

También hay un matiz un poco especial entre estos dos tipos: `char` es, del mismo modo que los números, un tipo de valor, mientras que `string` es un tipo de referencia. A un tipo de referencia se le puede asignar `NULL` (entonces será equivalente a «nada»). El tipo `string` es, de manera subyacente, una tabla de varias instancias de tipo `char` que, colocados todos juntos uno a continuación de otro, forman la cadena definida.

Algunos caracteres son específicos porque pueden representar algo que no se puede escribir con el teclado dentro del código. Para definir estos caracteres, hay que colocar una barra invertida «\» como prefijo. La barra invertida se considera un carácter de escape. La tabla de debajo incluye una lista de estos valores:

Carácter	Significado
\'	Apóstrofo (en un char)
\"	Comillas (en una string)
\\	Barra invertida
\0	Null
\a	Alerta (bip sonoro)
\b	Volver atrás
\f	Salto de página
\n	Línea nueva
\r	Retorno de carro (intro)
\t	Tabulación (desplazamiento hacia la derecha)
\v	Tabulación vertical

Para terminar esta tabla, puede escribir cualquier carácter que se encuentra en la tabla Unicode usando `\u` seguido de su valor. Por ejemplo:

```
char copyright = '\u00A9';
string notasLegales = "\u00A9 2023 Christophe Mommer";
```

La barra inversa es un carácter especial en una cadena; si deseamos usarla como tal, es necesario duplicarla para poder escapar de ella.

Para evitar errores de escritura, a veces es útil considerar la barra invertida como si fuera su propio valor (en lugar del carácter de escape). Un ejemplo sería el caso de una ruta de en el sistema de archivos con Windows, que usa la barra invertida como separador. Para eso, solo hay que colocarle el prefijo `@` a la cadena:

```
string rutaRed = "C:\\archivos\\miDocumento.docx";
```

se convierte en:

```
string rutaRed = @"C:\archivos\miDocumento.docx";
```

Cuando se usa el carácter `@`, las comillas se convierten en un separador básico de una cadena de caracteres. Además, ya no es posible usar los caracteres especiales que aparecen arriba. Para insertar unas comillas en una cadena de caracteres con el prefijo `@`, solo hay que duplicarlas:

```
string frase = @"Christophe ha dicho: ""Apréndase las tablas
de escape""";
```

Se pueden añadir valores de manera dinámica a una cadena gracias a la interpolación de cadenas de caracteres. Poniendo el carácter `$` como prefijo de la cadena, se puede insertar un valor en medio de una cadena usando las llaves:

```
string nombre = "Christophe";
string hola = $"Hola, me llamo {nombre}";
```

En el código anterior, el contenido de la variable `nombre` se colocará en lugar de `{nombre}` dentro de la variable `hola`. Esta escritura simplifica mucho la lectura de cadenas compuestas de varios datos y también mejora los rendimientos.

Desde C# 10, se puede hacer esta operación dentro de una constante, siempre y cuando el dato inyectado sea una constante:

```
const string nombre = "Christophe";
const string hola = $"Hola, me llamo {nombre}";

// el siguiente código provocará un error de compilación
string apellido = "Mommer";
const string holaCompleto = $"Hola, me llamo {nombre} {apellido}";
```

C# 11 introdujo una nueva forma de escribir cadenas en varias líneas manteniendo el formato incluido en esta última. Para crear una cadena con esta nueva sintaxis, debe usar comillas triples al inicio y al final de la cadena:

```
string json =
"""
{
  "apellido":"MOMMER",
  "nombre":"Christophe"
}
""" ;
```

Usando esta sintaxis, la cadena conservará el formato del código, respetando los espacios, tabulaciones y saltos de línea. El número de comillas utilizadas por el compilador para detectar el final de la línea significa que no es posible utilizar tantas dentro de la propia cadena. Los ingenieros del lenguaje definieron así que era necesario rodear la cadena con el máximo número de comillas permitidas más una. Al utilizar comillas triples, solo se permite poner dos comillas sucesivas en el contenido de la cadena. Si queremos aumentar este número a tres, necesitaremos encerrar la cadena entre cuatro comillas, y así sucesivamente.

La interpolación está disponible para este formato de cadena. Así, es posible poner el símbolo $ antes de las tres comillas iniciales. Sin embargo, la interpolación utiliza llaves para insertar el valor en una ubicación específica. Si nuestra cadena ya contiene llaves, serán reconocidas como áreas de interpolación.

Para indicar la diferencia entre áreas de interpolación y llaves como caracteres, deberá duplicar el símbolo $ delante de la cadena. Por lo tanto, será necesario utilizar tantas llaves como símbolos $ al inicio de la cadena para declarar una área de interpolación:

```
var apellido = "MOMMER";
string json = $$"""
{
  "apellido":"{{apellido}}",
  "nombre":"Christophe"
}
""";
```

2.1.3 Valor booleano

Es el tipo de valor más básico en informática porque está directamente vinculado a un estado físico del hardware. Un booleano equivale a un bit lógico y solo puede tomar dos valores distintos: verdadero o falso (respectivamente 1 ó 0). El tipo `bool` se usa para declarar este valor, con `true` (verdadero, 1) o `false` (falso, 0):

```
bool verdadero = true;
bool falso = false;
```

Un valor booleano es muy útil para hacer pruebas (que veremos más adelante), con la finalidad de que sigamos una rama de código en lugar de otra.

2.1.4 Operadores

Lo hemos visto durante todo este capítulo: la asignación de un valor se hace con ayuda de un sencillo signo de igual. Para evitar confusiones y con la finalidad de probar una igualdad y colocar el valor en un booleano, debemos utilizar el doble igual:

```
int edad = 20;
bool tenerVeinteAnos = edad == 20;
```

El doble igual solo funciona si los tipos son idénticos en ambos lados. Así, el siguiente código es ilegal y no se compila:

```
string datos = "lolo";
int entero = 42;
bool iguales = datos == entero;
```

Para probar la diferencia, hay que usar el carácter !=:

```
string datos = "lolo";
string datos2 = "lili";
bool diferente = datos != datos2;
```

Los operadores matemáticos también están disponibles para comparar los valores numéricos:

```
int edad = 20;
bool inferiorA20 = edad < 20; // estricto inferior
bool inferiorOIgualA20 = edad <= 20; // inferior o igual
bool superiorA20 = edad > 20; // estricto superior
bool superiorOIgualA20 = edad >= 20; // superior o igual
```

Estos operadores solo funcionan con los tipos numéricos.

Cuando disponemos de dos (o más) valores booleanos, puede ser útil combinarlos entre ellos gracias a los operadores **Y**, **O** y **O EXCLUSIVA**. Aquí puede ver varias tablas pequeñas que dan los resultados de las pruebas:

Y	**TRUE**	**FALSE**
TRUE	TRUE	FALSE
FALSE	FALSE	FALSE

O	**TRUE**	**FALSE**
TRUE	TRUE	TRUE
FALSE	TRUE	FALSE

O EXCLUSIVA	**TRUE**	**FALSE**
TRUE	FALSE	TRUE
FALSE	TRUE	FALSE

Los caracteres equivalentes a estas pruebas son los siguientes:

- Para **Y**: `&`
- Para **O**: `|`
- Para **O EXCLUSIVA**: `^`

Se pueden duplicar los caracteres para el **Y** y el **O** con la finalidad de no evaluar toda la condición. Por ejemplo, sabemos que con la prueba **Y**, si la primera condición equivale a `false`, es inútil probar la segunda condición porque el resultado es `false` por obligación. Así, duplicando el carácter, evitamos probar el segundo valor:

```
bool unoIgualUno = 1 == 1;
bool unoIgualDos = 1 == 2;
bool prueba = unoIgualDos && unoIgualUno;
```

En el código de arriba, solo se ha realizado la primera prueba (es decir, la prueba para ver si la variable 1 es igual a 2). La posibilidad de duplicar el carácter también se aplica al operador O. Sin embargo, con O, la lógica booleana implica que, una vez que una prueba devuelve verdadero, podemos continuar sin probar la siguiente operación.

La lógica detrás de estas pruebas es puramente binaria; estos operadores también se pueden usar para realizar operaciones en los tipos numéricos porque los bits se evaluarán uno a uno. Esta posibilidad es muy útil para operaciones múltiples similares al hardware. Por ejemplo, nos puede servir para realizar lo que se llama máscaras, especialmente para necesidades de red. Aquí se puede ver un ejemplo:

```
int resultado = 33 & 5;
```

Reducido a binario, 33 vale 0010 0001 y 5 vale 0000 0101. Si superponemos estos dos valores y aplicamos la lógica booleana Y, columna por columna, obtenemos este resultado:

0010 0001

0000 0101

0000 0001

Lo que da como resultado 1 (el resultado numérico en sí no es interesante).

Es posible realizar la misma operación con el operador **O** u **O EXCLUSIVA**, siempre siguiendo las tablas anteriores.

También existen los operadores matemáticos básicos para trabajar con los números:

```
int suma = 1 + 2;
int diferencia = 4 - 2;
int multiplicacion = 6 * 3;
int division = 18 / 3;
```

Asimismo, existe un operador un poco específico: módulo. Esta operación se traduce por el hecho de obtener en una variable el resto de la división entera:

```
int modulo = 19 % 3;
```

En el ejemplo anterior, el valor contenido en la variable `modulo` es 1, porque 19 / 3 = 6 * 3 + 1.

Estos operadores están limitados a usarse con los tipos numéricos, a excepción de +, que se puede usar para concatenar cadenas de caracteres:

```
string hola = "Hola ";
string nombre = "Christophe";
string frase = hola + nombre;
```

2.2 Otros tipos

El lenguaje C# presenta un conjunto de tipos que permiten crear diversas aplicaciones más completas unas que otras. Vamos a descubrir con rapidez algunas de ellas.

2.2.1 Almacenamiento de las fechas

Las fechas se usan con mucha frecuencia en las aplicaciones de gestión por múltiples motivos.

Si deseamos guardar una fecha como tal, usaremos el tipo `DateTime`. Este tipo permite guardar la fecha (día, mes y año), y también los datos temporales (horas, minutos y segundos). Por ejemplo, para crear la fecha del 3 de enero de 2021 a las 19:50:23:

```
var fecha = new DateTime(2021, 1, 3, 19, 59, 23);
```

En .NET 8 hay dieciocho constructores de esta clase para poder crear una fecha según sus necesidades. Es posible pasar información de hora o, por el contrario, ser extremadamente preciso especificando hasta microsegundos, soporte que se ha agregado en .NET 7.

La clase `DateTime` muestra la posibilidad de recuperar la fecha y la hora actual del sistema donde se ejecuta gracias a `Now`, y también en formato UTC gracias a `UtcNow`:

```
var ahora = DateTime.Now;
var ahoraUtc = DateTime.UtcNow;
```

Este concepto de fecha en formato UTC o local también se puede especificar dentro del constructor del objeto, lo que le indica al software que lo usa que la fecha se puede traducir o no a la hora local.

Otro tipo permite ser más preciso respecto al concepto de zona horaria: `DateTimeOffset`. Este último se convierte y se usa como el tipo `DateTime`, pero incluye datos respecto a la localidad de la hora almacenada. Se puede convertir un tipo en otro sin realizar una manipulación complicada:

```
var fecha = new DateTime(2021, 1, 3, 19, 50, 23);
var fechaOffset = new DateTimeOffset(fecha);
var fechaOffset2 = fecha;
```

Por supuesto, se pueden usar otros constructores disponibles para añadir más información dentro del dato creado de esta manera.

En general, si queremos guardar una fecha para un funcionamiento exclusivamente local o que trabajemos únicamente con fechas en UTC, el tipo `DateTime` es suficiente. Si queremos gestionar con más precisión las diferencias horarias de la fecha en función del uso horario, es preferible usar el tipo `DateTimeOffset`.

Desde .NET 6, se añadieron tipos nuevos para gestionar con más precisión solo el concepto de fecha o solo el concepto de tiempo. Así, hay dos tipos nuevos disponibles: `DateOnly` y `TimeOnly`.

`DateOnly` permite guardar solo una fecha ignorando la hora:

```
DateOnly d1 = new DateOnly(2021, 5, 31);
Console.WriteLine(d1.Year); // 2021
Console.WriteLine(d1.Month); // 5
Console.WriteLine(d1.Day); // 31
Console.WriteLine(d1.DayOfWeek); // Monday
```

Al igual que la clase DateTime, también ofrece métodos de manipulación del tiempo:

```
DateOnly d2 = d1.AddMonths(1); // añade 1 mes a la fecha
```

TimeOnly permite guardar un valor que representa un momento dado:

```
TimeOnly t1 = new TimeOnly(16, 30);
Console.WriteLine(t1.Hour); // 16
Console.WriteLine(t1.Minute); // 30
Console.WriteLine(t1.Second); // 0
```

2.2.2 Intervalos de tiempo

Cuando trabajamos con las fechas, puede ser útil calcular el tiempo que transcurre entre dos fechas. En C#, estos datos se almacenan en una instancia de TimeSpan. Podemos obtener una instancia de TimeSpan usando los métodos disponibles en la clase DateTime o usando el operador de resta, que permite calcula la diferencia entre dos fechas:

```
var pasado = new DateTime(2021, 1, 3, 18, 50, 23);
var futuro = new DateTime(2021, 1, 3, 19, 50, 23);
var time = futuro - pasado;
var time2 = futuro.Subtract(pasado);
```

En el código de arriba, las dos variables time y time2 tienen el mismo valor de TimeSpan porque las dos corresponden a la resta de una fecha respecto a otra.

Una vez obtenido un TimeSpan, podemos usarlo para extraer información como la cantidad de días, de horas o incluso de minutos. Con el ejemplo de arriba, nuestro TimeSpan tendrá una cantidad de horas igual a 1, pero 0 minutos, 0 segundos y 0 días. Al igual que los cambios realizados en las fechas en .NET 7, TimeSpan ahora permite evaluar microsegundos.

Sin embargo, `TimeSpan` presenta la posibilidad de recuperar todas las unidades de tiempo de una escala dada. En el ejemplo de arriba, solo transcurre una hora; entonces el valor `time.Hour` es 1, pero `time.Minutes` es 0. Si queremos obtener todos los minutos que han transcurrido entre ambas (60), usamos `time.TotalMinutes` (y esto también es válido para las horas, segundos, milisegundos, etc.).

`TimeSpan` también es compatible con los operadores de suma y resta, de tal manera que podamos sumar o restar dos períodos para obtener un tercero. Por último, también presenta una forma de construirse a partir de un valor fijo para una unidad de tiempo dada. Por ejemplo:

```
var treintaSegundos = TimeSpan.FromSeconds(30);
```

3. Analizar la estructura de un proyecto C#

Un archivo de código C# puede contener instrucciones diversas y variadas. Primero vamos a interesarnos por lo que hace la estructura de un archivo C# clásico, que no se puede ver desde nuestro proyecto de ejemplo porque este último usa el modelo de aplicación simplificado.

Observación

C# 9 ha contribuido en gran medida a simplificar la escritura de programas sencillos; por eso el programa generado al principio de este libro solo contiene una única instrucción. Para no alterar los conceptos elementales del código C#, trataremos esta idea al final de esta sección, cuando se haya adquirido el concepto de bloque.

3.1 El concepto de bloques

.NET 6 introdujo de forma predeterminada el uso de un modelo simplificado para aplicaciones de consola, lo que implica que todo el código se puede escribir directamente en la raíz del archivo Program.cs. Para poder estudiar la noción de bloques, usaremos el modelo inicial anterior a .NET 6. Es posible encontrar este código utilizando un parámetro especial al crear nuestra aplicación: `dotnet new console --use-program-main`.

Cuando usamos el comando `dotnet new` dentro de un directorio en particular, el proyecto toma el nombre del directorio en cuestión. Es posible nombrar nuestro proyecto de manera diferente usando el parámetro `-n`: `dotnet new console -n MiPrimeraAplicacion`. La ejecución de esta línea de comando producirá un nuevo proyecto de consola llamado MiPrimeraAplicacion.

He aquí el código contenido en el archivo Program.cs, generado por la herramienta después de ejecutar este comando:

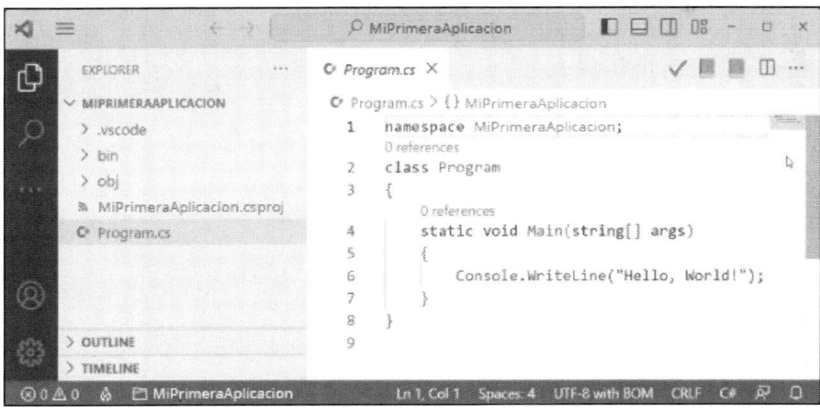

Aplicación de consola con el parámetro `--use-program-main`

Por supuesto, esto es más complejo que la versión que hemos conocido, pero contiene conceptos fundamentales sobre el código C#. En todas las explicaciones que siguen, vamos a tener en cuenta este código.

Algunos caracteres aparecen varias veces en un archivo de C# y deberán ser identificados de manera automática. Lo primero que vemos es que hay un sangrado (un desplazamiento de las líneas hacia la derecha) y que este sangrado está vinculado a los caracteres llave («{» y «}»).

De manera bastante sencilla, el lenguaje C# funciona por bloques.

Un bloque es un fragmento de código que tiene su propio contexto y puede contener otros bloques.

Por ejemplo, en nuestro archivo vemos un primer bloque que empieza en la línea 3 y termina en la línea 8. Este bloque contiene otro bloque que empieza en la línea 5 y termina en la línea 7. La única instrucción que existe fuera de los bloques es la presente en la línea 1, que veremos más adelante.

El denominador común de todos estos bloques es que poseen «un título». Por ejemplo, para el bloque de mayor nivel, la línea 2 define lo que contiene y se puede considerar como «su título». Luego, para el segundo es la línea 4.

Observación

En C# se pueden crear bloques sin un concepto de «título», pero tiene muy poco interés y solamente hará que la lectura sea compleja porque habrá un desplazamiento debido al sangrado.

Otro concepto importante que hay que conocer: lo que está definido dentro de un bloque solo existe dentro de él. Esto no quiere decir que sea imposible ver o usar los elementos definidos dentro de un bloque dado (hablaremos de eso más adelante, cuando tratemos los conceptos de ámbito), pero su definición solo existe dentro del marco del bloque donde se han creado inicialmente.

De la misma manera, no es posible crear la misma cosa dos veces dentro de un mismo bloque; esto provoca un error de compilación (lo que hace que sea imposible ejecutar la aplicación porque no se puede producir). Para ilustrar de manera concreta este ejemplo, no es posible colocarse a la línea 9 y escribir el siguiente código:

```
class Program
{
}
```

Visual Studio Code subrayará la palabra «`Program`» en rojo (exactamente como una falta de ortografía en Word). Es posible obtener la causa exacta de este error si colocamos el ratón sobre palabra subrayada, mediante una pequeña ventana emergente, como se puede ver en la captura de pantalla siguiente:

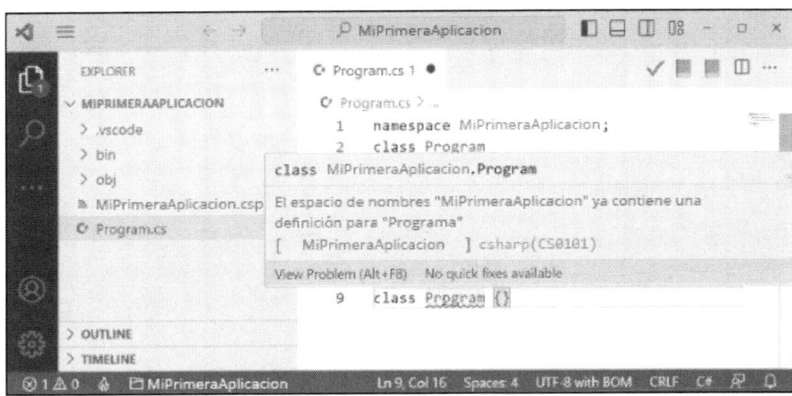

Error cuando la clase Program está definida dos veces en el mismo bloque

Podríamos argumentar que no existe ningún bloque superior que contenga la clase `Program`. C# 10 introdujo una nueva notación para el bloque correspondiente a la línea 1. De hecho, esta instrucción un tanto especial es la declaración del bloque de espacio de nombres, que contendrá todo lo que vamos a declarar en su interior. Para evitar un desplazamiento a la derecha, y debido a que, normalmente, un archivo de código C# contiene un único espacio de nombres, los ingenieros del lenguaje hicieron posible terminar la declaración del bloque de espacio de nombres con un punto y coma. Con esta notación, el bloque correspondiente al espacio de nombres va desde la línea 1 hasta la última línea del archivo de código fuente.

Incluso si el mensaje de error le puede parecer poco esclarecedor en este momento, indica de manera sencilla que el bloque definido en la línea 1 ya contiene una definición completamente idéntica de `Program`.

3.2 Significado de los bloques de código

Ahora que hemos adquirido el concepto, vamos a explicar en detalle los bloques principales con su título y significado para comprender mejor cuál es su utilidad.

3.2.1 El bloque de espacio de nombres

El primer bloque que aparece en nuestro programa es el del espacio de nombres; aquí se ilustra mediante el código:

```
namespace MiPrimeraAplicacion;
```

Como se señaló anteriormente, los avances en el lenguaje han permitido que este bloque se pueda definir como válido para todo el archivo. Este cambio se realizó para evitar desplazar el código hacia la derecha (indentación). Sin embargo, todavía es posible utilizar la sintaxis antigua y agregar llaves:

```
namespace MiPrimeraAplicacion
{
...
}
```

En general, este bloque se declara en el primer nivel porque es el que suele contener a todos los demás. El lenguaje C# ordena y clasifica sus distintos elementos dentro de este concepto de espacio de nombres. Un espacio de nombres se puede considerar como una caja donde se pueden guardar objetos.

La declaración de un espacio de nombres responde de manera sistemática a la siguiente sintaxis:

```
namespace UN_ESPACIO_DE_NOMBRES
```

En concreto, la instrucción de la línea 1 declara un espacio de nombres llamado «`MiPrimeraAplicacion`», y todo lo que está contenido en el archivo después de esta declaración pertenece a este espacio de nombres. Si elegimos declarar el espacio de nombres con llaves, todo lo que se encuentre entre la llave de apertura y la llave de cierre estará en ese espacio de nombres.

Si nos encontramos fuera de este espacio de nombres (en otro archivo o fuera de las llaves si aplica), no es posible ver y usar directamente lo que se encuentra en el interior. Primero hay que importar el espacio de nombres. Esta etapa se traduce mediante una instrucción `using` colocada en el encabezado del archivo. Gracias a esta instrucción, podemos usar todos los objetos que se encuentran directamente dentro de este espacio de nombres. La sintaxis siempre es la misma:

```
using UN_ESPACIO_DE_NOMBRES;
```

Un espacio de nombres también puede contener subespacios de nombres. En concreto, las buenas prácticas quieren que en C# el nombre del proyecto sea el espacio de nombres predeterminado (aquí, en nuestro ejemplo, `MiPrimeraAplicacion` es el espacio de nombres raíz porque es el nombre de nuestro proyecto), y cada subcarpeta del proyecto se convierte en un subespacio de nombres donde cada nivel está separado por un punto.

Por ejemplo, si en nuestro proyecto creamos una carpeta que decidimos llamar «Carpeta», cada elemento creado dentro de esta carpeta tiene como espacio de nombres «`MiPrimeraAplicacion.`**`Carpeta`**». De la misma manera, si creamos otra carpeta dentro de esta última y la llamamos «`SubCarpeta`», el espacio de nombres de los elementos en este nivel de jerarquía es «`MiPrimeraAplicacion.`**`Carpeta.SubCarpeta`**». No se preocupe con la práctica lo hará de manera automática.

Usando este concepto de subespacio de nombres, podemos volver a definir un nombre de elemento que ya existe, siempre y cuando sus espacios de nombres sean distintos. Por ejemplo, podríamos tener un archivo Program.cs (incluso si no se recomienda) que contiene la definición presente en la línea 5 dentro del espacio de nombres `Carpeta`, y la misma definición dentro del espacio de nombres `SubCarpeta`, siempre conservando la que existe en la raíz, como se muestra en esta imagen:

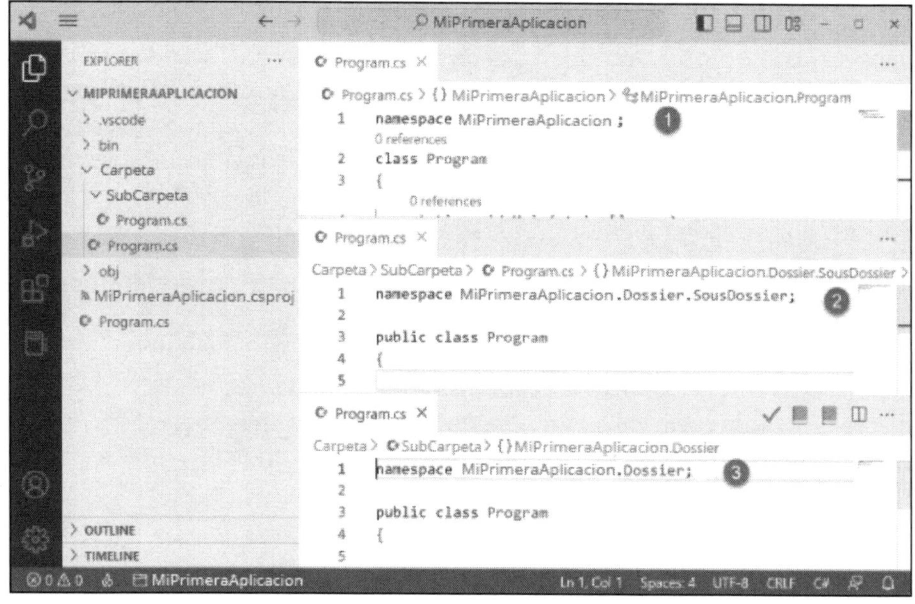

Misma definición en varios espacios de nombres distintos

Como se indicó anteriormente, un espacio de nombres se importa mediante una instrucción `using` al principio del archivo. Desde C# 10, ya no es necesario escribir las mismas instrucciones al principio de cada archivo fuente porque ahora es posible realizar un `using` global, es decir, que se aplica a todos los archivos del proyecto. Para lograr esto, es suficiente con utilizar la palabra clave global con la instrucción `using`:

```
using global System;
```

Al hacer esto, el espacio de nombres `System` está disponible para todos los archivos de código C# dentro del proyecto. Para conservar una cierta claridad, es muy recomendable tener un archivo dedicado a la importación de todos los espacios de nombres globales, con objeto de evitar tener que buscar dónde se ha importado un espacio de nombres de manera global. Para hacerlo, podríamos considerar un archivo de código C#, llamado **Usings.cs**, por ejemplo, situado en la raíz del proyecto, que solo contendría las instrucciones `using` globales.

Desde .NET 6, también se genera automáticamente un conjunto de instrucciones de `using` correspondientes a los tipos más utilizados en C#. Por lo tanto, ya no es necesario realizar el `using` por defecto.

En resumen: el punto esencial que debe recordar es que un espacio de nombres le permite estructurar la aplicación. Gracias a ellos, podrá definir cosas distintas sin que estos últimos entren en conflicto. La convención también quiere que la jerarquía de carpetas en el sistema de archivos tenga una correspondencia con el espacio de nombres dentro del código C#.

3.2.2 Definición de una clase

En otro capítulo más adelante, volveremos a hablar más detalladamente del concepto de clase para estudiar los conceptos de programación correspondientes. Por el momento, vamos a ver cómo funciona la declaración de una clase.

En nuestro archivo Program.cs, en la línea 2, tenemos la manera de definir una clase en C#. Relativamente sencilla, la sintaxis es la siguiente:

```
class NOMBRE_DE_LA_CLASE
```

Más tarde estudiaremos otras maneras de declarar una clase pero, por el momento, lo único que hay que saber sobre este concepto es que la clase es un segundo subelemento y que esta última generalmente está «ordenada» dentro de un espacio de nombres.

Cuando hemos definido una clase, la finalidad es almacenar en ella diversas cosas, como datos y comportamientos. Pronto estudiaremos este contenido de manera detallada, pero eso nos lleva directamente al estudio del siguiente bloque.

En resumen: usamos el bloque de tipo clase para definir un conjunto conectado de datos y de comportamientos que tienen un vínculo funcional.

3.2.3 Definición de un método

El último bloque presente en nuestro archivo de ejemplo es la definición de método, desde la línea 4 hasta la 7. Un método es un comportamiento que podemos ejecutar y que va a cumplir un conjunto de tareas.

Hay que considerar muchos elementos dentro de la declaración de sintaxis de un método; por eso no vamos a tratar este tema de forma inmediata, sino que simplemente vamos a usar el contenido de este método para comprender cómo se puede escribir código C# que «hace algo». Se puede añadir un conjunto muy significativo de cosas en el interior de un método, y hablaremos de esto justo después de esta sección.

En resumen: usamos el bloque de tipo método para definir un conjunto de instrucciones que se ejecutarán durante el lanzamiento de nuestra aplicación.

3.3 Declaración «top-level»

C# 9 introdujo una novedad que permite simplificar drásticamente la escritura de programas sencillos: *top-level statements*. Gracias a esta novedad es posible prescindir de los bloques vistos anteriormente. Se trata de la versión de nuestra aplicación si no hubiéramos utilizado el parámetro `--use-program-main` al crear el proyecto.

Esta novedad se ha convertido en el estándar durante la creación de aplicaciones nuevas (especialmente aplicaciones consola como ASP.NET). A pesar del hecho de que muchos elementos hayan «desaparecido» de esta nueva versión, estos existen. El compilador se encarga de generar automáticamente el código necesario. Hay que considerar que el código que escribimos dentro del archivo Program.cs se encuentra directamente inyectado dentro del método `Main`, que ya está colocado dentro de la clase `Program`, todo ello dentro del espacio de nombres del proyecto. Hemos añadido este enfoque para permitir escribir con rapidez un programa sin una sintaxis compleja, al igual que lo permiten otros lenguajes (JavaScript, Python, etc.).

Observación

Sin embargo, preste atención: solo es posible tener un archivo de código con instrucciones top-level una vez por proyecto y solo para el método `Main`.

4. Ejecutar un programa C#

Ahora es el momento de ver cómo se puede lanzar un programa C#. Nuestro programa de ejemplo solo muestra «Hello World!» en la consola, pero sería interesante verlo ejecutarse. Hay dos maneras de hacer esto.

4.1 Lanzar el programa con Visual Studio Code

Si ha visto la pequeña ventana emergente al principio que le ha pedido restaurar algunos elementos para su programa, Visual Studio Code ha detectado que escribe una aplicación C# y ha preparado las dependencias para que pueda ejecutarlo.

Para iniciar la aplicación, hay que ir a la pestaña **Run & Debug**, representada por este icono:

Icono Visual Studio Code para ejecutar el programa

Después de llegar a esta parte de la aplicación, el panel de la izquierda cambia para cargar lo que se llama el depurador (*debugger* en inglés). Gracias a esta herramienta, se puede lanzar una aplicación C# y observar, durante su ejecución, los valores de variables y analizar el desarrollo del código paso a paso.

En la parte superior del panel, normalmente hay una flecha pequeña de reproducción que permite iniciar el programa y vincularle el depurador:

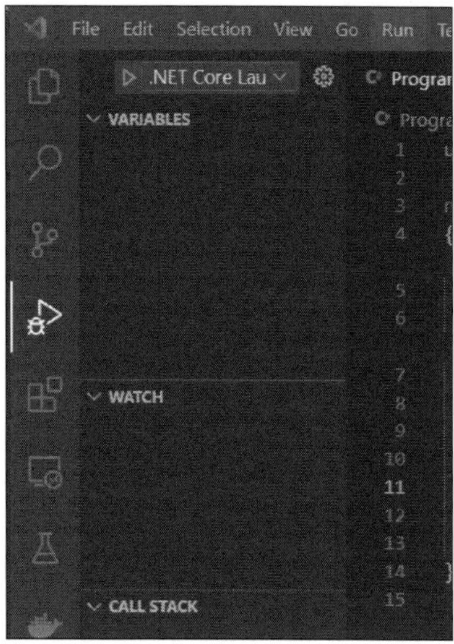

Flecha de lanzamiento de una aplicación con ayuda del depurador

Al hacer clic en la flecha, la aplicación se compila y se lanza en la parte inferior de Visual Studio Code. Puede ver el resultado de su programa C#, que en este momento se contenta con escribir «Hello World!».

Si no hay flecha de lanzamiento cuando va al depurador de Visual Studio Code, esto significa que el editor no es capaz de cargar automáticamente la tipología de proyecto. Es necesario pedirle que cree lo que necesita para permitir esta ejecución. En general, hay un botón azul con el texto **Run and Debug**, lo que permite crear un perfil que da la posibilidad de hacer la ejecución desde Visual Studio Code.

Al hacer clic en este botón, se abre una lista desplegable en la parte superior de la ventana, que solicita seleccionar la tecnología del proyecto:

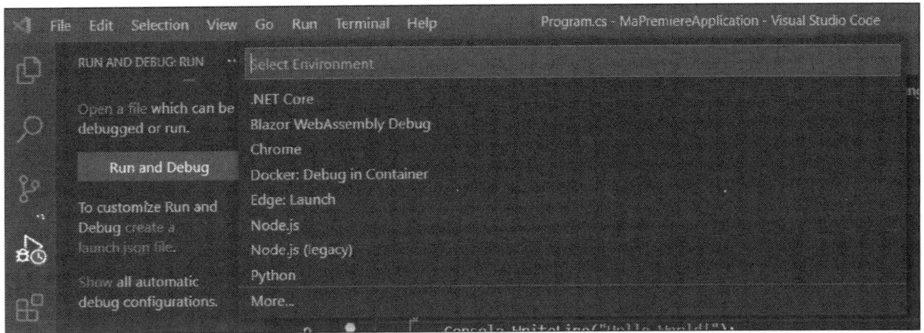

Creación del perfil de lanzamiento de la aplicación

Al hacer clic en la línea **.NET Core**, Visual Studio Code crea un archivo llamado launch.json y lo abre, permitiéndole personalizar la experiencia. No es necesario modificarlo de manera manual; puede cerrar la pestaña directamente para evitar cualquier error de manipulación. Además, puede comprobar que la aplicación se ha ejecutado (en la parte inferior de visual Studio Code) y que el panel de la izquierda ha cambiado para parecerse al que tiene la flecha pequeña. El perfil se ha creado correctamente y entonces puede reutilizarlo para los siguientes lanzamientos.

4.2 Lanzar desde la línea de comando

Visual Studio Code es una herramienta eficaz en términos de productividad porque automatiza una gran cantidad de etapas. Las aplicaciones de consola .NET Core normalmente se ejecutan con la ayuda de una línea de comando. Puede realizar la operación usted mismo, para obtener el mismo resultado, y sin salir de VS Code.

Al hacer clic en el menú superior **Terminal**, puede elegir la opción **New Terminal**. Entonces se abre una línea de comandos nueva en la parte inferior de Visual Studio Code. La ventaja de este planteamiento es que el terminal está abierto al mismo nivel que el explorador de archivos que muestra una lista de todos los archivos del proyecto. En general, al escribir el comando `ls`, debería encontrar el listado disponible en la parte izquierda de Visual Studio Code:

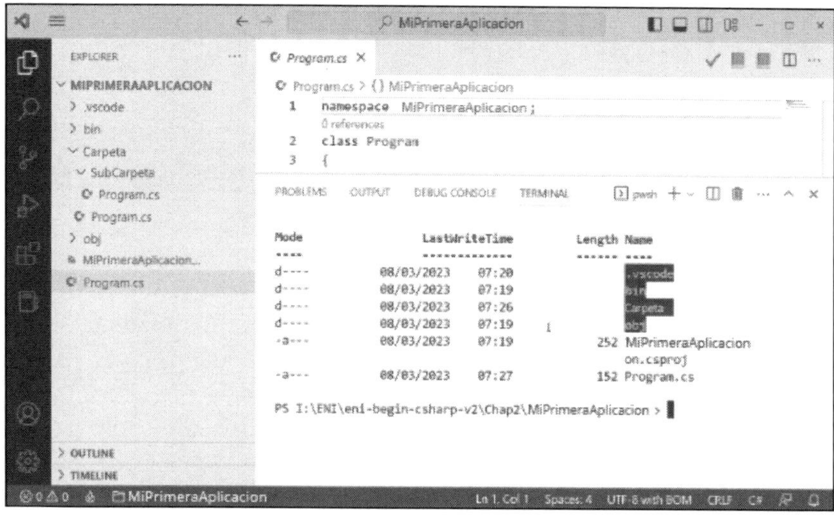

Lista de los archivos dentro del terminal integrado en Visual Studio Code

Si su consola muestra el archivo csproj en la lista, puede seguir. Sin embargo, si no lo ve, tiene que desplazarse por la jerarquía de carpetas (usando el comando `cd`) para colocarse dentro de la carpeta que contiene el archivo csproj. Los comandos no funcionarán si no encuentran este archivo.

Una vez situado en la carpeta correcta, puede escribir los comandos usando la CLI (*Command Line Interface* o interfaz de línea de comandos) incluida con el SDK .NET. Se la llama usando el comando `dotnet`, seguido de la acción deseada y de varios parámetros posibles. Ya la ha usado al principio del capítulo para crear su proyecto. Esta vez, en lugar de realizar la acción `new`, vamos a efectuar la acción `run`, que solicita la compilación seguida de la ejecución de la aplicación:

```
dotnet run
```

Dado que se trata de una aplicación de consola, la ejecución debería hacerse directamente dentro de la consola donde ha escrito el comando, mostrando el resultado esperado:

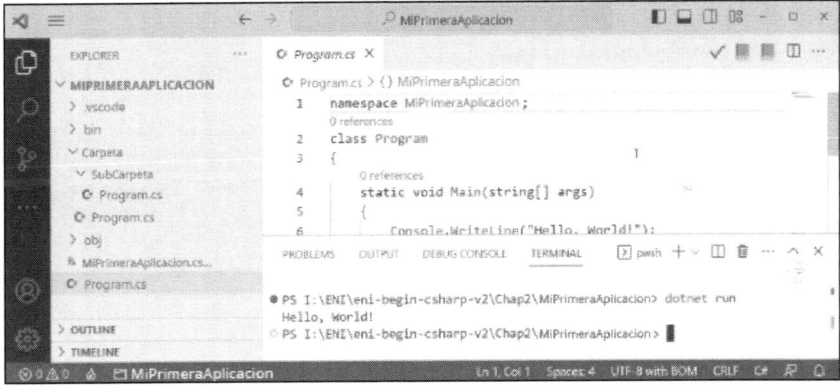

Resultado de la ejecución de la aplicación en línea de comandos

5. Ejercicio

Ahora que sabe cómo ejecutar una aplicación .NET y ha comprendido el principio del uso de variables, es el momento de hacer un ejercicio.

Principalmente, una variable sirve para recuperar valores emitidos por funciones. El método `Console.ReadLine` permite recuperar, bajo la forma de una cadena de caracteres, la escritura del usuario en la consola. Por el momento, no se pide ninguna comprobación de que la edad sea un entero.

5.1 Enunciado

Como ejercicio, esto es lo que se pide:

- Mostrar un texto de bienvenida.
- Pedirle al usuario que escriba su nombre.
- Pedirle al usuario que escriba su edad.
- Mostrar en la consola «Hola [NOMBRE], tiene [EDAD] años» sustituyendo los valores entre corchetes por los valores recuperados.

5.2 Solución

Para hacer este pequeño ejercicio, puede crear una aplicación nueva o utilizar la que ya hemos creado. Usando los métodos `Console.ReadLine`, `Console.WriteLine` y variables, este ejercicio se puede hacer de la siguiente manera:

```
Console.WriteLine("Bienvenido a mi programa");
Console.WriteLine("Escriba su nombre y pulse 'Intro'");
string nombre = Console.ReadLine();
Console.WriteLine("Escriba su edad y pulse 'Intro'");
string edad = Console.ReadLine();
Console.WriteLine("Hola" + nombre + ", tiene " + edad + " años");
```

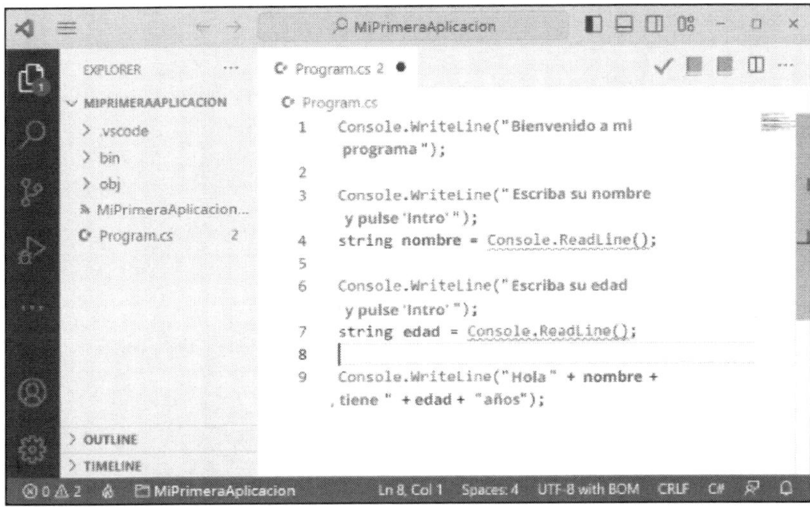

Resultado de la ejecución del primer ejercicio

El código C# de este ejercicio captura los últimos avances en .NET para utilizar las instrucciones de nivel superior que analizamos anteriormente. De manera similar, podemos ver que los métodos `Console.ReadLine` están subrayados en naranja. Esto indica un mensaje importante del compilador. Volveremos más adelante sobre el significado de este mensaje y cómo corregirlo.

En caso de dificultad, o si desea obtener este código directamente, es posible descargarlo desdde el sitio web de Ediciones ENI.

Capítulo 3
Programación orientada a objetos

1. Principios de la programación orientada a objetos

La programación orientada a objetos (POO) es un paradigma muy extendido en desarrollo de software. Viene a completar un panorama que ya es muy rico del paradigma de procedimientos, así como del funcional.

La POO es una forma de diseño de código que aspira a representar los datos y las acciones como si formaran parte de clases; ellas mismas se convierten en objetos durante su creación en memoria. Este concepto se ha presentado rápidamente en el capítulo anterior: ahora es el momento de comprender su funcionamiento de manera más detallada.

1.1 ¿Qué es una clase?

Una clase es un elemento del sistema que forma la aplicación. Una clase contiene dos tipos de elementos de código: datos y métodos (que representan acciones). Hay que ver la clase como una caja donde es posible ordenar estos dos tipos de elementos. Para hacer un paralelismo con la vida real, podemos comprender fácilmente que la definición de una clase se aplica a un objeto como un ordenador, por ejemplo. Este último dispone de métodos (encender, apagar, etc.), así como de propiedades (número de pantallas, cantidad de RAM, etc.).

De manera conceptual, una clase solo es una definición. Una vez que haya decidido lo que debe contener, así como sus métodos, es conveniente crearla. Esta acción se llama instanciación. Tras esta operación, obtenemos una instancia en memoria de un objeto.

Vamos a intentar hacer una comparación. Tomemos el ejemplo de una fábrica de producción de objetos de madera. Para poder crear un objeto, se necesita un plan (la clase). Gracias a este último, la máquina puede cortar y juntar los diversos elementos (datos y métodos) para crear una instancia nueva (instanciación).

En C#, la declaración de una clase se hace con la palabra clave `class`. Hay algunas posibles particularidades, especialmente el ámbito, que estudiaremos justo después, en la sección ¿Qué se puede declarar dentro de una clase? - Métodos, así como los conceptos de `static`, `sealed` y el de `partial`. La sintaxis completa de la declaración de una clase es la siguiente:

```
AMBITO [static] [sealed] [partial] class NOMBRE_CLASE
```

El nombre de la clase es libre, pero debe cumplir dos normas:

– Solo puede contener caracteres alfanuméricos y el carácter guion bajo («_»).
– No puede empezar con un número.

Además de estas normas, es frecuente que los desarrolladores de C# respeten una convención de sintaxis: el uso de PascalCase. Esto indica que el nombre empieza con una mayúscula y cada palabra también empieza con una mayúscula, por ejemplo: `OrdenadorPortatil`. El lenguaje y el compilador no prohíben escribir `ordenadorPortatil`, `Ordenadorportatil` o incluso `ordenadorportatil`, pero estas distintas declaraciones no respetan la convención ampliamente aceptada y aplicada. Finalmente, aunque sea posible, se recomienda evitar caracteres acentuados en el nombre de una clase. Por ejemplo, es mejor llamar a su clase `Peaton` en lugar de `Peatón`, para que el código C# producido sea lo más parecido posible al que tendríamos en inglés.

En el programa de base creado en C# en el capítulo anterior, se ha creado una clase `Program` de manera predeterminada. Podemos constatar que no hay concepto de ámbito ni de `partial` o `static`. Después de declararla, la clase define un bloque donde podemos implementar los datos y los métodos que necesita nuestro programa para funcionar.

1.1.1 Las clases en Visual Studio Code

Para crear una clase en Visual Studio Code, hay que seguir las etapas que aparecen a continuación:

- Expanda la vista **Solution Explorer** del proyecto.
- Colóquese en la carpeta donde desea crear la nueva clase (o directamente en el nombre del proyecto si desea crearla en la raíz).
- Haga clic derecho para seleccionar el elemento de menú **Add a New File**.
- Escriba el nombre de la clase en la pequeña ventana emergente que se abre en la parte superior central de la pantalla (siempre sin espacios ni caracteres especiales).

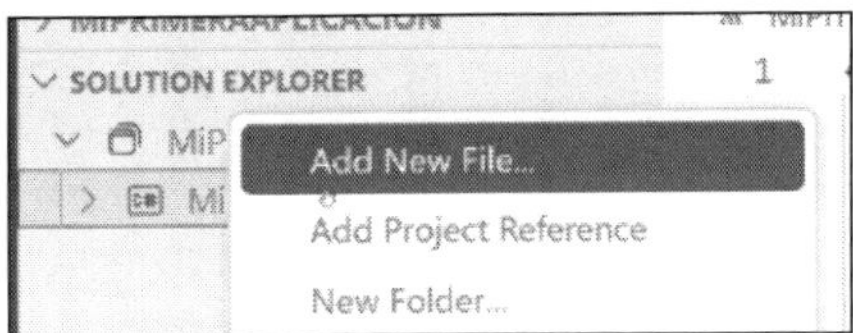

Añadir una clase nueva con Visual Studio Code

Después de estas operaciones, en la jerarquía situada a la izquierda hay disponible un archivo nuevo que lleva el nombre de la clase seguido por la extensión .cs. De manera predeterminada, este archivo estará abierto.

1.1.2 Herencia

Hay un concepto extremadamente importante en POO: la herencia. En general, si tiene la posibilidad de decir «X es una Y», el equivalente podría ser decir «X hereda de Y». X toma todas las propiedades y comportamientos de Y, pero los particulariza. Vamos a dar un ejemplo concreto: «Un Mac es un ordenador». Entonces, a nivel del desarrollo orientado a objetos, un Mac toma todas las propiedades y comportamientos de un ordenador, pero los particulariza aportando sus propios elementos. Decimos en este caso que `Mac` es una clase hija de la clase `Ordenador`.

En C#, este concepto es central porque todos los elementos que va a manipular obviamente heredan de la clase `System.Object`, que define el comportamiento básico de cualquier objeto. Además, a diferencia de otros lenguajes (como C++), en C# no es posible heredar de varias clases: solo es posible tener una clase madre. Si no se especifica ninguna clase madre, es por definición la clase `System.Object` la que constituye la clase madre (sin que se requiera ninguna operación).

Observación

En C# no se puede heredar de varias clases. Por eso hay que elegir la clase de la que se hereda. Si no se especifica nada, el compilador genera automáticamente, de manera transparente, una herencia de la clase `System.Object`, como se describe con anterioridad. Si especificamos una herencia, eso no quiere decir que la clase herede de `System.Object` y de la clase heredada, sino solo de la clase heredada que sustituye a la herencia generada por el compilador. La clase heredada, en sí misma, hereda de otra clase o directamente de `System.Object`. En última instancia, todas las clases en C# heredan de `System.Object` de una forma u otra.

Para indicar que una clase hereda de otra, hay que usar los dos puntos seguidos de la clase de la que se quiere heredar:

```
class Ordenador { }
class Mac : Ordenador { }
```

Por supuesto, el hecho de que una clase herede de otra no quiere decir que por fuerza tenga acceso a todo lo que se ha definido dentro de la clase madre.

1.1.3 Encapsulación

Todo lo que se encuentra en el interior de una clase se designa mediante un término muy específico: encapsulación. Con ella también aparece el concepto de ámbito, que indica cómo se perciben las cosas desde un punto de vista exterior a la clase.

El ámbito permite definir la visibilidad de un elemento de una clase o de la misma clase. En total hay siete ámbitos en C#:

- `public`: define que el elemento es completamente visible dentro y fuera de la clase.
- `private`: define que el elemento solo es visible en el interior de la clase donde se ha declarado, mientras que es completamente invisible desde el exterior.
- `internal`: define que el elemento solo es visible dentro del proyecto donde se ha declarado. Podemos considerarlo como `public`, pero solo dentro del proyecto donde fue declarado. Otro proyecto que referencie nuestro proyecto no tiene conocimiento de un elemento que se ha declarado como `internal`. De manera predeterminada, si no explica el ámbito explícito en una clase, el compilador selecciona `internal`.
- `protected`: define que el elemento solo es visible en el interior de la clase donde se ha declarado y dentro de su jerarquía de clases hijas. Eso se une con el concepto de la herencia, que veremos más adelante en este capítulo.
- `protected internal`: define una suma entre `protected` e `internal`. Un elemento declarado con este ámbito es visible por la clase interesada, sus clases hijas, así como por todas las otras clases dentro del mismo proyecto. Esto también significa que, si se declara una clase hija fuera del proyecto actual, puede tener acceso a un elemento `protected internal`, al igual que cualquier clase del mismo proyecto.
- `private protected`: define una intersección entre `protected` e `internal`. Un elemento declarado con este ámbito solo es visible por la clase interesada y por sus clases hijas definidas dentro del mismo proyecto. Esto quiere decir que una clase hija definida fuera del proyecto actual no podrá acceder a este elemento.

- `file`: agregado en C# 11, este ámbito define la visibilidad solo dentro del marco del archivo actual. Este ámbito es muy particular porque no está pensado para que lo utilicen directamente los desarrolladores. Existe, principalmente para herramientas de generación automática de código. Sin embargo, en casos muy raros puede resultar útil declarar un elemento que solo existe como parte de un archivo para un algoritmo específico. También cabe señalar que, a diferencia de otros ámbitos, este ámbito solo es válido para la declaración de un tipo. No se puede aplicar a un método, campo o propiedad.

Con todos estos ámbitos, se puede crear la clase que corresponde con precisión a las necesidades de nuestra aplicación, para evitar que ciertos elementos no salgan del perímetro de la clase. Retomando nuestro ejemplo, consideramos que la clase `Ordenador` dispone de un booleano que indica si la máquina está encendida o no. Para evitar que nadie pueda manipular este dato de forma directa, la manera de proceder es definirla como públicamente accesible en modo de lectura, pero privado en lo que respecta a la escritura. En consecuencia, solo un método público, definido en esa clase, como por ejemplo `Encender` o `Apagar`, puede cambiar el valor de este indicador. Así nos protegemos de un cambio de estado no controlado (porque podemos considerar que la operación de extinción necesita efectuar algunas operaciones con antelación antes de transferir el booleano).

1.2 ¿Qué se puede declarar dentro de una clase?

Como ya hemos visto, dentro de una clase podemos declarar dos tipos de elementos: métodos (acciones) y datos. Vamos a ver rápidamente cómo declararlos.

1.2.1 Métodos

Un método traduce una acción que se puede invocar en la clase. Durante la declaración de un método, hay que hacerse las siguientes preguntas:

- ¿Se trata de una acción que debe poder realizarse desde el exterior o solo desde el interior de la clase?
- ¿Se espera un valor de retorno particular?

– ¿Es necesaria alguna información para que este método funcione?

Ya ha tenido una vista previa de una llamada de método en el primer capítulo, en la clase `Consola`: `WriteLine` y `ReadLine`. Estos dos métodos ilustran los puntos antes citados:

- `WriteLine` se debe poder llamar desde el exterior. No esperamos que devuelva un valor después de llamarla, pero es necesario transmitirle la información que queremos escribir.
- `ReadLine` también se debe poder llamar desde el exterior. Necesitamos recuperar solo la información introducida por el usuario, sin que sea preciso transmitirle una información cualquiera.

La sintaxis de declaración de un método dentro de una clase es la siguiente:

```
ÁMBITO [static] TIPO_RETORNO NOMBRE_MÉTODO([PARÁMETROS])
```

El tipo de retorno debe corresponder a un tipo C# conocido. Por ejemplo, si queremos crear un método que realiza la suma de dos números y devuelve el resultado, todo accesible de manera pública, lo declaramos de la siguiente manera:

```
public int Addition(int primero, int segundo) {}
```

Observación

Cuando declaramos un método con un valor de retorno sin escribir el contenido del método, el compilador emite inmediatamente un error de compilación. Esto se debe al hecho de que es obligatorio que cada método que devuelve un resultado contenga una instrucción `return`.

Cuando un método debe devolver un valor, hay que usar la palabra clave `return` para definir el valor que deseamos devolver. La instrucción `return` se puede usar directamente con un valor o podemos utilizar una variable del tipo de retorno esperado. En el caso del ejemplo anterior, son válidas estas dos maneras de escribir el método:

```
public int Suma(int primero, int segundo)
{
    return primero + segundo;
}
public int Suma(int primero, int segundo)
{
```

```
        int resultado = primero + segundo;
        return resultado;
}
```

Un elemento importante que hay que a recordar: del mismo modo que hemos visto en el capítulo anterior con la declaración de clases del mismo nombre dentro del mismo espacio nombres, no se puede declarar dos veces el mismo método dentro de una misma clase. Si los nombres son idénticos y los parámetros también lo son, entonces el compilador C# considera que es el mismo método. El valor de retorno no constituye un elemento distintivo. Así, la declaración de los dos métodos siguientes dentro de la misma clase es imposible y eso provoca un error de compilación:

```
public int Suma (int primero, int segundo)
{
    return primero + segundo;
}
public void Suma (int primero, int segundo)
{
}
```

Observación

Como podemos comprobar en el ejemplo anterior, la palabra clave `void` especifica que el método no devuelve ningún resultado. El concepto de tipo de retorno es obligatorio y hay que usar esta palabra clave para indicar cuándo no lo hay.

Si el método no toma parámetros, la presencia de paréntesis que se abren y se cierran unidos al nombre del método es, a pesar de todo, necesaria para indicar que se trata de un método:

```
public void MiMetodo()
{
}
```

Dentro de un método que declara su propio bloque, se pueden declarar variables y constantes que se consideran únicamente locales (es decir, visibles dentro del método y de todos sus subbloques, pero invisibles dentro de los bloques padres, directos o indirectos).

Cabe señalar que incluso en el caso de que un método no devuelva ningún valor, es posible utilizar la declaración `return` para detener la ejecución del método. En este caso concreto bastará con escribir la palabra clave `return` y terminar con punto y coma. El código después de la declaración `return` no se ejecutará:

```
public void Suma (int primero, int segundo)
{
    return;
    // la siguiente línea de código nunca se ejecutará
    int resultado = primero + segundo;
}
```

1.2.2 Declarar un dato

Hay dos maneras de declarar un dato dentro de una clase: mediante una propiedad o mediante un campo. Las dos son completamente legítimas, pero no responden a las mismas necesidades.

El caso más sencillo es la declaración de un campo. Un campo de una clase se define de la siguiente manera:

```
ÁMBITO TIPO NOMBRE_DEL_MIEMBRO;
```

Observación

El concepto de ámbito no es obligatorio y es posible omitirlo. En ausencia de la definición de ámbito, es `private` *el utilizado por un campo en el compilador. Sin embargo, es muy recomendable añadirla por motivos de claridad.*

Por ejemplo, si en nuestra clase `Ordenador` queremos almacenar el año de compra bajo la forma de un entero accesible para todos, podemos crear un campo como este:

```
public int anoCompra;
```

Como podemos ver aquí arriba, la convención de sintaxis recomendada para la escritura de los campos es *lower camel casing*, precedido de un guion bajo. Esta convención indica que la primera letra es minúscula, pero todas las palabras siguientes empiezan por su propia mayúscula.

Una vez declarado, podemos acceder a nuestro campo según su ámbito, desde los métodos de la clase o desde el exterior de esta. La ventaja de este enfoque es que se trata de un tipo de variable global dentro de la clase, accesible para todos los métodos presentes en el interior. Sin embargo, un campo no permite la distinción entre un derecho de lectura y de escritura. Cuando se declara un campo con un ámbito dado, es accesible tanto en modo de lectura como de escritura por todos los elementos que tienen derecho a acceder a él según el alcance elegido. Se puede limitar la escritura indicando que un campo se puede definir solo durante la fase inicial de creación de la clase. Esta palabra clave es `readonly`. Así, si queremos que el año de compra solo se pueda introducir durante la instanciación de la clase, hay que escribir el siguiente código:

```
public readonly int anoCompra;
```

Para mitigar esta limitación, hay otra manera de almacenar datos dentro de una clase: las propiedades. Este concepto un poco particular corresponde a un dato que se expone mediante un método de lectura (`get`) y de escritura (`set`).

La sintaxis es la siguiente:

```
ÁMBITO TIPO NOMBRE_PROPRIEDAD { ÁMBITO get { } ÁMBITO set { } }
```

Este planteamiento tiene múltiples ventajas:

- Se puede definir un ámbito distinto para la lectura y la escritura. Podemos considerar fácilmente una propiedad que sea accesible de manera pública en modo de lectura, pero solo de manera privada en modo de escritura.
- `get` y `set` son métodos un poco particulares y, por eso, se puede escribir un cuerpo de método. Del mismo modo, con el fin de aumentar la productividad, se puede usar la propiedad automática, que veremos un poco más adelante.

El concepto de una propiedad, en un principio, es actuar como proxy hacia un campo para poder guiar su encapsulación. Por ejemplo, vamos a imaginar que queremos transformar el año de compra definido arriba como dato únicamente accesible en modo de lectura de forma pública. Inicialmente, hay que hacer que el campo sea privado y, en una segunda fase, crear una propiedad que permita gestionar nuestras limitaciones:

```
private int anoCompra;
public int AnoCompra
{
    get { return anoCompra; }
    private set { anoCompra = value; }
}
```

Analizamos este bloque de código para comprender su funcionamiento. La propiedad se ha definido de manera pública en el sentido global. Esto quiere decir que, en ausencia de ámbito en el `get` o el `set`, se aplicará la propiedad de manera predeterminada. También constatamos que la convención de sintaxis para una propiedad es la misma que para una clase: Pascal Casing.

Después, en el bloque definido mediante el `get` de una propiedad, se necesita una instrucción `return` que devuelva el valor deseado, del mismo tipo que la propiedad. Esto también permite realizar una transformación cuando queremos devolver un dato de otro valor.

A continuación, viene el bloque definido mediante el `set`. Aquí, hemos decidido que la escritura debía permanecer privada, es decir, accesible solo desde los métodos de la clase. Para eso, hemos definido el ámbito, colocado justo antes de la palabra clave `set`. En este escenario no hay ninguna necesidad de devolver cualquier valor. Sin embargo, el `set` expone un parámetro particular, representado por la palabra clave `value`. Esta contiene el valor que se ha asignado a la propiedad, y que podemos asignar a nuestro campo.

Esta propiedad es un ejemplo bastante clásico, y es completamente posible optimizar su escritura. Desde la versión 3 del lenguaje C#, existe el concepto de propiedad automática. Esto significa que, escribiendo solamente las palabras clave `get` y `set` (si hiciera falta, con sus ámbitos respectivos) sin darles cuerpo, el compilador C# generará automáticamente el código en el interior, así como el campo asociado.

Para retomar el ejemplo de arriba, con la propiedad automática, tendríamos el código siguiente:

```
public int AnoCompra { get; private set; }
```

La ganancia de productividad es inmediata y consigue un resultado completamente idéntico. En cambio, hay que constatar que, cuando falta el cuerpo, no es posible personalizar la transformación con las propiedades automáticas.

Aquí puede ver algunas pequeñas aclaraciones adicionales sobre las propiedades:

- El ámbito global debe ser más permisivo que el ámbito de `get` o de `set`. Por ejemplo, no es posible tener una propiedad con un ámbito limitado por la palabra clave `protected` y al mismo tiempo hacerlo accesible en modo lectura de manera pública.
- El uso de `get` y `set` no es obligatorio. Se puede tener una propiedad con solo un `get` (eso significa que está en modo de solo lectura, es decir, que solo es posible asignarla a la instanciación de la clase). La lógica es la misma con un `set`, pero su interés es escaso.
- Desde C# 9, hay una palabra clave nueva que puede sustituir a `set`: `init`. Esta última significa que la propiedad se puede definir únicamente en la instanciación de la clase, pero de manera más flexible que en ausencia de `set`. Abordaremos este concepto en la sección Instanciar una clase.
- Desde C# 6, es posible asignar el valor de una propiedad después de su declaración (siempre que esta propiedad sea accesible en modo de escritura). Para hacerlo, solo hay que colocar la asignación después de la declaración, como en el bloque siguiente:

```
public int AnoCompra { get; set; } = 2020;
```

Desde C# 11, es posible precisar que se debe especificar una propiedad al crear la clase. Para lograr este objetivo, usaremos la palabra clave `required`, que se inserta entre el alcance y el tipo de la propiedad:

```
public required int AnoCompra { get; set; }
```

Es posible mostrar un descriptor de acceso un poco especial: una propiedad indexada. Esto permite acceder a un valor de la clase como si esta fuera una colección indexada (estudiaremos las colecciones en el capítulo Algoritmia). Para hacerlo, hay que definir cuál será el tipo de dato que permitirá acceder a una información de la clase.

Por ejemplo, podemos imaginar una clase que describe un garaje, donde se puede acceder a cada coche que contiene usando el número de plaza dentro del garaje. En este caso, el tipo del valor utilizado para acceder a un coche es un `int` porque se trata de un número entero, que corresponde al lugar del coche en el garaje.

La sintaxis para declarar este descriptor de acceso es un poco específica: se indica el tipo de retorno, seguido por la palabra clave `this` con corchetes. Dentro de estos últimos, se describe la declaración de la variable de acceso (con su tipo y su nombre).

Para ilustrar esto con el ejemplo anterior, tendríamos la siguiente declaración:

```
public class Coche
{
  // podemos poner lo que queramos
  // dentro de la clase Coche
}

public class Garaje
{
  // en el garaje se guarda una colección de coches

  // la propiedad indexada proporciona acceso a esta colección
  public Coche this[int numeroPlaza]
  {
       get
       {
          // aquí obtenemos el coche correspondiente
          // en el lugar solicitado, que está representado
          // con la variable numeroPlaza
       }
  }
}

public class Cliente
```

```
{
   public void BuscarMiCoche(Garaje garaje)
   {
      // gracias a la propiedad indexada es posible solicitar
      // al garaje que devuelva el coche al lugar n° 13.
      Coche miCoche = garaje[13];
   }
}
```

Algunas clases del framework ya exponen una propiedad indexada, como la clase `string`. Usando la propiedad indexada, podemos acceder a un carácter particular en la cadena:

```
string miCadena = "Christophe";
// sea cuidadoso, el primer carácter se almacena en el lugar 0.
// entonces, para acceder al enésimo carácter, tendrá que usar
// el índice n-1
char letraR = miCadena[2];
```

Observación

Sin embargo, es necesario un punto de vigilancia. Si el valor pasado a la propiedad indexada devuelve un valor no válido, se pueden utilizar diferentes estrategias. Si volvemos al ejemplo anterior con la cadena de caracteres, solicitar el carácter almacenado en el índice 100, que está muy fuera de la cadena, provocará un error en la aplicación.

1.3 Instanciar una clase

Ahora que sabemos cómo definir una clase, la siguiente etapa consiste en descubrir cómo instanciarla con la finalidad de poder utilizarla.

1.3.1 El constructor

Antes de ver cómo proceder, hay que comprender el principio que hay detrás de la instanciación. Todas las clases contienen lo que se denomina un constructor. Se trata de un método particular, al que se llama de manera automática y obligatoria luego de la instanciación de una clase.

La sintaxis del constructor también es distinta de la de los métodos clásicos; un constructor no puede tener tipo de retorno y su nombre debe corresponder al nombre de la clase:

```
ÁMBITO NOMBRE_DE_LA_CLASE(PARÁMETROS)
```

Por ejemplo, el código correspondiente a la declaración del constructor de nuestra clase `Ordenador` sería:

```
public Ordenador() { }
```

El constructor declarado aquí arriba en realidad es muy poco útil. En efecto, el compilador C#, en ausencia de una definición cualquiera de un constructor dentro de la clase, en todos los casos habría generado un garante, de forma automatíca e invisible para el desarrollador, que respondiera a estas características: `public` y sin parámetros.

Es útil definir un constructor en el caso de que deseemos tener un ámbito de método distinto, o incluso poder transmitirle parámetros.

Observación

Cuando se ha definido un constructor particular mediante el desarrollador, el compilador C# no genera un constructor public sin parámetro porque eso podría alterar el comportamiento del código. De hecho, sería una pena haber definido un constructor `private`, y luego que el compilador añadiera un constructor `public` que modificaría el comportamiento inicialmente deseado por el desarrollador.

Por ejemplo, imaginemos que queremos crear un ordenador informándole directamente de su año de compra (comprender: es imposible crear un ordenador sin especificar este valor). Para lograr este objetivo, utilizamos el constructor especificando un parámetro correspondiente al valor del año de compra:

```
public Ordenador(int anoCompra)
{
    AnoCompra = anoCompra;
}
```

En caso de herencia de otra clase, se llama al constructor de la clase de base antes de llamar al constructor de la clase hija. Por ejemplo, si tenemos las siguientes clases:

```
public class Ordenador
{
    public Ordenador()
    {
         Console.WriteLine("Construcción Ordenador");
    }
}
public class Mac : Ordenador
{
    public Mac ()
    {
         Console.WriteLine("Construcción Mac");
    }

}
```

durante la instanciación de la clase `Mac`, la consola muestra:

Construcción Ordenador
Construcción Mac

Si el constructor de la clase padre necesita un parámetro, es posible pasárselo añadiendo, después de la definición del constructor de la clase hija, la llamada al constructor padre usando la palabra clave `base`:

```
public class Ordenador
{
    public Ordenador(int anoCompra)
    {
         Console.WriteLine("Construcción Ordenador");
    }
}
public class Mac : Ordenador
{
    public Mac() : base(2020)
    {
         Console.WriteLine("Construcción Mac");
    }

}
```

Observación

Esta llamada es obligatoria si el constructor padre tiene al menos un parámetro. La lógica predeterminada es que el constructor de una clase hija toma al menos los mismos parámetros que el padre, posiblemente más.

Teóricamente, no hay límite para la cantidad de parámetros que puede aceptar un constructor. Sin embargo, hay que permanecer atentos a esta cuestión porque cada una de las futuras instanciaciones necesitará completarlos. Un límite razonable sería no superar los cinco parámetros para un constructor, sin que esto sea una regla absoluta.

Cuando hay herencia, es posible utilizar, después de la declaración del constructor, la palabra clave `base`. Pero si la clase misma declara varios constructores (porque esto es posible), se puede llamar, desde un constructor particular, a otro constructor usando la palabra clave `this`:

```
public class Ordenador
{
    public Ordenador (int anoCompra)
    {
    }

    public Ordenador (int anoCompra, int cantidadRam) : this(anoCompra)
    {
    }

}
```

Este enfoque permite centralizar, dentro de un constructor dado, una determinada lógica para evitar duplicaciones. En el ejemplo anterior, si la gestión del año de compra tuvo algún impacto en nuestra clase que requiere un algoritmo particular, es posible centralizar este enfoque en el constructor que solo contiene el parámetro `anoCompra`. Con el segundo constructor llamando a este, la lógica se puede centralizar.

C# 12 introduce el concepto de «constructor principal». Usando una sintaxis muy cercana a la de *record* (que estudiaremos más adelante en este capítulo), es posible declarar un constructor principal agregando paréntesis después del nombre de la clase y los parámetros deseados:

```
public class Ordenador(int anoCompra)
{
}
```

Es un constructor como cualquier otro, en el sentido de que es totalmente posible añadir tantos parámetros como queramos. Asimismo, es posible, dentro de la declaración de clase, declarar otros constructores y utilizar la palabra clave `this` para llamar a este constructor principal.

Todos los parámetros declarados en el constructor principal están disponibles dentro de la clase para diversos fines útiles (inicialización de campos o propiedades). Tenga en cuenta que esta sintaxis impide escribir un algoritmo particular al construir el objeto.

Ahora que se ha definido un constructor, nos falta ver cómo llamar a este último de manera efectiva para instanciar una clase.

1.3.2 Instanciación con la palabra clave new

Para crear una instancia nueva de una clase en memoria, se ha reservado una palabra clave: `new`. Gracias a esta última, es posible llamar al constructor de la clase. Así, para crear una instancia nueva de nuestra clase `Ordenador` y guardarla en una variable, la sintaxis que se debe usar es la siguiente:

```
Ordenador orde = new Ordenador(2020);
```

En el código de arriba, hemos creado una variable llamada `orde`, que contiene una instancia nueva de la clase `Ordenador`, y hemos pasado el valor `2020` como parámetro de constructor para el año de compra. Si el constructor no aceptara parámetros, la llamada sería la siguiente:

```
Mac mac = new Mac();
```

Observación

En los dos ejemplos de arriba, es posible sustituir el tipo de la variable por la palabra clave `var` *para ir más rápido. El código es lo bastante explícito para que el lector del código dude del tipo de la variable. En cuanto al compilador, este sustituirá la palabra clave* `var` *por el tipo explícito porque pese a todo C# sigue siendo un lenguaje fuertemente tipado.*

Desde la versión 9 del lenguaje C#, ya no es necesario volver a especificar el tipo después de `new`. La nueva sintaxis es más concisa, pero necesita que se especifique el tipo a nivel de la variable:

```
Ordenador orde = new(2020);
Mac mac = new();
```

Así, no es posible escribir:

```
var orde = new();
```

porque el compilador no sabrá cuál es el tipo que desea la instalación. Por eso hay que elegir entre la nueva sintaxis `new` o el uso de la palabra clave `var`.

De la misma manera, C# ofrece una posibilidad de escritura para asignar directamente las propiedades que se pueden definir después de la creación. Esta sintaxis un poco particular se llama *object initializer*. Consideramos la siguiente clase:

```
public class Persona
{
    public string Nombre { get; set; }
    public string Apellido { get; set; }
    public bool EsVIP { get; private set; }
}
```

En la clase que aparece arriba, una `Persona` contine un nombre y un apellido accesibles de manera pública en modo de lectura y de escritura, y un booleano que indica si es VIP. El booleano solo se puede definir dentro de la clase. Por eso, si queremos usar *object initializer*, no podremos asignar el valor booleano, solo el nombre y el apellido:

```
var persona = new Persona { Nombre = "Christophe",
Apellido = "Mommer" };
```

Observación

Dado que `set` es accesible de manera pública en modo de escritura, es posible modificar estos valores después de la creación (haciendo `persona.Apellido = "Lolo"`). Si no se desea este comportamiento y aun así queremos utilizar la flexibilidad del objeto inicializador, es posible utilizar la palabra clave introducido por C# 9 `init`. Esta última permite al constructor o a la sintaxis object initializer limitar la asignación de la propiedad a la creación.

Debido a la herencia, se puede almacenar un tipo más específico dentro de un tipo más genérico. Eso es posible en la instanciación, pero también en las transferencias de parámetros. Vamos a interesarnos por este concepto, llamado polimorfismo.

1.4 Polimorfismo

La palabra «polimorfismo» proviene de la concatenación de dos términos: poli (significa múltiple) y morfo (significa forma). Esto significa que un objeto puede tomar varias formas.

Concretamente, haciendo un vínculo de herencia, declaramos que «si Y hereda de X, entonces Y es un X». Retomando nuestro ejemplo, `Mac` hereda de `Ordenador`, entonces un `Mac` es un `Ordenador`.

Esto también quiere decir que se puede usar un `Mac` en todas las posiciones donde esperamos un `Ordenador`. El `Mac` se «rebajará» al nivel de un `Ordenador` (no veremos sus características específicas, sino solo lo que tiene en común con el resto de los ordenadores).

Y esto también es válido para las variables:

```
Ordenador mac = new Mac();
```

Esta escritura solo es posible porque `Mac` hereda de la clase `Ordenador`. Sin embargo, la operación inversa no es posible. Así, el siguiente código no se compilará:

```
Mac mac = new Ordenador();
```

Por supuesto, el concepto de polimorfismo también se puede aplicar a las variables y a los parámetros. Podemos imaginar una clase nueva `Persona` que posee un método `EscribirUnLibroEnCSharp`, que requiere una instancia de `Ordenador` para funcionar:

```
public class Persona
{
    public void EscribirUnLibroenCSharp(Ordenador orde)
    {
    }
}
```

Así, se puede crear esta `Persona` nueva y pasarle cualquier `Ordenador`:

```
var christophe = new Persona();
christophe.EscribirUnLibroEnCSharp(new Ordenador(2020));
christophe.EscribirUnLibroEnCSharp(new Mac());
```

Este código es completamente funcional en los dos casos. En compensación, a semejanza de las variables, cuando se espera un tipo muy específico, es necesario proporcionarlo. Así, el siguiente código no funciona:

```
public class Persona
{
    public void CrearUnaAplicaciónIPhone(Mac mac) { }
}
var christophe = new Persona();
christophe.CrearUnaAplicacionIPhone(new Mac());
christophe.CrearUnaAplicacionIPhone(new Ordenador()); // aquí el
compilador presentará un error
```

Es imposible llamar a este método con una instancia de la clase `Ordenador` porque se espera un tipo más específico.

2. Conceptos avanzados

Después de haber visto los conceptos básicos de la POO, es el momento de descubrir algunos conceptos avanzados.

2.1 Herencia avanzada

Cuando hemos abordado la cuestión de la herencia, lo hemos hecho a través del prisma de una clase Y que hereda de otra clase X; estas dos clases se pueden crear.

2.1.1 Métodos virtuales

Cuando una clase hereda de otra, esta disfruta de manera natural de los métodos y de los datos presentes a los que tiene acceso en la clase madre. Sin embargo, para algunas necesidades puede suceder que la clase hija tenga que redefinir algunos métodos. Con el fin de hacer eso posible, la clase madre debe declarar los métodos como virtuales, lo que significa que definen un funcionamiento concreto, pero sigue siendo posible redefinir este funcionamiento en la clase hija. Esta redefinición se llama sobrecarga de métodos. En este funcionamiento intervienen dos palabras clave:

- A nivel de la clase madre, es necesario añadir la palabra clave `virtual` antes del nombre del método.
- A nivel de la clase hija, es necesario añadir la palabra clave `override` antes del nombre del método que queramos sustituir.

En concreto, imaginemos que nuestra clase `Ordenador` dispone de un método `Encender`, que muestra «Encendido en proceso...», pero queremos mostrar «Su Mac se inicia...» dentro del caso de la clase `Mac`. Hay varias maneras de responder a esta necesidad; una posible solución es sobrecargar el contenido del método `Encender`:

```
public class Ordenador
{
    public virtual void Encender()
    {
        Console.WriteLine("Encendido en proceso...");
    }
```

```
}

public class Mac : Ordenador
{
    public override void Encender()
    {
        Console.WriteLine("Su Mac se inicia...");
    }
}
```

Cuando llamamos al método `Encender` de un objeto que resulta ser un `Mac`, la consola muestra «Su Mac se inicia...», y lo mismo en el caso donde se hemos usado el concepto de polimorfismo:

```
Ordenador mac = new Mac();
mac.Encender();
```

Esto se debe sencillamente al hecho de que la variable es de tipo `Ordenador`, pero se ha colocado una instancia de `Mac` dentro. Durante la llamada, se invoca el método del tipo más concreto. Por lo tanto, tiene la posibilidad de usar un método que trabaja con un tipo genérico, llamando a un método común. Así, cada implementación puede conocer sus propias particularidades sin que eso altere la ejecución.

Sin embargo, con este planteamiento, es necesario que la clase madre declare estos métodos como virtuales y que la clase hija esté informada de ello para que pueda usar la palabra clave `override`. Otra manera de acercarse a esta especificación es usar una clase abstracta.

2.1.2 Clase abstracta

En POO, se puede definir una clase de manera abstracta, es decir, que no puede ser instanciada (por eso es imposible llamar a un `new` arriba). El principio de esta clase es mutualizar propiedades y métodos para que todas las clases hijas puedan usarlas. De la misma manera, solo se puede definir un método abstracto dentro de una clase abstracta, de modo que cada clase que herede de ella esté obligada a redefinirla.

Para crear una clase abstracta, solo hay que usar la palabra clave `abstract` en el nivel de la definición:

```
public abstract class Ordenador { }
```

Al usar esta declaración, es imposible escribir el siguiente código (eso hará que aparezca un error de compilación):

```
var ordenador = new Ordenador();
```

Sencillamente porque la clase `Ordenador` es abstracta y solo sirve de definición básica para las clases que heredan de ella. También es posible definir un método abstracto, usando la misma palabra clave: `abstract`. Un método calificado como abstracto no puede contener cuerpo y forzosamente debe ser redefinido durante una herencia, al contrario que un método virtual. Por ejemplo:

```
public abstract class Ordenador
{
    public string Marca { get; set; }
    public abstract void Encender();
}
public class Mac : Ordenador
{
    public override void Encender()
    {
    }
}
```

Observación

Como consecuencia de heredar de una clase abstracta que contiene un método abstracto, es obligatorio redefinir el método abstracto. No redefinirlo provocará un error de compilación. Cabe señalar que es posible tener varios métodos abstractos; en este caso, hay que redefinirlos todos ellos.

Sin embargo, queda una limitación, ya sea en el caso del uso de una clase abstracta o de métodos virtuales: solo es posible heredar de una y solo una clase. Esta limitación se puede eludir multiplicando el contenido dentro de la clase madre (o su propia jerarquía), pero eso no puede ser suficiente ni ser lo ideal. Afortunadamente, hay un concepto que permite a las clases compartir una misma filosofía y hacerlo desde varios elementos: las interfaces.

2.1.3 Interfaz

Una interfaz es el equivalente a un contrato. A diferencia de los dos enfoques anteriores, una interfaz no contiene idealmente ningún código concreto (aunque una actualización de lenguaje lo permitiría), sino solo las definiciones que debe concretar obligatoriamente una clase que implementa esta interfaz. Así, para una clase dada, se pueden implementar varias interfaces y, por lo tanto, respetar varios contratos.

Observación

La convención, en C#, quiere que el nombre de una interfaz empiece por una i mayúscula, lo que permite distinguirla de una clase.

Para la definición solo hay que usar la palabra reservada `interface`. Dentro de su cuerpo, solo puede contener firmas de métodos o de las declaraciones de propiedades. El concepto de ámbito no existe dentro de una interfaz: allí todo es público por convención.

Por ejemplo:

```
public interface IOrdenador
{
    void Encender();
    string Marca { get; set; }
}
```

Una vez más, gracias al planteamiento polimórfico, una clase concreta se puede pasar a métodos que esperan una interfaz:

```
public class Mac : IOrdenador
{
    public string Marca { get; set; }
    public void Encender() { }
}
public class CentralOrdenadores
{
    public void IniciarOrdenadorPrincipal(IOrdenador ordenador)
    {
        ordenador.Encender();
    }
}
```

```
var central = new CentralOrdenadores();
var mac = new Mac();
central.IniciarOrdenadorPrincipal(mac);
```

La herencia sigue siendo posible entre interfaces. Haciendo esta operación, una interfaz agrega ciertas especificaciones a la interfaz de la que hereda. Eso permite respetar un principio de programación S.O.L.I.D. (I = *Interface Segregation Principle*). Por ejemplo:

```
public interface ITieneUnTeclado
{
     void Escribir(string phrase);
}

public interface IOrdenador : ITieneUnTeclado
{
     void Encender();
}
```

En el código de arriba, la interfaz `IOrdenador` dispone de un método `Encender` propio, pero también tiene un método `Escribir` porque implementa `ITieneUnTeclado`. Si una clase implementa la interfaz `IOrdenador`, debe definir los dos métodos debido a la jerarquía de interfaz.

```
public class Mac : IOrdenador
{
    public void Encender() { Console.WriteLine("Su Mac se inicia..."); }
    public void Escribir(string phrase) { Console.WriteLine(phrase); }
}
```

Una vez más, el polimorfismo nos ofrece una flexibilidad operativa bastante agradable:

```
public void EscribirUnaNovela(ITieneUnTeclado maquina)
{
}
var mac = new Mac();
EscribirUnaNovela(mac);
```

2.1.4 Implementación predeterminada en una interfaz

Incluso si una interfaz debe considerarse como que solo contiene firmas de métodos y de propiedades, desde C# 8 es posible escribir una implementación predeterminada.

Con esta posibilidad, puede hacer evolucionar una interfaz que ya se ha usado sin necesidad de modificar las clases que la implementan. Sobre todo, es útil en el caso de que haya expuesto públicamente una interfaz y de que la implementen clases fuera de su control. Modificar una interfaz hace que sea necesario para todas las clases implementar estas modificaciones, lo que puede romper la compilación de ciertos proyectos. Con ese fin, desde C# 8 se puede definir un comportamiento predeterminado. Retomando nuestra interfaz `IOrdenador`, imaginemos que queremos añadir un método `Apagar`, y eso sin romper la compilación:

```
public interface IOrdenador
{
    void Encender();
    void Apagar() { Console.WriteLine("Apagado en proceso..."); }
}
```

Como podemos ver aquí arriba, se le puede dar un cuerpo a un método de interfaz haciendo esta implementación predeterminada.

Observación

Incluso si eso permite evitar un error de compilación en las clases que operan en esta interfaz, con frecuencia es recomendable no dar implementación predeterminada, para que los usuarios de la interfaz estén al corriente de la existencia de este método nuevo.

2.1.5 Enmascaramiento

Cuando se ha programado un método para ser redefinido, como hemos estudiado en la sección Métodos virtuales, se puede usar la palabra clave `override`. Sin embargo, se puede redefinir un método, incluso cuando no haya sido inicialmente declarado como virtual. Para eso, podemos utilizar la técnica del enmascaramiento.

El enmascaramiento consiste en redefinir un método que ya existe en la clase básica, sin usar la palabra clave `override`, pero sobreescribiendo su definición. Para eso, solo hay que crear la misma firma añadiendo la palabra clave `new`. Esta palabra se debe encontrar entre el ámbito y el tipo de retorno del método para realizar esta operación.

Observación

Esto solo es útil si el método es completamente idéntico. Si hay una diferencia en la firma (nombre, tipo de retorno o parámetros), el enmascaramiento es inútil.

Vamos a ilustrarlo mediante un ejemplo:

```
public class Ordenador
{
    public void Encender()
    {
        Console.WriteLine("Encendido en curso...");
    }
}

public class Mac : Ordenador
{
    public new void Encender()
    {
        Console.WriteLine("Su Mac se inicia...");
    }
}
```

La clase `Mac` hereda de la clase `Ordenador`. Como el método `Encender` no es virtual, la clase `Mac` debe enmascararlo para indicar su propia implementación.

Por eso, si se ejecuta el siguiente código:

```
var ordenador = new Ordenador();
var mac = new Mac();
ordenador.Encender();
mac.Encender();
```

obtendremos la siguiente salida:

```
Encendido en curso...
Su Mac se inicia...
```

Si eliminamos la palabra clave `new` de la firma del método `Encender` de la clase `Mac`, el compilador generará el siguiente *warning*:

warning CS0108: 'Mac.Encender()' enmascara el miembro heredado 'Ordenador.Encender()'. Use la palabra clave new si el enmascaramiento es intencionado.

2.1.6 Prohibir la herencia

Es posible indicar que un método o una clase se consideran como finales, es decir, que ya no es posible heredarlos. Para hacerlo se usa la palabra clave `sealed`.

Por ejemplo, si queremos definir que la clase `Mac` no puede ser heredada:

```
public class Ordenador
{
}
public sealed class Mac : Ordenador
{
}
// el siguiente código provocará un error de compilación
public class MacMini : Mac
{
}
```

También es posible definirlo a nivel de un método de datos.

2.2 Los diferentes tipos de objetos

Hasta ahora, hemos abordado la POO a través del prisma de una clase. Aunque eso constituya el elemento central de la programación orientada a objetos, no es el único. En esta sección vamos a ver los otros tipos, y las principales diferencias entre estos últimos y una clase. Pero antes de eso, vamos a echar un vistazo a algunas nociones específicas sobre el concepto de clase.

2.2.1 Tipos de referencia

La gestión de la memoria es automática en C# y .NET, gracias a sistemas inteligentes. En efecto, las herramientas operativas que Microsoft pone a disposición contienen un elemento central para la operación correcta de la aplicación: el recolector de basura (o *garbage collector* en inglés, con frecuencia abreviado como GC).

El objetivo de esta herramienta es vigilar la ocupación de la memoria viva de la aplicación y limpiar los objetos que ya no se utilizan. Cada vez que usamos la palabra clave `new` en una clase, creamos una instancia nueva. Para poder usar esta instancia, hay que guardarla en algún lugar.

Se suele decir que una clase es un tipo de **referencia**, es decir, que una variable de tipo clase es una referencia hacia un espacio de memoria reservado por guardar los datos y metadatos de la clase. Aquí el objetivo no es hacer un curso sobre la gestión de la memoria en C# y .NET, sino comprender bien que una clase es una referencia hacia una zona reservada. El GC vigilará esta zona y la limpiará cuando ya no se use. Eso evita enfrentarse al fenómeno denominado pérdidas de memoria, cuando la cantidad memoria utilizada por la aplicación aumenta constantemente, por lo general a causa de un olvido de desasignación.

El tipo de referencia también implica un concepto extremadamente importante: el cero. Dado que se trata de una referencia hacia una zona de memoria, una variable de tipo clase puede apuntar de manera efectiva hacia la zona en cuestión o apuntar hacia el cero. Se dice entonces que el valor es igual a `null`, que también es el valor predeterminado de toda variable de tipo clase no inicializada.

Por ejemplo, al declarar una variable sin hacer instanciación con `new`, la variable existe, pero es igual a `null` porque no se ha reservado ninguna zona de memoria:

```
Mac mac;
```

Finalmente, la definición de la igualdad entre dos valores de tipo de referencia solo se hace sobre la base de la comparación de las direcciones de memoria, y para eso su contenido importa poco. Por supuesto, esta igualdad puede ser redefinida para basarse en otros criterios; pero si no hay especificación, se realiza la comparación de las direcciones de memoria.

El valor `null` está exclusivamente dedicado a los tipos de referencia. Eso nos permite ver el segundo tipo existente en C#: el tipo de **valor**.

2.2.2 Tipos de valor

La diferencia fundamental entre un tipo de referencia y un tipo de valor es que este último puede apuntar al cero. Por eso, cuando no hay especificación, se asigna un valor predeterminado por obligación. Igualmente, hay que saber que un tipo de valor por lo general no se guarda en memoria en el mismo lugar que un tipo de referencia, aunque en sí mismo esto es solo un detalle de implementación del tiempo de ejecución de .NET. La zoma de memoria reservada para los tipos de valor se llama pila, mientras que la de los tipos de referencia se llama montón.

El montón puede contener una gran cantidad de datos (la memoria es virtualmente ilimitada), pero el acceso a estos es lento porque este espacio está fragmentado y el GC tiene que reordenar las cosas que se encuentran dentro de él de manera sistemática. La pila, por su parte, tiene un espacio de almacenamiento reducido, pero es extremadamente rápida porque los datos siempre están apilados de manera lógica, lo que significa que su acceso responde a un algoritmo muy eficaz.

Sin saberlo, ya ha usado un tipo de valor con este libro: `int`. En efecto, `int` descansa sobre un tipo de valor que permite guardar un valor numérico. Por eso, es imposible escribir el siguiente código:

```
int valor = null; // error de compilación
```

Si declara un `int` sin asignar un valor, este último toma el valor programado de manera predeterminada. En este caso específico, es `0`.

```
int cero; // el valor será 0
```

Como no es posible guardar `null` en un `int`, eso significa que `int` no descansa sobre un tipo de referencia (como una clase), sino sobre otro tipo de datos: una estructura. Incluso aunque el uso que hará probablemente sea más marginal, conocer la existencia de las estructuras es fundamental para comprender bien el funcionamiento de un programa.

Se puede declarar una estructura usando la palabra clave `struct`:

```
public struct MiEstructura
{
}
```

El contenido de una estructura puede ser casi equivalente a una clase (allí podemos encontrar propiedades, miembros y métodos):

```
public struct Punto
{
    public int X { get; set; }
    public int Y { get; set; }
}
Punto punto = new Punto();
punto.X = 100;
punto.Y = 200;
```

Es posible crear un constructor personalizado en una estructura, pero también, desde C# 10, reemplazar el constructor predeterminado.

Así, el siguiente código provoca un error de compilación si utilizamos una versión de C# inferior a la versión 10:

```
public struct Punto
{
    public int X { get; set; }
    public int Y { get; set; }
    public Punto() // El compilador indicará un error aquí
    {
    }
}
```

Desde C# 11, se ha eliminado la restricción de tener que inicializar todos los valores de una estructura. De hecho, el compilador se encargará de dar valores predeterminados a los elementos no definidos en el constructor

Para retomar nuestro ejemplo, he aquí un constructor completo:

```
public struct Punto
{
    public int X { get; set; }
    public int Y { get; set; }
    public Punto(int x, int y)
    {
         X = x;
         Y = y;
    }
}
```

Usando C# 11 o superior, es posible crear un constructor de la siguiente manera:

```
public struct Punto
{
    public int X { get; set; }
    public int Y { get; set; }
    public Punto(int x)
    {
        X = x;
    }
}
```

En el ejemplo de código anterior, el valor de la propiedad Y se establecerá en el valor predeterminado de 0. Como recordatorio, el valor predeterminado para los tipos de referencia es `null`.

No importa si hemos definido un constructor personalizado o no; el compilador siempre generará el constructor sin parámetros de forma predeterminada a menos que se redefina. Ésta es una diferencia fundamental con la clase: siempre es posible crear una instancia de una estructura utilizando un constructor sin parámetros.

Con las declaraciones de arriba, se pueden crear instancias de la estructura `Punto` de tres maneras:

```
Punto a = new Punto (); // X = 0, Y = 0
Punto b = new Punto (150, 150); // X = 150, Y = 150
Punto c = new Punto (150); // X = 150, Y = 0
```

La gestión de la memoria es un elemento que hay que considerar con el tipo de valor. En efecto, con el tipo de referencia se manipula una referencia; por lo tanto, para resumir, es un puntero hacia una zona de la memoria. Con un tipo de valor se trata de un objeto completo.

Por eso, la asignación de una variable a otra o un paso como parámetro a una función implica una copia completa de los datos. Para ilustrar esta diferencia, he aquí un pequeño fragmento de código explicativo:

```
public class Persona
{
    public string Nombre { get; set; }
}

public void Main()
{
    int i = 42;
    Increment(i);
    Console.WriteLine(i); // Mostrará 42, porque el valor i
se ha copiado durante la llamada
    var p = new Persona { Nombre = "Nombre" };
    Renombrar(p);
    Console.WriteLine(p.Nombre); // Mostrará "Nombre nuevo" porque
la referencia permite manipular la zona de memoria afectada
}
public void Increment(int i) { i = i + 1; }
public void Renombrar(Persona p) { p.Nombre = "Nombre nuevo"; }
```

Por este motivo no es posible que un tipo de valor sea igual a `null`, porque no es posible copiar `null`.

Sin embargo, la versión 2 del lenguaje C# ha aportado flexibilidad de escritura para permitir que un elemento de tipo de valor sea `null`. Enseguida vamos a detallar el uso de los tipos que aceptan valores null.

2.2.3 Tipos que aceptan valores null

Por definición, hemos visto que un tipo de valor no puede ser `null`. Sin embargo, hay una posibilidad disponible desde la versión 2 de C# que ha hecho posible el concepto: los tipos que aceptan valores NULL.

Se trata de encapsular un tipo de valor dentro de una clase que va a servir de proxy hacia el valor intrínseco y permitir que este sea `null`. Afortunadamente, no es necesario comprender el funcionamiento subyacente para usarlo. Solo hay que colocar un signo de interrogación como sufijo del tipo de valor:

```
int? valor = null;
```

Al hacer esto, hemos declarado un `int` que acepta valores NULL, indicando que este último puede contener un valor o no. Esto es muy práctico si el valor predeterminado es un valor apropiado y queremos evaluar si el dato ya ha sido calculado o no. Si el valor es igual a `null`, entonces el dato todavía no ha sido asignado. Si tiene un valor cualquiera, 0 incluido, entonces se ha realizado el cálculo.

Cuando tenemos una variable que acepta valores NULL y puede ser `null`, hay que estar atento para no intentar utilizarla sin que se le haya asignado un valor porque se corre el riesgo de provocar un error (*null reference*, un concepto que veremos en el capítulo Algoritmia).

Un tipo que acepta valores NULL presenta varias propiedades o métodos que pueden servir para utilizar el dato:

- Una propiedad `HasValue` que permite comprobar si un dato está presente o no.
- Una propiedad `Value` que permite acceder al dato almacenado de manera subyacente. Cuidado, intentar acceder a este valor si no ha sido asignado provocará un error en el programa.
- Un método `GetValueOrDefault()` que permite recuperar el valor guardado de manera protegida: ya sea que haya un valor presente, en cuyo caso se devolverá este último, ya sea que no se haya asignado ningún valor y se devolverá el valor predeterminado del tipo subyacente.

El siguiente código permite ilustrar las distintas propiedades y métodos:

```
int? nullInt = null;
int? valueInt = 3;
Console.WriteLine(nullInt.HasValue); // mostrará false
Console.WriteLine(valueInt.HasValue); // mostrará true
Console.WriteLine(nullInt.GetValueOrDefault()); // mostrará 0
Console.WriteLine(valueInt.GetValueOrDefault()); // mostrará 3
Console.WriteLine(nullInt.Value); //provocará un error
Console.WriteLine(valueInt.Value); // mostrará 3
```

Este atajo de escritura permite evitar la sintaxis completa del tipo que acepta valores NULL. Así, los dos códigos siguientes son completamente equivalentes:

```
int? valor = null;
Nullable<int> valor = null;
```

2.2.4 Tipos de referencia que aceptan valores NULL

C# 8 introdujo una novedad muy interesante: los tipos de referencia que aceptan valores NULL. Aunque esto parece evidente (porque los tipos de referencia o base pueden ser `null`), esta novedad aspira a avisar al desarrollador de que use potencialmente una variable que puede no estar asignada y tener un valor `null`. La notación retoma exactamente la ofrecida por el tipo que acepta valores null visto anteriormente, pero usando un tipo de referencia. Por ejemplo:

```
string? s = null;
```

Desde .NET 6, la función de tipos de referencia que aceptan valores NULL se habilita automáticamente. Todavía es posible controlarlo manualmente.

Existen dos maneras de generar esta opción:

- Limitar el bloque de código interesado mediante `#nullable enable` y `#nullable disable`. Aunque este planteamiento funciona, no se recomienda porque se limita a un bloque de código concreto y añade adornos al código. También hay que observar que eso lo podemos definir para un archivo completo, empezando el archivo por `#nullable enable` y sin poner `#nullable disable`.

- Activar la opción a nivel global de proyecto, editando el archivo csproj y modificando el contenido de la etiqueta `<Nullable>`. Se prefiere esta opción cuando se utiliza la funcionalidad. De forma predeterminada, el contenido de la etiqueta está configurado como `enable`, pero es posible configurarlo como `disable` para deshabilitar la función, aunque esto no se recomienda.

Con esta opción, el compilador C# hará la distinción entre los tipos de referencia que pueden ser `null` (con una interrogación) y los que no pueden ser `null` de manera lógica (sin interrogación). Una vez activada la opción, el compilador nos avisa mediante un *warning* cuando hace la compilación:

```
string? nombre = null;
int tamano = nombre.Length;
```

En el bloque de código de arriba, la segunda línea generará un *warning* porque el compilador habrá detectado un intento de acceso al valor de tipo de referencia con el valor `null` en al menos una ruta de código. Por supuesto, este trabajo solo lo realiza el compilador, no puede ser exhaustivo y algunos casos no se tratan ni se comprueban.

A partir de ahí, la función del desarrollador es garantizar que el error no sea posible, indicar al compilador que el código está perfectamente protegido y que entonces el *warning* es inútil, colocando una exclamación como sufijo de la variable:

```
string? nombre = null;
int tamano = nombre!.Length
```

Observación

En el ejemplo de arriba, incluso si se ha eliminado el warning, el error sigue existiendo. Este código no se recomienda.

2.2.5 Las enumeraciones

Una enumeración permite conceptualizar una colección de valores finitos y se usa como un tipo de datos. Se puede definir al mismo nivel que una clase o una estructura. Será necesario utilizar la palabra clave `enum` para definirla. A diferencia de la clase o de la estructura, una enumeración contiene un conjunto de valores predefinidos separados por una coma.

Por ejemplo:

```
public enum TipoProcesador
{
    x86,
    x64,
    ARM
}
```

Con esta enumeración se puede definir una variable o una propiedad del tipo llamado `TipoProcesador`. Sin embargo, para asignar un valor de la enumeración a una variable, hay que volver a llamar al tipo de la enumeración con antelación:

```
var procesador = TipoProcesador.x64;
```

Por defecto, una enumeración descansa de manera subyacente en un entero, de manera que cada elemento está asociado a un valor. Sin precisión, esta empieza en 0 y aumenta de 1 en 1. En nuestra enumeración de arriba, x86 vale 0, x64 vale 1 y ARM vale 2.

Dado que una enumeración se basa en un valor entero, se pueden realizar combinaciones para probar la ausencia o la presencia de un valor en una variable. Para que eso sea viable, cada valor debe necesariamente valer 0 o un valor asociado con una potencia de 2. Para utilizar máscaras combinatorias binarias, hay que decorar la enumeración con un atributo llamado `Flags`:

```
[Flags]
public enum CapacidadHardware
{
    Ninguno = 0 // 0, predeterminado
    Teclado = 1, // 2 elevado a 0
    Raton = 2, // 2 elevado a 1
    Pantalla = 4, // 2 elevado a 2
    SSD = 8, // 2 elevado a 3
    WebCam = 16 // 2 elevado a 4
}
```

Para definir una variable con una enumeración y usar la suma, hay que separar los valores con una barra vertical (|), equivalente al operador booleano O. Por ejemplo, para definir una variable nueva de tipo `CapacidadHardware` que contiene un teclado, un ratón y una pantalla, será necesario escribir la siguiente definición:

```
CapacidadHardware capacidad = CapacidadHardware.Teclado |
CapacidadHardware.Raton | CapacidadHardware.Pantalla;
```

La forma en que funciona el binario es bastante simple: el valor se lee de derecha a izquierda. Cada columna representa una potencia de 2, comenzando con 2^0 para la columna de la derecha. Por cada desplazamiento hacia la izquierda, la potencia de 2 debe aumentarse en 1. Cada columna establecida en 1 se suma en el resultado final.

Por lo tanto, el valor binario 0000 0000 vale 0. El valor binario 0000 1000 vale 8, porque es solo la 4.ª columna, por lo que $2^3 = 8$. Para representar 13, necesitará usar el valor binario 0000 1101 porque $13 = 2^3 (8) + 2^2 (4) + 2^0 (1)$.

Como recordatorio, el operador O en lógica booleana indica que, si uno de los elementos es igual a verdadero (1), el resultado es igual a verdadero. A nivel binario, el tiempo de ejecución de C# hará lo siguiente:

0000 0000 (valor inicial, equivalente a `Ninguno` en nuestra enumeración)

O

0000 0001 (valor binario equivalente a `Teclado`)

O

0000 0010 (valor binario equivalente a `Raton`)

O

0000 0100 (valor binario equivalente a `Pantalla`)

0000 0111 (resultado final)

Este planteamiento es muy práctico para especificar valores con una denominación legible y comprensible. Tras este código, se puede comprobar si una variable tiene un valor de la enumeración usando el método `HasFlag`:

```
var tieneUnSSD = capacidad.HasFlag(CapacidadHardware.SSD);
```

A nivel binario, el método HasFlag aplica el operador booleano Y. Como recordatorio, Y devuelve verdadero (1) si ambos valores son iguales a verdadero (1). El código anterior aplicará la siguiente máscara en binario:

0000 0111 (valor actual de nuestra enumeración `CapacidadHardware`)

Y

0000 1000 (valor binario equivalente a `SSD` de nuestra enumeración)

0000 0000 (resultado equivalente a 0)

Esto explica por qué, si deseamos utilizar el sistema de flags de una enumeración, debemos tener cuidado de que los valores sean potencias de 2. Por definición, esto también limita el número de valores posibles en una enumeración porque las potencias de 2 aumentan rápidamente y, por lo tanto, pueden alcanzar los límites máximos de lo que se puede almacenar en un número entero.

Siguiendo con nuestro ejemplo, si establecemos el valor SSD de nuestra enumeración en el valor 3, el equivalente binario es:

0000 0011

Aquí podemos ver rápidamente el problema: el valor binario de SSD equivale a la acumulación de `Teclado` y `Raton`, mientras que, lógicamente, esto no tiene nada que ver.

2.2.6 Registros

Es una novedad muy interesante de C# 9: un registro no es un tipo de sistema nuevo, sino que presenta una definición nueva que le permite al compilador comprender la intención del desarrollador y generar código de manera automática.

De forma subyacente, sin especificación contraria, un registro descansa sobre una clase. Sin embargo, introduce un concepto muy sugestivo, la inmutabilidad. Significa que un objeto no se puede modificar después de su creación, y toda modificación de datos necesita una creación de objeto nueva. Aunque este planteamiento parece ser «un desperdicio de memoria», ofrece una seguridad de código muy interesante.

En concreto, una vez creado un objeto, tiene la certeza de que no se ha modificado desde su creación. En aplicaciones sencillas, las ventajas se reducen; pero en aplicaciones más consecuentes, puede suceder que funciones intermedias alteren un objeto, lo que al final podría provocar un comportamiento inesperado dentro de la aplicación.

Además, debido a su inmutabilidad, la comparación entre dos registros es relativamente sencilla: solo hay que comparar de manera secuencial cada uno de los datos para garantizar una igualdad. Esta igualdad, por definición, no puede cambiar con el paso del tiempo.

Para declarar un registro, la palabra clave es `record`:

```
public record MiRegistro
{
}
```

Las posibilidades son las mismas que las que ofrecen las clases (porque es el tipo subyacente usado por el compilador). Sin embargo, para disfrutar del tipo y de su aportación al lenguaje, no hay que usar propiedades que definen un setter público porque eso altera el principio de inmutabilidad. Así, las propiedades se definirán con la palabra clave `init` en lugar de la palabra clave `set`:

```
public record Punto
{
    public int X { get; init; }
    public int Y { get; init; }
}
```

Es posible prescindir de la palabra clave `init`, pero eso implica pasar obligatoriamente por el constructor con los parámetros.

Si el registro solo contiene datos, se puede usar la declaración abreviada y descansar sobre el compilador para generar las propiedades en nuestra ubicación. Así, los dos registros siguientes son equivalentes, pero la segunda versión ofrece la ventaja de ser más rápida de escribir que la primera:

```
public record Punto
{
    public int X { get; init; }
    public int Y { get; init; }
}
public record Punto(int X, int Y);
```

Entre los elementos generados automáticamente por el compilador, y como consecuencia de la inmutabilidad de las instancias, se deduce y se proporciona automáticamente la igualdad. Aquí, el booleano `iguales` tiene el valor verdadero porque los dos datos se comparan entre ellos:

```
var punto = new Punto(100, 100);
var punto2 = new Punto(100, 100);
bool iguales = punto == punto2;
```

La inmutabilidad implica que debemos volver a crear una instancia nueva para modificar un valor. Por supuesto, eso puede hacerse de manera manual, pero C# 9 ha aportado una palabra clave nueva, `with`, para permitir una escritura simplificada. Imaginemos que queremos crear un punto nuevo a partir del punto (100,100), pero usando 150 como valor Y. Los dos elementos de código siguientes permiten obtener el mismo resultado:

```
var punto = new Punto(100, 100);
var punto 2 = new Punto(100, 150);
var punto 3 = punto with{ Y = 150 };
```

La palabra clave `with` permite recuperar una instancia ya existente y declarar cué valor(es) queremos modificar en el clon obtenido de esta manera. Este atajo de escritura toma todo el sentido cuando usamos registros que multiplican las propiedades.

De manera predeterminada, un record se considera como si fuera una clase. Así, las dos declaraciones siguientes son idénticas:

```
public record class Punto(int X, int Y);
public record Punto(int X, int Y);
```

C# 10 ofrece la posibilidad de tener el funcionamiento del record respecto a la inmutabilidad, usando un tipo de valor como una estructura:

```
public record struct Punto(int X, int Y);
```

Usando este planteamiento, toda instancia creada será de hecho un tipo de valor durante la gestión de la memoria, y hay que considerar todo lo que se ha dicho en la sección Tipos de valor.

2.3 Modificadores de clase

Como se ha enunciado en la sección Principios de la programación orientada a objetos - ¿Qué es una clase?, una clase puede tener modificadores que indican que se comporta de una manera distinta. Estos dos modificadores son `static` y `partial`.

2.3.1 El concepto de static

Una clase declarada como `static` no se puede instanciar, es decir, que no es posible crear una instancia nueva de esta. Una vez declarada una clase como tal, es imposible que contenga datos o funciones denominadas «de instancia». La totalidad de lo que declara debe ser calificado como `static`. Usamos esta misma palabra clave para transmitir este concepto:

```
static class NOMBRE_DE_LA_CLASE
{
}
```

La palabra clave `static` también se puede incorporar a los métodos y a las propiedades, permitiendo un acceso sin instancia:

```
static class Herramientas
{
    public static int Valor { get; set; }
    public static void Metodo() { }
}
```

Para usar la clase, hay que usar su tipo directamente, de la misma manera que si tuviéramos una instancia de esta clase:

```
var valor = Herramientas.Valor;
Herramientas.Metodo();
```

Una clase que no está declarada como `static` también puede contener métodos o propiedades `static`. Estas últimas, en cambio, no pueden usar nada de todo lo relacionado con la instancia. Sin embargo, es posible llamar a un método `static` desde un método de instancia:

```
public class MiClase
{
    public static void Metodo()
    {
        MetodoInstancia(); // ilegal
    }
    public void MetodoInstancia()
    {
        Metodo(); // ok
    }
}
```

De manera general, los métodos y tipos `static` son raramente un planteamiento recomendado. En algunos casos muy precisos, pueden resultar útiles e incluso necesarios en otros (métodos de extensión, por ejemplo, que estudiaremos en el capítulo Conceptos avanzados, que aborda los temas avanzados). Sin embargo, el uso de estático crea una dependencia fuerte y no explícita de un elemento que no es muy controlable.

Aunque la instrucción `using` en el encabezado del archivo se use para importar un espacio de nombres, también es posible utilizarla para importar un tipo estático. Todo ello, para evitar tener que colocar de manera sistemática un prefijo en el acceso a un método o a una propiedad estática mediante el nombre de la clase. Retomando el ejemplo de la clase estática `Herramientas` descrita arriba, podríamos usarla de la siguiente manera:

```
using static ElEspacioNombresHaciaLaClaseEstaticaHerramientas.Herramientas;
public class MiClase
{
    public void Metodo()
    {
            var valorHerramienta = Value;
            Metodo(); // en lugar de Herramientas.Metodo()
    }
}
```

Destacamos que, para este caso preciso, es necesario usar la palabra clave `static` justo después de `using`, para indicarle al compilador que se trata de la importación de un tipo estático.

2.3.2 Static e interfaces

C# 11 introdujo la capacidad de agregar declaraciones estáticas en las interfaces. Para declarar un método estático en una interfaz, necesitará utilizar las palabras clave `static abstract`:

```
public interface IInterfazConEstatico
{
    static abstract void MetodoEstatico();
}
```

Tan pronto como una clase implementa esta interfaz, ésta debe definir el método estático en su implementación:

```
public class ClaseEstatica : IInterfazConEstatico
{
    public static void MetodoEstatico()
    {
      ...
    }
}
```

Las motivaciones que empujaron a los ingenieros del lenguaje a añadir esta funcionalidad radican en el hecho de que es posible definir operadores en C# en una clase (como el +, el -, etc.), pero estos últimos deben definirse estáticamente. Por lo tanto, al poder incluirlos dentro de una interfaz, es posible utilizar el tipeo fuerte así definido para indicar restricciones en ciertos lugares del código.

2.3.3 El concepto de clase parcial

Al contrario que `static`, el concepto de clase parcial solo se aplica a la clase y su definición o a los métodos, y no a sus propiedades. Si consideramos el caso de la clase, la presencia de la palabra clave `partial` indica que la definición de la clase está contenida en varios archivos, ubicados en varios lugares (pero en el mismo espacio de nombres). El compilador se encarga de reagrupar los archivos para producir una única definición durante la fase de compilación. Es la única manera de tener dos archivos que definen la misma clase en el mismo nivel jerárquico (ver error encontrado en el capítulo Primer programa).

Por ejemplo:

En el archivo Miclase.cs

```
namespace EspacioDeNombre;
public partial class MiClase
{
    public int Valor { get; set; }
}
```

En el archivo MiClase2.cs

```
namespace EspacioDeNombre;
public partial class MiClase
{
    public void Incremento() { Valor = Valor + 1; }
}
```

Así, si otra parte de código usa la clase `MiClase`, tiene acceso al contenido definido en los dos archivos:

```
var c = new MiClase();
c.Incremento();
Console.WriteLine(c.Valor);
```

De manera general, raramente se recomienda usar uno mismo este planteamiento. Este último toma su sentido para completar o personalizar clases que se generan automáticamente mediante las herramientas porque no se pueden redefinir. Asimismo, en el caso de crear aplicaciones con interfaz gráfica (WPF, WinForms, MAUI o Blazor), es bastante habitual disponer de varios archivos de definición de elementos gráficos. Estos están marcados como `partial`, para que el desarrollador pueda tener su propia definición para agregar un comportamiento personalizado.

Desde C# 9, es posible definir un método con la palabra clave `partial`, dentro de las propias clases `partial`. Esta definición implica que la firma del método se define en un archivo, mientras que la implementación se define en otro lugar. Es muy raro que esta sea la intención del desarrollador debido a la complejidad que implica.

Esta adición se realizó para dar soporte a los *source generators*. Se trata de una herramienta que dinámicamente, en tiempo de compilación, generará código de forma automática para completar el código del desarrollador. Para que el desarrollador pueda utilizar el método generado, deberá realizar una declaración parcial para tener acceso a la firma, siendo la implementación, a su vez, generada por el source generator en cuestión.

3. Ejercicio

Ahora que ha adquirido las nociones del desarrollo orientado a objetos, es el momento de pasar a la práctica a través de un ejercicio.

3.1 Enunciado

El objetivo de este ejercicio es poder gestionar un garaje. El garaje realiza varias operaciones en los coches:

- Repintar un coche para cambiar el color.
- Reparar el coche.
- Hacer el mantenimiento del coche y actualizar la fecha del último mantenimiento.

El garaje también se ocupa de los camiones, pero solo para repararlos. Es necesario proporcionar el color y la marca cuando se crea una instancia de la clase `Coche`. La fecha del mantenimiento, por su parte, no es obligatoria.

Observación

A excepción de asignar o de leer posibles propiedades, las acciones no harán más que mostrar en la consola, gracias al método `WriteLine`, la acción en cuestión.

Un coche tiene marca, color, fecha de revisión y un indicador de buen funcionamiento.

El pequeño escenario para implementar es el siguiente:

- Crear un garaje.
- Crear dos coches (un Peugeot azul y un Ferrari rojo) y un camión.
- Reparar el Peugeot y el camión, y hacer mantenimiento en el Ferrari.
- Repintar el Peugeot de color verde.

3.2 Solución

Observación

Tras una simple lectura del enunciado existen, como suele suceder, muchas maneras de resolver este ejercicio correctamente. En este caso, el planteamiento es poner en práctica lo que hemos visto en este capítulo.

Al principio, hay que empezar por crear la jerarquía que permite gestionar los tipos `Coche` y `Camion`. Estos últimos se pueden reparar; de ahí la conveniencia de poner en común el indicador de reparación. Esto puede hacerse usando una interfaz (pero eso implica que cada clase haga la implementación explícita) o una clase de base abstracta. Vamos a impulsar esta solución porque en el enunciado nada indica que sea necesario heredar clases adicionales. De la misma manera, el color se puede guardar como cadena de caracteres, pero para evitar tener «`Rojo`» y «`rojo`» como colores, la unificación gracias a una `enum` parece ser una buena idea.

```
public enum Color
{
    Verde,
    Azul,
    Rojo
}
public abstract class Vehiculo
{
    public bool Repara { get; set; }
}
public class Coche : Vehiculo
{
    public required string Marca { get; set; }
    public required Color Color { get; set; }
    public DateOnly? FechaMantenimiento { get; set; }
}
public class Camion : Vehiculo
{
}
```

Según el enunciado, la marca y el color son elementos esenciales en la creación de una nueva instancia de la clase `Coche`. Por lo tanto, debes marcarlos como requeridos con la palabra clave `required`, para que el compilador emita un error si los olvidas. Asimismo, la fecha de la entrevista no es obligatoria, por lo que usamos aquí un `DateOnly` nullable (el uso de un `DateTime` también era posible, pero tener la precisión con horas, minutos y segundos parece inútil).

Observación

También habría sido posible utilizar un constructor para la clase `Coche` para garantizar que las propiedades `Marca` y `Color` estuvieran bien definidas.

El planteamiento a partir de la clase abstracta de base `Vehiculo` nos permite disfrutar del polimorfismo cuando creamos nuestra clase `Garaje`:

```
public class Garaje
{
    public void HacerMantenimiento(Coche coche)
    {
        Console.WriteLine("Realización del mantenimiento del
coche de marca" + coche.Marca);
        coche.FechaMantenimiento = DateOnly.FromDateTime(DateTime.Today);
    }
    public void Repintar(Coche coche, Color nuevoColor)
    {
```

```
        Console.WriteLine("Cambio del color del coche.
Color original = " + coche.Color + ". Nuevo color = " + nuevoColor);
        coche.Color = nuevoColor;
    }
    public void Reparar(Vehiculo vehiculo)
    {
        Console.WriteLine("Reparación de un vehículo");
        vehiculo.Repara = true;
    }
}
```

Ahora, podemos desarrollar nuestro escenario en el archivo Program.cs de nuestra aplicación de consola:

```
var garaje = new Garaje();
var peugeot = new Coche { Marca = "Peugeot", Color = Color.Azul };
var ferrari = new Coche { Marca = "Ferrari", Color = Color.Rojo };
var camion = new Camion();
garaje.Reparar(camion);
garaje.Reparar(peugeot);
garaje.HacerMantenimiento(ferrari);
garaje.Repintar(peugeot, Color.Verde);
```

La ejecución del programa nos da esto:

```
PROBLEMS   OUTPUT   DEBUG CONSOLE   TERMINAL

PS I:\ENI\eni-begin-csharp\Cap3\EjercicioGaraje> dotnet run
Reparación de un vehículo
Reparación de un vehículo
Realización del mantenimiento del coche de marca Ferrari
Cambio del color del coche. Color original = Azul. Nuevo color = Verde
PS I:\ENI\eni-begin-csharp\Cap3\EjercicioGaraje>
```

Resultado de la ejecución del ejercicio

En caso de surja cualquier problema, el código fuente corregido de este ejercicio se puede recuperar de los archivos de ENI.

Capítulo 4
Algoritmia

1. Bases de algoritmia

Hasta ahora, nos hemos contentado con desarrollar aplicaciones que no incluyen ninguna «lógica»: se limitaban a mostrar datos. No había ningún concepto de condición, repetición ni lógica de código. En efecto, es frecuente que el código de una aplicación sea complejo y hay múltiples ramificaciones en función de diversas condiciones. En este capítulo, vamos a descubrir la lógica algorítmica, que nos permitirá crear código más parecido a lo que podemos encontrar en las aplicaciones que responden a problemáticas más complejas.

1.1 Lógica condicional

Es innegable que aquí se trata de un componente que va a usar de manera sistemática. Una condición implica la ejecución o no de una parte del código en función de la evaluación de una prueba lógica.

1.1.1 Prueba simple: el if/else

La lógica condicional se traduce en pseudocódigo de la siguiente manera:

```
SI una condición ENTONCES
  Hago una cosa
SI NO
  Hago otra cosa
```

En C#, las palabras clave para realizar una instrucción condicional son `if` y `else`:

```
if(condición)
{
    ....
}
else
{
    ....
}
```

La condición comprobada por una instrucción `if` debe devolver un booleano. Este último se puede guardar en una variable, pero también es posible que la instrucción `if` evalúe directamente la condición, sin variable intermedia.

Si retomamos el ejemplo del final del capítulo anterior, podríamos mejorar nuestra clase `Coche` para añadir un booleano que indique si la instancia del coche es funcional. Si el valor es igual a «sí», es inútil reparar el coche. Sin embargo, si el coche no es funcional, hay que repararlo:

```
public class Coche
{
    public bool Funcional { get; set; }
    ...
}
public class Garaje
{
    public void Repara(Coche coche)
    {
        if(coche.Funcional)
        {
              Console.WriteLine("No es necesario reparar
el coche porque es funcional");
        }
```

```
            else
            {
                    Console.WriteLine("Reparación del coche");
                    coche.Funcional = true;
            }
        }
}
```

Como podemos ver en el código superior, la instrucción `if` se basa en el valor booleano guardado en la propiedad `Funcional` de la clase `coche` para evaluar si la reparación es necesaria. Aquí, la prueba se ha hecho de manera que verificamos si la condición es verdadera y, en caso contrario, realizamos la reparación. Podemos invertir la condición inicial, comparando el booleano con el valor `false`. Por eso, incluso podemos prescindir de `else`, que realmente no aporta ningún valor añadido:

```
public void Repara(Coche coche)
    {
        if(coche.Funcional == false)
        {
                Console.WriteLine("Reparación del coche");
                coche.Funcional = true;
        }
    }
```

También hay que observar que es posible invertir el valor de un booleano poniendo una exclamación como prefijo. Así, `!true` es igual a `false`, y `!false` es igual a `true`. Incluso si esto puede parecer complicado a primera vista, verá que es una manera de escribir que rápidamente se convertirá en automática con el uso. Si retomamos el ejemplo anterior, el código que usa la inversión de valor con la exclamación sería el siguiente:

```
public void Repara(Coche coche)
    {
        if(!coche.Funcional)
        {
                Console.WriteLine("Reparación del coche");
                coche.Funcional = true;
        }
    }
```

Incluso si a primera vista la instrucción `else` se usa para definir el caso inverso al del `if` principal, también puede servir de base para otra instrucción `if` que hay que seguir para hacer una instrucción con la semántica «si no si». En este caso, es suficiente con añadir una condición `if` después de `else`. Por ejemplo:

```
public void DescribirCoche(Coche coche)
{
    if(coche.Marca == "Ferrari")
    {
        Console.WriteLine("Coche caro");
    }
    else if(coche.Marca == "Peugeot")
    {
        Console.WriteLine("Coche estándar");
    }
    else
    {
         Console.WriteLine("Marca de coche no reconocida");
    }
}
```

Hay que señalar que la estructura del código condicional es muy flexible: podemos tener una sola instrucción `if`, una instrucción `if` y su `else` asociado, o incluso un encadenamiento de `if` y `else if` (con o sin `else` final). Lo único que es imposible: tener solo una instrucción `else` porque esta última indica forzosamente lo contrario de una condición dada.

Observación

Para que estas ramificaciones sean posibles, por supuesto es necesario que haya condiciones que pueden dar varios resultados. Por ese motivo, no es útil hace un `if`, `else if` o `else` con un simple booleano porque este último solo puede tener dos estados; un `if` con un `else` es suficiente.

Una instrucción `if` se puede «comprimir» expresándola bajo una forma reducida llamada ternario. En general, este planteamiento se utiliza a fin de escribir en línea una prueba para evitar una sintaxis pesada y asignar el contenido de una variable. La sintaxis es la siguiente: la primera parte contiene la prueba para evaluar, separando con un signo de interrogación la prueba de los resultados.

Luego, los casos verdadero y falso se separan por dos puntos. La sintaxis es la siguiente:

```
prueba ? caso si verdadero : caso si falso
```

Por ejemplo:

```
string coche = coche.Marca == "Ferrari" ? "Coche caro" :
"Coche poco caro";
```

Se pueden encadenar los ternarios usando paréntesis (rehaciendo otro ternario en uno u otro caso), pero se recomienda actuar con moderación para conservar una legibilidad de código óptima.

Con frecuencia, es interesante probar si se ha asignado un objeto antes de acceder a sus datos o a sus métodos. En ausencia de esta prueba, eso puede provocar un error de ejecución (llamada excepción, que explicaremos con detalle en este capítulo, en la sección Gestión de los errores). Si retomamos el código anterior, como `Coche` es una clase, puede tomar el valor `null`. Entonces la función `DescribirCoche` intentaría acceder a una variable que no tiene valor, provocando un error de ejecución:

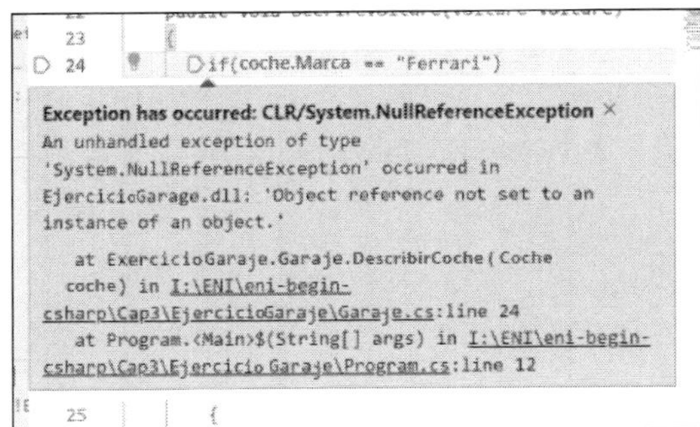

Error de ejecución

Para realizar cualquier prueba con un dato de una clase o llamar a un método, se recomienda probar si el valor es distinto de `null`. Este proceso puede hacerse de manera «clásica» o gracias a la nueva aportación de la palabra clave `not` de C# 9 (se describe en la sección Coincidencia de patrones, que veremos más adelante):

```
public void DescribirCoche(Coche coche)
{
    if (coche != null) // antes de C# 9
    {
        ...
    }
    if (coche is not null) // desde C# 9
    {
        ...
    }
}
```

¿Por qué utilizar un enfoque en lugar del otro? El autor recomienda que el lector utilice sistemáticamente `is not null` en lugar de `!= null` por dos razones principales. La primera es que, al leer el código, para una persona no iniciada, la lectura es más fluida al estar «completamente en inglés». Entonces, es posible en C# redefinir los operadores. Así, un desarrollador podría muy bien, para una clase particular, escribir un algoritmo personalizado para el operador `!=`. Si hay algún error en esta implementación o se ha pensado de otra manera la prueba con `null`, no se realizará la comparación con el valor intrínseco de null, mientras que con is not es obligatorio.

Para evitar enfrentarse a un error si la variable es efectivamente `null`, se añadió un operador de navegación protegido en C# 6. Este último permite acceder a un método o leer un dato únicamente si la variable no es `null`. El signo de interrogación se usa justo después de la variable, antes de la llamada, y eso permite prescindir de probar la nulidad:

```
public void DescribirCoche(Coche coche)
{
    if(voiture?.Marca == "Ferrari")
    {
        Console.WriteLine("Coche caro");
    }
    else if(coche?.Marca == "Peugeot")
    {
```

```
            Console.WriteLine("Coche estándar");
        }
        else
        {
             Console.WriteLine("Marca de coche no reconocida");
        }
}
```

El funcionamiento de este operador es el siguiente:

- Si la variable no es `null`, podemos acceder a la propiedad o al método correspondiente de manera normal.
- Si la variable es `null`:
  - Si se trata de una llamada a un método y el método no devuelve nada, no se le invocará;
  - Si se trata de una llamada a un método y el método devuelve un valor, o si se trata de una llamada a una propiedad, habría que probar si el valor es distinto de `null`. Si se trata de un tipo de referencia (de una clase, como un `string`), entonces habría que probar si es `null` para ver si se ha hecho la llamada. Si se trata de un tipo de valor, entonces el tipo se almacenará en un valor null del tipo de valor en cuestión. Por ejemplo: si el tipo de retorno es un `int`, el valor obtenido será un `int?` durante la llamada. Dado que la variable de llamada es `null`, el contenido de este `int?` será `null`. Por el contrario, si la variable de llamada no era igual a `null`, el valor almacenado en este `int?` sería el resultado de la ejecución.

```
public class TestClass
{
    public int Valor { get; set; }
    public string ValorString { get; set; }
    public void Metodo() { }
    public int MetodoInt()
    {
        return 42;
    }
    public string MetodoString()
    {
        return "valor";
    }
}
```

```
TestClass c = null;
int? valor = c?.Valor;
string valorStr = c?.ValorString;
c?.Metodo();
int? retorno = c?.MetodoInt();
string retornoStr = c?.MetodoString();
```

C# 7 también introdujo una nueva manera de probar si un valor es `null` y proporcionar otro valor, usando el signo de interrogación doble:

```
string str = null;
string str2 = str ?? "vaor predeterminado"; // aquí, str2 valdrá str
si str no es null, o si no "valor predeterminado"
```

Esto se puede completar con lo que hemos visto antes para definir un valor predeterminado:

```
TestClass c = null;
int valor = c?.Valor ?? 0;
string valorStr = c?.ValorString ?? "";
int? retorno = c?.MetodoInt() ?? 0;
string retornoStr = c?.MetodoString() ?? "";
```

1.1.2 Pruebas múltiples con la instrucción switch

Incluso si es posible hacer múltiples pruebas gracias a las instrucciones `if`/`else`, tener una gran cantidad de `else if` en un mismo bloque de código en general no se considera una buena práctica de programación, porque complica mucho su lectura. Si la prueba solo se realiza con una variable dada, se puede usar la instrucción `switch`. Esta última empieza por la declaración de la variable que queremos evaluar, y a continuación listamos los distintos casos posibles, así como del código asociado:

```
switch(variable)
{
    case X : ...; break;
    case Y : ...; break;
}
```

Cada caso único se debe definir mediante la instrucción `case` seguida del valor de resultado esperado (eso se llama una etiqueta). Como consecuencia de esta declaración, un separador (carácter dos puntos) permite definir el código que hay que invocar cuando la variable toma este valor preciso. Toda instrucción `case` debe terminar con la instrucción especial `break`, que indica que queremos salir del `switch` una vez realizado el código. En ausencia de esta instrucción, se presentará un error de compilación.

Observación

Sin embargo, hay un caso particular: la existencia de una instrucción case sin código asociado no necesita usar la palabra clave break; está asociada de manera automática con la siguiente instrucción case. Veremos este caso en el ejemplo siguiente.

Para terminar, hay una etiqueta especial que corresponde al equivalente de un `else` final, que permite describir la acción para efectuar en el/los caso/s no gestionado/s por la lista de los distintos `case` previos. Esta etiqueta no usa la palabra clave `case`, sino simplemente la palabra clave `default`:

```
switch(variable)
{
    case X : ...; break;
    case Y : ...; break;
    default: ...; break;
}
```

Así, retomando el ejemplo anterior, nuestra secuencia de `if/else if` podemos mejorar con un `switch` de la siguiente manera:

```
public void DescribirCoche(Coche coche)
{
    switch(coche.Marca)
    {
        case "Ferrari" : Console.WriteLine("Coche caro"); break;
        case "Renault" :
        case "Peugeot" : Console.WriteLine("Coche estándar"); break;
        default : Console.WriteLine("Marca de coche no reconocida"); break;
    }
}
```

Sin embargo, esta escritura es demasiado prolija, y C# 8 proporcionó una manera de escribir las instrucciones `switch` de manera más concisa. Esta última alcanza el tema bastante amplio de la coincidencia de patrones.

1.1.3 Coincidencia de patrones

La coincidencia de patrones (*pattern matching*) permite realizar instrucciones basándose en un modelo reconocido. Por ejemplo, imaginemos que queremos escribir una función que permite indicar si el vehículo pasado como parámetro es un coche, un camión u otro tipo desconocido.

Para evaluar un objeto de un tipo A en un tipo B, hay que usar uno de los dos operadores siguientes:

- El cast, válido para todos los tipos. Este tipo de instrucción «convierte» una variable en otra. Si la variable no se puede convertir en el tipo de destino, se devuelve una excepción (error). Para hacer cast de un valor en otro, hay que especificar el tipo de destino entre paréntesis antes del valor de la variable: `var coche = (Coche)vehiculo`.
- La conversión, solo válida para los tipos de referencia. Este tipo de instrucción intenta la conversión de una variable hacia un tipo dado. Si la variable no se puede convertir en el tipo de destino, se asigna el valor por defecto (a menudo igual a `null`). Para realizar esta operación, se usa la palabra clave `as`: `var coche = coche as Coche`.

La elección entre las dos maneras de proceder debe hacerse respecto a la lógica subyacente:

- Utilizaremos Cast solo si se tiene una gran certeza de que la variable se puede transformar en el tipo de destino. Además, por eso se devuelve una excepción si no es posible. Cabe señalar que es la única manera de hacer la transformación de un tipo de referencia hacia un tipo de valor (por ejemplo, `object` hacia `int`).
- Utilizaremos `as` en presencia de tipos de referencia y si suponemos que es posible que la variable sea de ese tipo. El hecho de que se devuelva el valor `null` en lugar de una excepción permite gestionar el caso de que, al final, la variable no sea de este tipo.

Se puede probar si un objeto es de un tipo dado con la palabra clave `is` dentro de una instrucción condicional. Así, si el objeto es del tipo probado, entramos en la condición. Una vez dentro de la condición, entonces podemos convertir el objeto porque tenemos la certeza de que es del tipo deseado. Retomando nuestro ejemplo anterior, este es el código que podríamos escribir:

```
public void QueTipoEs(Vehiculo vehiculo)
{
    if(vehiculo is Camion)
    {
        var camion = vehiculo as Camion;
        // Hacer algo con un camión
    }
    else if(vehiculo is Coche)
    {
        var coche = (Coche)vehiculo;
        // Hacer algo con un coche
    }
}
```

Como podemos ver en el ejemplo anterior, se puede verificar el tipo de un objeto dado y luego convertirlo. Sin embargo, esta sintaxis es un poco pesada (en ambos casos) porque necesita una conversión después de realizar la prueba.

C# 9 ha aportado una mejora a la palabra clave `is` dándole la posibilidad de hacer una negación. Antes, era necesario escribir el siguiente código para invertir la prueba:

```
if(!(vehiculo is Coche))
{
}
```

A partir de ahora, se puede usar la palabra clave `not` para cumplir este objetivo:

```
if(vehiculo is not Coche)
{
}
```

C# 7 ofrece una mejora de este planteamiento permitiendo mezclar la prueba y la conversión en una sola línea. Para disfrutar de esta función, hay que añadir el nombre de la variable que queremos obtener después de la prueba con la palabra clave `is`. Si la conversión es posible, dentro del siguiente bloque habrá disponible una variable llamada como se pide. Mejorando el ejemplo anterior, obtenemos el siguiente código:

```
public void QueTipoEs(Vehiculo vehiculo)
{
    if(vehiculo is Camion camion)
    {
        // Aquí tenemos una variable llamada "camion"
        // Hacer algo con un camión
    }
    else if(vehiculo is Coche coche)
    {
        // Aquí tenemos una variable llamada "coche"
        // Hacer algo con un coche
    }
}
```

Esta mejora de la sintaxis también funciona para `switch`. Antes de C# 7, una instrucción `switch` debía contener etiquetas que definen un valor constante en la compilación (como una cadena de caracteres). Desde C# 7, se pueden tener etiquetas que permitan instrucciones más completas, que contengan específicamente una conversión.

Como se recomienda sustituir los `if/else if` si hay un gran número por un `switch`, podemos retomar el código anterior usando un `switch` con la coincidencia de patrones (*pattern matching*) mejorada de C#7.

También se ha añadido una etiqueta especial nueva, principalmente útil cuando el tipo evaluado por el `switch` es un tipo de referencia: la etiqueta `null`. Esta etiqueta especial permite tratar el caso especial donde la variable comprobada sería igual a `null`. Retomando el código anterior con ayuda de un `switch` y con las nuevas aportaciones, podemos obtener:

```
public void QueTipoEs(Vehiculo vehiculo)
{
    switch(vehiculo)
    {
            case Camion camion: // tengo una variable "camion"
```

```
                break;
            case Coche coche: // tengo una variable "coche"
                break;
            case null: // la variable "vehiculo" es null
                break;
            default: // no se conoce el tipo de vehículo
              break;
    }
}
```

La mejora de la sintaxis propuesta por C#7 también permite añadir un filtro a la entrada de una etiqueta. En este caso, hay que agregar una condición `when` después del nombre de la variable para poder especificar un filtro (equivalente a una instrucción lógica dentro de un `if`).

Por ejemplo, si queremos hacer una etiqueta para los coches azules, se puede escribir el siguiente código:

```
public void QueTipoEs(Vehiculo vehiculo)
{
    switch(vehiculo)
    {
            case Camion camion: // tengo una variable «camion»
                break;
            case Coche cocheAzul when coche.Color ==
Color.Azul: // tengo una variable «cocheAzul» que tiene Azul como color
                break;
            case null: // la variable «vehiculo» es null
                break;
            default: // no se conoce el tipo de vehículo
              break;
    }
}
```

C# 8 aporta una manera nueva de escribir un `switch` para hacerlo más conciso. Esta escritura se llama expresión `switch` y no se puede usar si la etiqueta contiene una instrucción única. La sintaxis es la siguiente:

```
variable switch
{
    etiqueta1 => instrucción,
    etiqueta2 => instrucción2,
    etiqueta3 => instrucción3,
    _ => default
}
```

Como vemos en el código anterior, una etiqueta ya no tiene dos puntos ni instrucción `break` sencillamente porque la instrucción que sigue a la etiqueta es única. La etiqueta `default` ha sido sustituida por el símbolo guion bajo (_). Las etiquetas permiten extraer una variable que se puede usar en la instrucción que sigue. También le podemos indicar al compilador que la trasformación de la variable no nos interesa, en cuyo caso también usamos el guion bajo. Esta operación algo especial se llama *discard* y permite optimizar ligeramente la memoria (evitando una asignación de variable inútil).

Por ejemplo:

```
public void QueTipoes(Vehiculo obj)
{
    var tipoVehiculo = obj switch
    {
           Coche v => "Es un coche de marca " + v.Marca,
           Camion _ => "Es un camión",
           _ => "Tipo no reconocido"
     };
}
```

Observación

Desde C# 9 se ha hecho una mejora, de manera que discard ya no es necesaria y es posible especificar el tipo de manera sencilla. Así, nuestra instrucción en el código de arriba se convierte en `Camion => "Es un camión"`.

C# 9 ha aportado la posibilidad de tener operaciones de comprobación con ayuda de operadores sencillos (como mayor o menor que). Las combinaciones lógicas se realizarán con las palabras clave `and` y `or`. Por ejemplo:

```
public void DefinirGamaCoche(Coche coche)
{
     var gama = coche.Precio switch
     {
           < 10000 => "Gama básica",
           > 10000 and < 50000 => "Gama media",
           > 50000 => "Gama alta"
    };
}
```

1.1.4 Ejercicio - enunciado

Para hacer este ejercicio, vamos a crear un pequeño juego que mejoraremos a lo largo de este capítulo. En este caso, el propósito de este ejercicio es que el usuario adivine un número, comprendido entre 0 y el límite máximo elegido por el usuario.

Para hacerlo, hay que proceder de la siguiente manera:

- Pedirle al usuario que defina el límite máximo para adivinar el número.
- Si el límite máximo no es mayor que 0, indicar que no se puede jugar.
- Si el límite máximo es mayor que 0, calcular un número aleatorio comprendido entre 0 y el límite máximo (después veremos el código para hacerlo).
- Pedirle al usuario que introduzca el número para intentar adivinar.
- Mostrar si el usuario ha ganado o ha perdido.

El juego es muy corto y por el momento solo proporciona un intento. Para obtener un número aleatorio calculado, el código es el siguiente:

```
var numero = Random.Shared.Next(0, LIMITE_MAXIMO + 1);
```

¡Le toca jugar!

1.1.5 Ejercicio - solución

Las diversas etapas antes mencionadas ya le han dado el hilo conductor del algoritmo principal, que se compone de la siguiente manera:

```
Console.WriteLine("Introducir el límite máximo del número para adivinar");
var limiteMaximo = int.Parse(Console.ReadLine());
if (limiteMaximo <= 0)
{
    Console.WriteLine("El límite máximo no puede ser menor
o igual a 0. Volver a ejecutar el juego para volver a empezar");
}
else
{
    var numero = Random.Shared.Next(0, limiteMAXIMO + 1);
    var numero = random.Next(0, limiteMaximo + 1);
    Console.WriteLine("Intente adivinar el número oculto");

    var adivina = int.Parse(Console.ReadLine());
    if (adivina == numero)
```

```
        {
            Console.WriteLine("¡Ha ganado!");
        }
        else
        {
            Console.WriteLine("¡Ha perdido!");
        }
    }
```

1.2 Las colecciones

Cuando escribimos una aplicación, con frecuencia sucede que sea necesario manipular una colección de elementos. El framework .NET ofrece un conjunto amplio de tipos de colecciones listos para usar. Sin embargo, algunos tipos se usarán más que otros, por la sencillez de su API o por su aporte en cuestión de rendimiento.

1.2.1 La interfaz IEnumerable

Antes de empezar a hablar de las colecciones como tales, hay que saber que una colección que se puede iterar implementa una interfaz específica: `IEnumerable`. Esta interfaz también dispone de una versión genérica, que permite especificar el tipo de datos de la colección entre los símbolos menor y mayor que: `IEnumerable<T>`, donde `T` corresponde al tipo deseado. Así, la colección `List<T>` (que veremos inmediatamente después) implementa la interfaz `IEnumerable<T>`. Podemos decir que una `List<T>` es una `IEnumerable<T>`.

Todas las colecciones que vamos a ver aquí debajo implementan esta interfaz, lo que permite usar el concepto de polimorfismo objeto cuando queremos crear métodos que usan una colección cualquiera que se puede iterar. Hay que señalar que la interfaz `Ienumerable` solo presenta una API de lectura y no de escritura. Para tener la posibilidad de modificar el contenido de una colección, es preferible usar el tipo final o una interfaz más permisiva.

1.2.2 Las tablas

El primer tipo de colección es innegablemente la tabla de elementos. Una tabla corresponde a una serie finita de elementos, es decir, que conocemos con precisión el tamaño de esta colección cuando se instancia. La sintaxis es muy sencilla: solo hay que añadir corchetes después del tipo de elemento que queremos poner en la tabla. Durante la instanciación, definimos el tamaño con ayuda de un entero positivo colocado entre estos mismos corchetes:

```
type[] tab = new type[10];
```

Por ejemplo, si queremos crear una tabla de diez enteros:

```
int[] tab = new int[10];
```

Cuando se ha creado una tabla, los elementos que se encuentran en el interior están clasificados en una posición, directamente accesible a través de algo llamado un índice.

Observación

Atención: un índice de tabla empieza obligatoriamente en 0 y termina en tamaño - 1. Si intenta a acceder a un índice que no existe teniendo en cuenta el tamaño de la tabla, se reenviará un error durante la ejecución en el que se le dirá que ha superado el tamaño máximo. El compilador evitará que utilice un índice negativo.

El acceso a un elemento dentro de una tabla permite tanto la lectura como la escritura. Para realizar este acceso mediante el índice, solo hay que añadir los corchetes después de la instancia de la tabla y colocar el valor del índice deseado:

```
tab[0] = 42;
tab[10] = 10; // aquí, habrá un error de ejecución
```

Una tabla se puede inicializar desde su construcción usando una sintaxis similar al inicializador de objetos (*object initializer*):

```
int[] tab = new int[3] { 1, 2, 3 }; // se obtiene una tabla con
3 valores ya definidos
```

Sin saberlo, ya ha usado la tabla porque esta última esta oculta detrás de la implementación de la clase `string`. En efecto, la clase `string` es, de hecho, una tabla de caracteres. Además, expone al descriptor de acceso mediante índice:

```
string valor = "Hola a todos";
var c = valor[3]; // aquí, tendremos el carácter 'j' almacenado en
esta variable
```

El acceso por índice se ha mejorado en C# 8, dando la posibilidad de definir un índice desde el final. Para hacerlo, solo hay que colocar un acento circunflejo como prefijo del valor del índice. La diferencia es que, partiendo del final, es necesario empezar en el índice 1 en lugar de 0. Si hacemos `tab[^0]`, obtendremos un error de ejecución porque esta notación es equivalente a escribir `tab[3]` para una tabla de tres elementos.

```
int[] tab = new int[3] { 1, 2, 3 };
var ultimo = tab[^1];
```

C# 8 también ha introducido el concepto de rango, que permite extraer una tabla de otra definiendo un límite mínimo (inclusivo) y un límite máximo (exclusivo), separados por dos puntos. Si se omite el límite mínimo, el compilador supone que parte del inicio de la tabla y, si se omite el límite máximo, considera que va hasta el final de la tabla:

```
int[] tab = new int[10] { 1, 2, 3, 4, 5, 6, 7, 8, 9, 10 };
int[] subTab = tab[1..3]; // contendrá 2 y 3
int[] finDeTab = tab[8..]; // contendrá 9 y 10
int[] inicioDeTabl = tab[..3]; // contendrá 1, 2 y 3
```

Una tabla puede ser multidimensional (para almacenar una matriz, por ejemplo). Para obtener este modo de funcionamiento, hay que usar la coma para separar los índices:

```
int[,] matriz = new int[3,3]; // se obtiene una matriz de 3 por 3
matriz[0,0] = 1; // se almacena 1 en 1ª fila y 1ª columna
```

Pero las tablas tienen un inconveniente: no es fácil redimensionarlas una vez que han sido definidas. Para lograr este objetivo, hay dos posibilidades:

- Podemos crear una tabla nueva del tamaño deseado y copiar la primera, elemento por elemento, en la segunda.
- Podemos usar el método `Resize` en la clase `Array`.

```
int[] pequenaTabla = new int[3];
// se quiere aumentar la tabla a 10
Array.Resize(ref pequenaTabla, 10);
```

Observación

Nota: la llamada al método `Resize` utiliza una palabra clave (`ref`) que todavía no hemos visto. Esta palabra clave se verá más adelante en el libro, en el capítulo Conceptos avanzados.

Afortunadamente, el framework .NET pone a nuestra disposición una clase que permite simplificar este uso, en caso de que la colección deba poder ser aumentada dinámicamente.

1.2.3 La lista

Probablemente se trata del tipo de colección más usado; la lista ofrece la ventaja de exponer una colección de elementos y proporcionar una API que permite añadir, modificar o eliminar elementos sin preocuparse por el tamaño. Para declarar una lista, hay que usar la clase `List` y añadir después de su declaración, entre los símbolos menor y mayor que, el tipo de elementos contenidos en la lista:

```
List<type> list = new List<type>();
```

Observación

La declaración de una lista también usa una sintaxis específica, los genéricos, que veremos más adelante de manera detallada, en el capítulo Conceptos avanzados.

La lista ofrece ciertas posibilidades idénticas a las tablas:

- Permite una inicialización simplificada: `List<int> list = new List<int> { 1, 2, 3 }`.
- Ofrece un descriptor de acceso por índice: `list[2]`.

Esto se debe al hecho de que `List` usa de manera subyacente una tabla para guardar los elementos y realizar el trabajo relacionado con la gestión del tamaño en lugar del desarrollador. Idealmente, si el desarrollador ya conoce el tamaño de la lista, puede especificarlo al crear la lista para evitar costosos cambios de tamaño a medida que se realizan adiciones:

```
List<int> enteros = new List<int>(10); // crear una lista con
una tabla con capacidad para 10 elementos
```

Así, al contrario que la tabla, la clase `List` ofrece métodos que permiten gestionar los elementos. Entre todos los posibles, estos son los más útiles:

- El método `add`, que permite añadir un elemento al final de la lista.
- El método `Remove`, que permite eliminar un elemento al final de la lista.
- El método `Insert`, que permite añadir un elemento al índice deseado.

```
List<int> list = new List<int> { 1, 2, 3 };

list.Add(4); // la lista contiene 4 elementos

list.Remove(1); // eliminación del valor 1 (no del elemento en
el índice 1). La lista contiene 2, 3 y 4

list.Insert(0, 42); // inserción del valor 42 al inicio de lista.
La lista contiene 42, 2, 3, 4
```

La clase `List` también ofrece funciones que permiten buscar uno o varios elementos según diferentes criterios, para recuperarlos o simplemente recuperar su(s) índice(s):

- El método `IndexOf`, que permite recuperar el primer índice partiendo del inicio de un elemento dado.
- El método `LastIndexOf`, que permite recuperar el último índice de un elemento dado.

- El método `Find`, que permite recuperar el primer elemento que responde a una prueba lógica.
- El método `FindLast`, que permite recuperar el último elemento que responde a una prueba lógica.
- El método `FindAll`, que permite recuperar todos los elementos que responden a una prueba lógica.
- El método `FindIndex`, que permite recuperar el primer índice de un elemento que responde a una prueba lógica.
- El método `FindLastIndex`, que permite recuperar el último índice de un elemento que responde a una prueba lógica.

```
List<int> list = new List<int> { 1, 2, 3, 1, 2, 1 };

int indexDebut = list.IndexOf(1); // 0 se almacenará aquí

int indexFin = list.LastIndexOf(1): // 5 se almacenará aquí

int superiorA2 = list.Find(e => e > 2); // tendremos el valor 3 aquí,
y no el índice

int igualA1 = list.FindLast(e => e == 1);

var todosSupIgA2 = list.FindAll(e => e>= 2); //tendremos una
colección de elementos superiores o iguales a 2

int primer1 = list.FindIndex(e => e == 1); // tendremos 0 porque es
el primer índice de un número igual a 1

int ultimo1 = list.FindLastIndex(e => e == 1); //tendremos 5 porque
es el último índice de un número igual a 1
```

Como podemos ver, la lista aporta una flexibilidad real respecto a la tabla, ya sea a nivel de la búsqueda o a nivel de la gestión del tamaño.

La lista expone la cantidad de elementos que contiene mediante la propiedad `Count`:

```
var tamano = list.Count; // aquí tendremos 6 retomando
la variable list del bloque de código anterior
```

1.2.4 Los diccionarios

El diccionari, otra colección muy usada, o permite guardar una lista de pares clave/valor. Esto significa que disponemos de una colección que permite asociar una clave con un valor dado. La clave y el valor son tipos libremente elegidos por el desarrollador.

Observación

Debido a la implementación interna del diccionario, se recomienda encarecidamente que el tipo de datos utilizado como clave disponga de un algoritmo de hash. El diccionario usa el valor de hash para implementar un almacenamiento y una búsqueda eficaces sobre la base de la clave. Aunque se pueden usar todos los tipos, los tipos primitivos, como `int` o `string`, son candidatos ideales en cuestión de rendimiento.

El framework .NET pone a su disposición esta colección mediante la clase `Dictionary<TKey, TValue>`. Así, para declarar un diccionario que tiene un entero por clave y una cadena de caracteres por valor, usamos la siguiente declaración:

```
var dico = new Dictionary<int, string>();
```

Una vez creado el diccionario, el desarrollador no tiene que preocuparse de la gestión del tamaño ni de la cantidad de elementos, como ya sucedía con la lista. Además, al igual que en la lista, es posible especificar un tamaño inicial para evitar un cambio de tamaño que puede resultar costoso:

```
var dico = new Dictionary<int, string>();
```

Así, es posible añadir elementos usando el método `Add`, que toma como parámetros la clave y el valor asociado:

```
dico.Add(42, "Respuesta universal");
```

Sin embargo, hay que prestar atención. La clase `Dictionary` solo autoriza los duplicados al nivel de la clave: esa operación de adición de una clave por duplicado provocará un error de ejecución. Por eso, antes de cada adición se recomienda llamar al método `ContainsKey` para comprobar si la clave ya existe y, si fuera necesario, no añadir el elemento, sino actualizarlo.

```
if(!dico.ContainsKey(42))
{
    dico.Add(42, "Respuesta universal");
}
```

La clase `Dictionary` también ofrece, del mismo modo que la lista, un descriptor de acceso con corchetes que da acceso al valor asociado, tanto en lectura como en escritura. Esta manera de asignar un valor está protegida porque si la clave no existe, la clave y el valor se insertan, mientras que si la clave existe, el valor se actualiza. Pero tenga cuidado: este descriptor de acceso usa el valor de la clave, y no un índice eventual:

```
dico[42] = "Respuesta universal"; // adición si no existe,
actualización si existe
```

En caso de intento de lectura, no obstante, si la clave no existe, la ejecución encontrará un error:

```
var valor = dico[999]; // si la clave 999 no existe, tendremos
un error de ejecución
```

También es un uso bastante habitual asociar un `Dictionary` con una colección como una lista, por ejemplo:

```
var dico2 = new Dictionary<int, List<string>>();
if(!dico2.ContainsKey(42))
{
    dico2.Add(42, new List<string> { "Respuesta universal",
"Crítica de película" });
}
dico2[42].Add("Otra frase");
```

También se puede inicializar una instancia de `Dictionary` en su creación. Se ha añadido una sintaxis nueva en C# 6 para reutilizar los corchetes. Como comparación, aquí podemos ver las dos maneras de proceder (ambas son válidas):

```
// a partir de C# 3
var dicoInit1 = new Dictionary<int, string>
{
    { 1, "Uno" },
    { 2, "Dos" }
};
// a partir de C# 6
```

```
var dicoInit2 = new Dictionary<int, string>
{
    [1] = "Uno",
    [2] = "Dos"
};
```

La clase `Dictionary` expone la cantidad de pares clave/valor que contiene mediante la propiedad `Count`:

```
var tamano = dicoInit1.Count; // aquí, tendremos 2 si nos basamos
en la variable del programa anterior
```

1.2.5 Las colecciones algorítmicas

En esta subsección, vamos a ver dos colecciones que tienen más intención algorítmica porque respetan un patrón bien definido. Aquí hablaremos de las pilas (`Stack`) y de las filas (`Queue`).

Estas dos colecciones un poco especiales imponen un orden de lectura y de inserción:

- La clase `Stack` es una pila que funciona en modo **LIFO** (*Last In, First Out* = último en entrar, primero en salir). Hay que considerar esto como una pila de platos: tomamos el primer plato de arriba, que generalmente es el último añadido.
- La clase `Queue` es una fila que funciona en modo **FIFO** (*First In, First Out* = primero en entrar, primero en salir). Hay que considerar esto como una fila de espera: cuanto más pronto entra en la fila, más pronto sale.

El orden es muy importante en estas colecciones y solo se recomienda usarlas cuando hay una auténtica necesidad, y no de manera general, porque el respeto de este orden es restrictivo.

Para crear una pila de enteros nueva, por ejemplo, usamos el siguiente código:

```
var pila = new Stack<int>();
```

Para alimentar la pila, usamos el método `Push`:

```
pila.Push(1);
pila.Push(2);
pila.Push(3);
```

Al final del código anterior, los valores 1, 2 y 3 están apilados, con el valor 3 en la parte superior de la pila. Para recuperar el último valor apilado, usamos el método Pop:

```
var tres = pila.Pop();
```

Después de llamar al método Pop, el valor leído se elimina automáticamente de la pila, lo que hace que, en el caso del código anterior, nuestra pila solo contenga los valores 1 y 2, con 2 situado ahora en la parte superior de la pila.

No obstante, existe un método que permite leer el último valor de la pila sin retirarlo; se trata de Peek:

```
var dos = pila.Peek();
```

Cuando se ha llamado al código de arriba, el valor 2 se encuentra en la variable llamada dos, pero la pila sigue conteniendo los valores 1 y 2.

La clase Queue funciona de manera similar, pero el orden de acceso es distinto y los métodos se llaman de diferente manera. Así, para crear una Queue nueva, usamos el siguiente código:

```
var fila = new Queue<int>();
```

Para insertar elementos en la fila, usamos el método Enqueue:

```
fila.Enqueue(1);
fila.Enqueue(2);
fila.Enqueue(3);
```

Cuando se ejecuta el código anterior, los valores 1, 2 y 3 se añaden a la fila. Para leer el primer valor, usamos el método Dequeue:

```
var uno = fila.Dequeue();
```

Del mismo modo que la clase Stack, la llamada al método Dequeue elimina el elemento en la lectura, lo que hace que la fila solo contenga los valores 2 y 3, donde 2 se ha convertido en el primero de la fila.

Al igual que la clase Stack, la clase Queue expone el método Peek, que permite leer el primer elemento sin retirarlo de la fila:

```
var dos = fila.Peek();
```

Observación

Si llamamos al método `Pop` en una `Stack` que está vacía o al método `Dequeue` en una `Queue` que está vacía, habrá un error de ejecución.

La clase `Queue` y la clase `Stack`, ambas exponen la cantidad de elementos que contienen mediante la propiedad `Count`.

Aunque todavía existen muchas otras colecciones disponibles en el framework .NET, aquí hemos hablado de las más utilizadas. Sin embargo, una colección no sirve de mucho si no se puede iterar (es decir, que no se puede recorrer el conjunto de sus elementos). Esto nos permite abordar la lógica algorítmica del bucle.

1.3 Los bucles

Un bucle permite repetir una operación una cantidad definida de veces. Esta cantidad de veces se puede determinar en función de un valor fijo (por ejemplo, queremos realizar diez veces esta acción) o se puede obtener en función de un valor dinámico (por ejemplo, queremos realizar una acción dada para todos los elementos de una lista).

1.3.1 Información general sobre los bucles

Antes de ver en detalle todos los medios disponibles para implantar bucles en el lenguaje C#, hay que saber que poseen características comunes, que vamos a ver en esta subsección.

En primer lugar, el compilador no produce errores en la compilación si creamos un bucle infinito. Un bucle infinito existe si la condición de salida no se alcanza nunca, ya sea debido a un error de código o a código hecho a propósito. En el mejor de los casos, algunas extensiones del IDE Visual Studio podrían emitir un aviso, pero nada evitará que este código se ejecute sin parar.

Hay dos palabras claves comunes a todos los bucles:

- `break` = permite salir de manera anticipada del bucle mediante una instrucción distinta de la condición de salida. Se recomienda no usarla en exceso, porque se corre el riesgo de hacer que el código sea más difícil de entender.

- `continue` = permite pasar todo el código que sigue a la instrucción para volver a recorrer el bucle.

Estas dos palabras clave son válidas para todos los bucles.

Ahora que conocemos algunos principios básicos, vamos a estudiar los distintos bucles disponibles.

1.3.2 El bucle for

La lógica del bucle `for` es considerar tres elementos:

- Un contexto de partida.
- Una condición de fin.
- Una acción en cada iteración.

Para escribir un bucle `for`, usamos una sintaxis un poco especial, que consiste en definir estos tres elementos entre paréntesis separándolos mediante un punto y coma. El ejemplo clásico del bucle `for` es el siguiente: queremos definir un entero que empiece por 0 e incrementarlo 1 unidad en cada ciclo del bucle mientras sea menor de 10. Para obtener este comportamiento, debemos escribir el siguiente bucle `for`:

```
for(int i = 0; i < 10; i = i +1)
{
    Console.WriteLine("Valor actual = " + i);
}
```

No es obligatorio definir todos los valores del bucle `for` y se pueden omitir algunas partes. Por ejemplo, si la definición del contexto de partida se hace fuera del bucle `for`, podemos definir el contexto inicial como vacío. Por eso, para tener un bucle equivalente al primero, escribimos el siguiente código:

```
int i = 0;
for(; i < 10; i = i +1)
{
    Console.WriteLine("Valor actual = " + i);
}
```

También es posible salir manualmente de un bucle `for` con ayuda de la palabra clave `break`. Así, podríamos prescindir de la condición de salida:

```
for(int i = 0; ; i = i +1)
{
    Console.WriteLine("Valor actual = " + i);
    if(i >= 9)
    {
            break;
    }
}
```

De la misma manera, la acción para efectuar en cada iteración se puede trasladar al interior del bucle `for`:

```
for(int i = 0; i < 10;)
{
    Console.WriteLine("Valor actual = " + i);
    i = i + 1;
}
```

Observación

Incluso si es posible prescindir de ciertas partes de un bucle `for`, no se recomienda porque eso complica la lectura y la comprensión de la lógica subyacente.

Es posible usar la variable del bucle `for` como índice de una lista o de una tabla para recorrer todos los elementos:

```
var list = new List<int> { 1, 2, 3, 4, 5 };
for(int i = 0; i < list.Count; i = i + 1)
{
    Console.WriteLine("Valor de la lista almacenada en el índice " +
i + " = " + list[i]);
}
```

Para finalizar, en el bucle `for`, que a menudo se utiliza con una variable de tipo entero, es posible usar el incremento posterior, un método abreviado de escritura que evita escribir `i = i +1`, escribiendo `i++`:

```
for(int i = 0; i < 10; i++)
{
}
```

1.3.3 El bucle while

Es otra manera de escribir un bucle. `while` permite definir una condición de ejecución, es decir: mientras la condición es verdadera, el bucle sigue ejecutándose. Esto implica que la definición de una posible condición inicial debe hacerse antes de que haya empezado el bucle. En efecto, la condición se evalúa antes de que se haya efectuado la primera instrucción dentro del bucle, lo que quiere decir que, si la condición vale inicialmente `false`, el bucle no empieza.

Sintácticamente, el bucle `while` es bastante sencillo: usa la palabra clave `while` y la condición se define entre paréntesis. Esta condición puede ser sencilla, compuesta o almacenada dentro de una variable:

```
int i = 0;
while(i < 10)
{
    Console.WriteLine("Valor actual = " + i);
    i = i + 1;
}
```

1.3.4 El bucle do while

Es un bucle hermano del bucle `while`; el bucle `do while` funciona de manera casi similar, salvo porque permite efectuar el recorrido inicial antes de evaluar la condición `while`. Allí donde el bucle `while` pide que la condición sea verdadera antes de comenzar, el bucle `do while` solo la comprueba al final del bucle. Sintácticamente, el bucle empieza con la palabra clave `do`, que introduce el bloque que contiene el bucle, y termina con la instrucción `while`, definiendo la condición:

```
int i = 0;
do
{
    Console.WriteLine("Valor actual = " + i);
    i = i + 1;
} while(i < 10);
```

1.3.5 El bucle foreach

Este bucle es un poco especial porque no corresponde a una iteración sobre la base de una condición, sino sobre la base de una colección. En efecto, el bucle `foreach` permite recorrer una colección y efectuar una acción con cada elemento. Sintácticamente, el bucle empieza por la palabra clave `foreach`, seguida de una instrucción que permite la asignación de una variable correspondiente al elemento actual. El bucle `foreach` es capaz de pasar de sí mismo al elemento siguiente:

```
var list = new List<int> { 1, 2, 3, 4, 5 };
foreach(var entero in list)
{
    Console.WriteLine("Valor actual = " + entero);
}
```

Observación

El bucle `foreach` es un método abreviado de escritura para usar el patrón `Ienumerable` (que veremos más adelante en este capítulo); hay que prestar atención al cuerpo del bucle. En efecto, el compilador no generará un error de compilación, pero habrá un error en la ejecución si se intenta modificar el contenido de la colección que estamos iterando en este momento. Por lo tanto, no es posible añadir o eliminar un elemento de la colección desde un bucle `foreach`.

1.3.6 La palabra clave yield

Dentro de un bucle y de un método, hay una palabra clave que permite evitar la creación de una variable intermedia para almacenar los valores devueltos por la función y declarar que queremos devolver el valor en curso. Esta palabra clave es `yield`.

Así, al imaginar que queremos crear un método que devuelve la lista de los enteros entre dos límites, donde estos dos valores se han pasado como parámetros, podríamos usar la palabra clave de la siguiente manera:

```
public IEnumerable<int> GetValues(int min, int max)
{
    for(int i = min; i < max; i++)
    {
        yield return i;
    }
}
```

No es necesario crear una variable intermedia y devolverla porque todo se puede hacer durante la ejecución del bucle.

1.3.7 Ejercicio - enunciado

Usando los conceptos de bucle y colección, vamos a mejorar nuestro juego para aportarle un poco más de reactividad y dinamismo. La primera versión presentaba algunas lagunas que hay que corregir:

- Si el usuario escribe un número erróneo (menor o igual a 0) o no es convertible en entero, la aplicación se para. Habría que pedir de nuevo que volviera a escribirlo hasta obtener un valor correcto.
- Si el usuario se equivoca durante la adivinanza, el juego se para. Habría que guardar los números que ya ha introducido y proponer la posibilidad de volver a jugar. También podemos prever un nivel de dificultad con una cantidad máxima de intentos.

Para llevarlo a cabo, hay que permitir que el usuario abandone cuando quiera. Para hacerlo, consideramos que, cuando se introduce la letra «s», significa que el jugador quiere salir (en cualquier momento del juego). Por lo tanto, la lógica es la siguiente:

- Pedirle al usuario que escriba el límite máximo. Si el valor no es correcto (no es un número o es menor o igual a cero), pedirle que vuelva a escribirlo. Si el usuario pulsa «s», salir del programa.
- Calcular el número aleatorio.
- Pedirle al jugador que elija el nivel de dificultad (número entre 1 y 3, donde 1 es fácil = 10 intentos, 2 es medio = 5 intentos y 3 es difícil = 3 intentos).
- Si al jugador le quedan intentos, no ha encontrado el número oculto y no ha decidido salir, comprobar si es correcto.
- Al llegar al final del juego, mostrar el resultado.

Para salir del programa de manera prematura, se puede usar la instrucción `Environment.Exit(0)`.

Además, se recomienda mostrar en cada turno del juego y en la parte superior de la pantalla los números ya introducidos, después de haberla limpiado previamente. Esta acción se puede realizar gracias a `Console.Clear()`.

Se puede usar una función estática de la clase `String`, `Join`, que permite concatenar cada valor de una colección.

Por último, es posible comprobar que el valor introducido por el usuario se puede transformar en entero gracias al método `int.TryParse`, como aquí:

```
var entrada = Console.ReadLine();
if(int.TryParse(entrada, out int valor))
{
    // aquí tenemos una variable de tipo int que se llama valor
}
else
{
    // la entrada no se puede transformar en entero
}
```

¡Le toca a usted!

1.3.8 Ejercicio - solución

Como siempre, es posible que su solución sea distinta de la propuesta en esta subsección: si se respeta el principio del enunciado, no supone ningún problema. Aquí puede ver una solución para mejorar el juego:

```
using System.Collections.Generic;


            int limiteMaximo = 0;
            string entrada = string.Empty;
            do
            {
                Console.WriteLine("Escriba el límite máximo del
número para adivinar");
                entrada = Console.ReadLine();
                if (entrada == "s")
                {
                    Environment.Exit(0);
                }
            } while (!int.TryParse(entrada, out limiteMaximo) ||
limiteMaximo <= 0);
            System.Console.WriteLine("Elija el nivel de dificultad
(1 = fácil, 2 = medio, 3 = difícil)");
            int numIntentos = 5;
            if (int.TryParse(Console.ReadLine(), out int dificultad))
            {
                numIntentos = dificultad switch
                {
```

```
                    1 => 10,
                    2 => 5,
                    3 => 3,
                    _ => 5
                };
            }

            var numero = Random.Shared.Next(0, limiteMaximo + 1);
            bool? estadoJuego = null;
            List<int> intentos = new List<int>(numIntentos);
            while (!estadoJuego.HasValue)
            {
                Console.Clear();
                Console.WriteLine("Números ya usados: " +
string.Join(", ", intentos));
                Console.WriteLine("Intente adivinar el número oculto");
                entrada = Console.ReadLine();
                if (entrada == "s")
                {
                    Environment.Exit(0);
                }
                if (int.TryParse(entrada, out int adivina))
                {
                    intentos.Add(adivina);
                    if (adivina == numero)
                    {
                        estadoJuego = true;
                        break;
                    }
                    else if (adivina > numero)
                    {
                        Console.WriteLine("El número para adivinar es menor");
                    }
                    else
                    {
                        Console.WriteLine("El número para adivinar es mayor");
                    }
                    if (intentos.Count >= numIntentos)
                    {
                        estadoJuego = false;
                        break;
                    }
                }
                System.Console.WriteLine("Pulse Intro para continuar");
                Console.ReadLine();
            }
            if (estadoJuego.HasValue)
            {
                if (estadoJuego.Value)
                {
                    System.Console.WriteLine("¡Ha ganado!");
```

```
                }
                else
                {
                    System.Console.WriteLine("¡Ha perdido! El número
para adivinar era " + numero);
                }
            }
        }
    }
}
```

Como podemos constatar, la entrada del límite máximo se repite hasta que el usuario haya introducido un valor correcto. Una vez pasada esta primera etapa, se elige la dificultad (aquí, podemos ver la expresión nueva `switch` para ser más concisos, sin omitir la comprobación predeterminada). Después, preparamos el núcleo del juego, creando una colección que hace posible listar todos los intentos efectuados. Podemos notar que la lista que contiene los números ya jugados se crea con un tamaño correspondiente al número de intentos para evitar cambios de tamaño. Entonces es necesario crear un bucle que permita que el jugador juegue hasta uno de los finales del juego (gana o pierde). Por último, se muestra el estado del juego.

2. Gestión de los errores

Hemos mencionado muchas veces en el libro los errores que podrían suceder cuando se ejecuta el código. Es el momento de ponerles nombre: se trata de excepciones. Una excepción es un error que se encuentra en la ejecución. Puede ser imprevisto (debido a un bug) o planificado de manera voluntaria. Primero vamos a ver qué es una excepción.

2.1 Concepto de una excepción

Como se indica arriba, una excepción es una instancia de una clase especial que representa un error de ejecución. Pero, para poder usar este error, tiene que llevar dos datos:

- El tipo de error.
- Información sobre el error.

Como el lenguaje C# está fuertemente tipado, usamos el tipo de la clase de la excepción para transmitir la información del tipo de error. Por ejemplo, una de las excepciones más habituales es `NullReferenceException`, procedente de la clase del mismo nombre. Esta excepción lleva el siguiente tipo de error: ha habido un intento de acceso a un dato en un objeto que no ha sido asignado (que es igual a `null`).

Por otro lado, como una excepción es una instancia de una clase, se le puede añadir información mediante propiedades. Sin embargo, una clase de excepción debe heredar forzosamente de la clase del framework .NET `Exception` para que sea posible usar todo el mecanismo de gestión de errores del framework.

Por ejemplo, para crear una excepción personalizada, es necesario escribir el siguiente código:

```
public class MiExcepcion : Exception { }
```

Por defecto, la clase de base `Exception` proporciona varias propiedades que se pueden usar. Se usan con más frecuencia los siguientes:

- `Message` contiene el mensaje de texto generado automáticamente por el framework o añadido por el desarrollador (a menudo es el primer parámetro del constructor de una excepción).
- `InnerException` contiene una posible excepción interna, que también transmite información. Este dato se usa con frecuencia en el marco de la gestión de excepciones que traspasa varias capas de código.

2.2 Devolver una excepción

Cuando el desarrollador quiere avisar de que hay que desencadenar un error, devuelve una excepción. Para que sea posible, hay que efectuar estas acciones:

- Crear una instancia nueva de una clase que representa una excepción.
- Usar la palabra clave `throw` con la instancia creada de esta manera para decirle a la runtime que devuelva la excepción.

Observación

La creación de la instancia y la devolución con la palabra clave `throw` *se pueden hacer en una sola instrucción, algo que suele suceder porque no es habitual declarar una variable de tipo excepción para usarla más tarde.*

Por ejemplo, si queremos devolver una excepción de tipo `InvalidOperationException` (indica que la operación solicitada no es válida), es posible proceder de la siguiente manera:

```
public decimal Division(decimal a, decimal b)
{
    if(b == 0)
    {
           throw new InvalidOperationException("No se puede
dividir entre 0");
    }
    return a / b;
}
```

Conceptualmente, hay que considerar que una excepción es como una burbuja, es decir, que subirá por todas las capas de código desde el momento en el que se emita hasta que se gestione (veremos cómo hacerlo en la siguiente subsección) o hasta que el comportamiento predeterminado se ocupe de ella porque el programador no la ha gestionado.

Si consideramos el siguiente encadenamiento de métodos:

```
Calcular();
void Calcular()
{
    Console.WriteLine("Ha empezado la división");
    RecuperarEntrada();
}
void RecuperarEntrada()
{
    Console.WriteLine("Introducir el primer número");
    decimal one = decimal.Parse(Console.ReadLine());
    Console.WriteLine("Introducir el segundo número");
    decimal two = decimal.Parse(Console.ReadLine());
    decimal result =  Dividir(one, two);
    Console.WriteLine("Resultado = " + result);
}
decimal Dividir (decimal a, decimal b)
```

```
{
    if(b == 0)
    {
            throw new InvalidOperationException("No es posible
dividir entre 0");
    }
    return a / b;

}
```

Si el usuario introduce 0 como segundo número, la excepción nace dentro del método `Dividir`, pero, como no se ha gestionado allí, sube al método que hace la llamada `RecuperarEntrada`. Este método tampoco gestiona la excepción, lo que hace que vuelva a subir a `Calcular`. Por último, como `Calcular` tampoco gestiona la excepción, la gestiona el método `Main`, generado implícitamente por el compilador, y dado que no hay ninguna gestión manual, la runtime .NET se encarga de ella.

Sin embargo, esto provoca el paro de la aplicación, con el guardado de la información del accidente (especialmente en el gestor de eventos de Windows si el programa lo ejecutamos bajo Windows, o en este caso directamente en la consola):

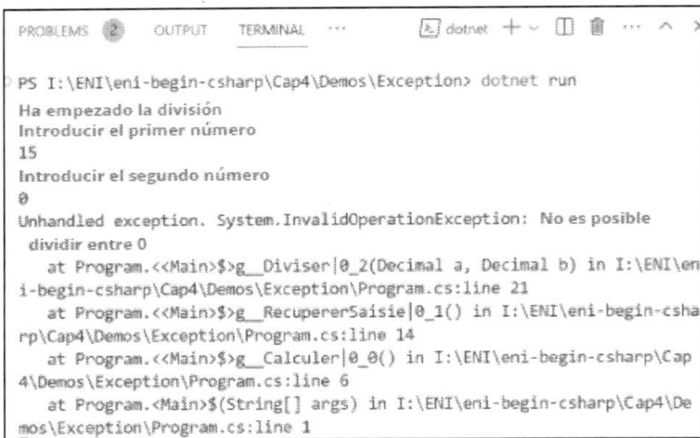

Resultado de la ejecución

Como podemos comprobar en la captura de la consola que aparece antes, si intentamos realizar una división entre 0, se devuelve y se muestra una excepción del tipo `InvalidOperationException`. Sin embargo, también constatamos que el mensaje empieza por *Unhandled exception*, lo que significa que la excepción ha sido capturada en el nivel más alto del programa, por la runtime .NET, y no ha sido gestionada por el programador en el nivel de su código.

Por fortuna, el lenguaje C# pone a nuestra disposición mecanismos que permiten capturar y gestionar las excepciones.

2.3 Gestionar una excepción

Cuando ejecutamos un fragmento de código, es posible que se encuentre una excepción. Esta excepción puede llegar de forma voluntaria (como en el ejemplo de arriba, donde validaba un trabajo de limitación) o de manera involuntaria (en el caso de un bug).

2.3.1 Bloques try, catch y finally

Se puede crear un contexto de ejecución protegido donde, si encontramos una excepción, podemos pedir que sea capturada y definir cómo queremos gestionarla.

Para hacerlo, el lenguaje C# pone a nuestra disposición tres palabras clave:

- `try`, que permite definir un bloque de ejecución con gestión de las excepciones.
- `catch`, que permite definir un bloque de gestión de una excepción capturada.
- `finally`, que permite definir un bloque para ejecutar en todos los casos (tanto si se encuentra con una excepción como si no).

Observación

Un bloque `try` no puede existir solo; necesariamente va seguido de un bloque `catch` o de un bloque `finally` e incluso de los dos.

Así, para gestionar el error en el ejemplo anterior, hay que escribir el siguiente código:

```
    try
    {
        Calcular();
    }
    catch
    {
        var color = Console.ForegroundColor;
        Console.ForegroundColor = ConsoleColor.Red;
        Console.WriteLine("Se ha encontrado un error");
        Console.ForegroundColor = color;
    }
    finally
    {
        Console.WriteLine("Fin del programa");
    }
}
void Calcular()
{
    Console.WriteLine("Ha empezado la división");
    RecuperarEntrada();
}
void RecuperarEntrada()
{
    Console.WriteLine("Introducir el primer número");
    decimal one = decimal.Parse(Console.ReadLine());
    Console.WriteLine("Introducir el segundo número");
    decimal two = decimal.Parse(Console.ReadLine());
    Console.WriteLine("Resultado = " + Dividir(one, two));
}
public static decimal Dividir(decimal a, decimal b)
{
    if (b == 0)
    {
        throw new InvalidOperationException("No es posible
dividir entre 0");
    }
    return a / b;
}
```

Después de modificarlo de esta manera, al ejecutar este código obtenemos el siguiente resultado:

```
PS I:\ENI\eni-begin-csharp\Cap4\Demos\ExceptionTryCatch> dotn
et run
Ha empezado la división
Introducir el primer número
15
Introducir el segundo número
0
Se ha encontrado un error
Fin del programa
```

Resultado de la ejecución con gestión de los errores

Sin embargo, hay una limitación porque, aquí, nuestro bloque `catch` es genérico y no permite distinguir el tipo de error que se produjo. Por supuesto, lo que se muestra al usuario debe estar lo más separado posible de artefactos técnicos (por ejemplo, es inútil mencionarle que se ha devuelto una excepción de tipo `InvalidOperationException`, esto no le ayudará). Sin embargo, no es posible distinguir las diferentes excepciones con las que podría encontrarse. Por suerte, se pueden añadir limitaciones en un bloque `catch` en C#.

2.3.2 Filtro en bloque catch

En el ejemplo anterior, hemos hecho un bloque catch sencillo, que capta todas las excepciones que se pueden devolver. Con ese fin, no se pueden hacer distinciones entre excepciones de un tipo u otro. Sin lugar a duda, este bloque es más genérico, y de hecho más seguro (no deja pasar ninguna excepción), pero no permite gestionar casos muy precisos.

Con la palabra `catch` entre paréntesis, se puede especificar el tipo de excepción que deseamos gestionar dentro del bloque `catch` en particular. También podemos añadir un nombre de variable después del tipo para obtener, en el marco del bloque `catch`, una variable que representa la excepción capturada de esta manera. Usando esta sintaxis se pueden encadenar distintos bloques `catch`, donde cada uno captura un tipo de excepción diferente.

Esto permite una gestión más detallada y adaptada a cada caso:

```
    try
    {
        Calcular();
    }
    catch (InvalidOperationException i) // con variable
    {
        var color = Console.ForegroundColor;
        Console.ForegroundColor = ConsoleColor.Red;
        Console.WriteLine("Ha efectuado una operación
prohibida (división entre cero)");
        Console.ForegroundColor = color;
    }
    catch (NullReferenceException) // sin variable      {
        var color = Console.ForegroundColor;
        Console.ForegroundColor = ConsoleColor.Red;
        Console.WriteLine("Se ha encontrado un bug en el código");
        Console.ForegroundColor = color;
    }
    catch // sin tipo
    {
        var color = Console.ForegroundColor;
        Console.ForegroundColor = ConsoleColor.Red;
        Console.WriteLine("Se ha encontrado un error
desconocido");
        Console.ForegroundColor = color;
    }
    finally
    {
        Console.WriteLine("Fin del programa");
    }

void Calcular()
{
    Console.WriteLine("Ha empezado la división");
    RecuperarEntrada();
}

void RecuperarEntrada()
{
    Console.WriteLine("Introducir el primer número");
    decimal one = decimal.Parse(Console.ReadLine());
    Console.WriteLine("Introducir el segundo número");
    decimal two = decimal.Parse(Console.ReadLine());
```

```
    Console.WriteLine("Resultado = " + Dividir(one, two));
}

decimal Dividir(decimal a, decimal b)
{
    if (b == 0)
    {
        throw new InvalidOperationException("No es posible
dividir entre 0");
    }
    return a / b;
}
```

Como podemos constatar en este ejemplo, se pueden tener distintos bloques catch. Así, la runtime C# entra en el primer bloque para el que se puede cumplir la condición. Por eso es importante el orden; hay que prestar atención y evitar gestionar los casos más genéricos primero porque si no, nunca se llega a los casos específicos.

C# 6 introdujo el concepto de filtro en un bloque catch gracias a la palabra clave when. Así, se puede definir un bloque catch especificando que ejecutamos este bloque solo si la condición del filtro también se ha validado. Tomando por ejemplo una excepción de tipo WebException, que traduce un error que ha aparecido durante una consulta HTTP, se puede añadir un filtro para gestionar solo algunos casos:

```
try
{
    HacerUnaConsultaWeb();
}
catch (WebException exc) when (exc.Status == WebExceptionStatus)
{
    Console.WriteLine("La solicitud ha expirado");
}
```

2.4 Excepciones y rendimientos

La gestión de las excepciones es un mecanismo muy interesante en cuestión de seguridad del código. Sin embargo, es recomendable prestar atención y no usarlo en exceso para gestionar limitaciones que se podrían tratar de otra manera. Por ejemplo, en el ejercicio de la sección Bases de algoritmia, la versión final usa el método `TryParse` para definir si se puede convertir el valor. Una alternativa habría podido ser usar el sistema de excepción para obtener un resultado similar, como este:

```
using System;
using System.Collections.Generic;

int limiteMaximo = 0;
string entrada = string.Empty;
bool estInt = false;
do
{
    Console.WriteLine("Introducir el límite máximo del número
para adivinar");
    entrada = Console.ReadLine();
    if (entrada == "q")
    {
        Environment.Exit(0);
    }
    else
    {
        try
        {
            limiteMaximo = int.Parse(entrada);
            estInt = true;
        }
        catch
        {
            estInt = false;
        }
    }
} while (!estInt && limiteMaximo <= 0);
```

Este planteamiento es funcional, pero no usa el sistema de gestión de las excepciones con moderación. En efecto, el tratamiento de una excepción debe ser, como su nombre indica, excepcional y no utilizarse para gestionar reglas lógicas o trabajo. Así es: la gestión de las excepciones tiene un coste nada despreciable en lo que a rendimiento se refiere. Hay que usar el bloque `try/cath` solo si queremos gestionar errores no anticipados.

Capítulo 5
LINQ

1. Funcionamiento básico

Las expresiones lambda llegaron con la versión 3 del lenguaje C# y han transformado la rutina diaria de los programadores. Una expresión lambda, también llamada una lambda, es una manera de escribir una función directamente dentro de una línea sin tener que definirla explícitamente dentro de la clase. La ventaja de este planteamiento es que, a partir de ese momento, esta función se puede usar como variable y ser ejecutada por otra función, e incluso pasarse directamente a una función. Esta manera nueva de escribir una función (también llamada a veces función flecha) es un método abreviado muy apreciado y ampliamente utilizado. Además, a partir de la versión 3 del framework .NET, Microsoft incluyó un sistema nuevo de gestión de las colecciones: LINQ (*Language INtegrated Query*).

Es frecuente que los programadores se tengan que enfrentar al uso de una base de datos durante la creación de un proyecto. Muchos conocen el lenguaje SQL, norma extendida para los sistemas de gestión de bases de datos relacionales.

Desde una perspectiva de mutualización de las competencias, Microsoft introdujo LINQ dentro del framework .NET para que los desarrolladores .NET pudieran considerar a todas las colecciones como una base de datos y tuvieran un lenguaje de consulta dentro del código C# similar al proporcionado por SQL.

LINQ se usa en muchas variantes; las más difundidas son las siguientes:

- **LINQ-To-Objects**: permite trabajar con colecciones en memoria (vamos a verlo en este capítulo).
- **LINQ-To-SQL**: permite traducir las consultas LINQ a su equivalente SQL. Este planteamiento se usa especialmente para los sistemas de acceso a los datos, como Entity Framework Core, por ejemplo, que se ocupa de traducir la consulta LINQ en SQL, siempre y cuando el operador sea traducible. Para eso, cuando estudiemos los operadores, mencionaremos los operadores compatibles con una traducción SQL.
- **LINQ-To-XML**: proporciona una interfaz de programación que le permite explorar un documento XML con mayor fluidez o incluso construirlo dinámicamente. Estudiaremos LINQ-To-XML en el capítulo de serialización.

Esta aportación permite hacer consultas en las colecciones de nuestra aplicación con facilidad y obtener de ellas otra colección. Todas las colecciones que se pueden enumerar implementan (entre otras) la interfaz `IEnumerable<T>`, como aquí la definición de la clase `List<T>` del framework:

```
//     The type of elements in the list.
[DefaultMember("Item")]
public class List<T> : ICollection<T>,
IEnumerable<T>, IEnumerable, IList<T>,
IReadOnlyCollection<T>, IReadOnlyList<T>,
ICollection, IList
{
    //
    // Summary:
```

Detalle de las interfaces de la clase List<T>

Partiendo de esta sencilla constante, el planteamiento propuesto por el equipo de Microsoft es crear un conjunto de métodos de extensión, es decir, métodos que no están incluidos en el tipo básico, pero que se añaden a él (los métodos de extensión se tratan en la sección Métodos de extensión del capítulo Conceptos avanzados). Entonces, esto significa que cada clase que implementa `IEnumerable<T>` puede usar los métodos disponibles en LINQ.

Todos los métodos están guardados en el espacio de nombres `System.Linq`, que hay que importar mediate una instrucción `using` escrita en el encabezado del archivo. Una vez realizada esta operación, podemos observar una lista considerable de métodos adicionales disponibles:

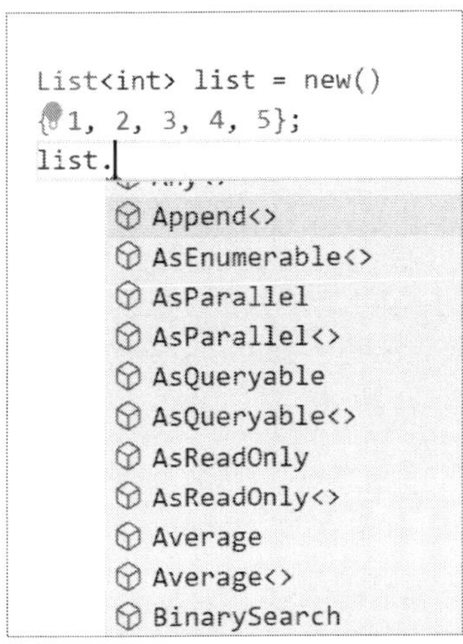

Lista de los métodos accesibles en una clase de tipo List<T>

Como podemos constatar observando todos los métodos disponibles, nos encontramos con una terminología bastante similar a la de las consultas SQL: `SELECT`, `WHERE`, `ORDER BY`, etc,. son los operadores.

Pero antes de estudiar los operadores, es necesario comprender un tipo de objeto un poco especial en C#: las variables anónimas.

2. Variables anónimas

C# es un lenguaje fuertemente tipado, lo que hace que un objeto de un tipo dado no pueda cambiar de tipo durante su existencia. Sin embargo, con la llegada de LINQ sucede que el desarrollador desea recuperar un conjunto de valores que tienen una agrupación lógica, pero sin hacer una clase o una estructura definida.

Con la versión 3 de C# se ha introducido el concepto de variable anónima. Se trata de crear un objeto, fuertemente tipado, pero que no pertenece a un tipo conocido ni declarado. Esta flexibilidad permite crear un objeto a medida, que siempre respeta todas las limitaciones de un lenguaje fuertemente tipado. Por ejemplo, si queremos crear un coche sin tener que definir una clase para alojar los datos relacionados, podemos escribir el siguiente código:

```
var coche = new { Marca = "Peugeot", Caballos = 120, Funciona =
true };
```

Como podemos comprobar, no hay tipo después de la instrucción `new`. La apertura de las llaves permite definir directamente la lista de las propiedades que contendrá este objeto. Esta flexibilidad es muy útil para generar de inmediato un objeto como retorno de la consulta LINQ, a fin de producir un objeto nuevo a partir de datos de una colección de objetos conocidos.

3. Principios de los operadores LINQ

Observación

De manera nativa, LINQ proporciona una gran cantidad de operadores. Si la lista propuesta no es suficiente para usted, hay un proyecto comunitario que añade muchos otros: https://github.com/morelinq/MoreLINQ. Por nuestra parte, nos conformaremos con estudiar en este capítulo los que se proporcionan de manera nativa en el framework.

En primer lugar, hay que comprender que LINQ funciona en un orden inverso al de SQL. En efecto, es frecuente que una consulta de SQL simple se formule de esta manera:

```
SELECT ... FROM Table WHERE ... ORDER BY ...
```

Al traducir esta consulta a español, obtenemos la siguiente lógica: en la tabla Table (FROM), donde aplico una condición (WHERE), ordenando las líneas según un orden (ORDER BY), deseo recuperar las siguientes columnas (SELECT).

Los operadores LINQ toman como parámetro una lambda que define lo que se espera mediante el método. La mayoría de las lambdas para LINQ están formadas de la siguiente manera: la lambda toma como parámetro la instancia actual que corresponde al elemento actual de las colecciones y la usa en el cuerpo de la función. Se puede pasar por una función clásica para obtener el mismo resultado. Así, las dos maneras siguientes de escribir son similares:

```
public void TestLinq()
{
    List<int> l = new()
    {
           1, 2, 3, 4, 5, 6, 7, 8, 9
    };
    var enteros = l.Where(i => i < 3);
    var enteros2 = l.Where(Filtro);
}

public bool Filtro(int i)
{
    return i < 3;
}
```

El segundo caso es menos frecuente porque pasamos como parámetro al operador LINQ el nombre de la función que debe llamarse para el filtro. Esto solo funciona si la función tiene el número, tipos de parámetros y tipo de devolución correctos; por eso se recomienda usar las funciones flecha.

Algunos operadores trabajan con un valor de la colección y producen un retorno bajo la forma de un booleano, ya que es una prueba que se evalúa para cada uno de los elementos (como el Where, por ejemplo):

```
List<int> l = new()
{
    1, 2, 3, 4, 5, 6, 7, 8, 9
};
var enterosMenoresDeCinco = l.Where(i => i < 5);
```

Esta consulta itera en todos los elementos de la lista de enteros y evalúa, para cada uno de ellos, si responde o no a la prueba de lambda. En el caso actual, lambda es una función que toma un parámetro de tipo `int` (que hemos llamado `i`) y devuelve un booleano.

Si la prueba devuelve verdadero, el valor está disponible en la colección nueva; en caso contrario, el valor se ignora. Podemos observar que la colección inicial permanece sin cambios porque se produce una colección nueva (aquí, se guarda en la variable llamada `enterosMenoresDeCinco`).

Otros operadores LINQ no ofrecen en su lambda una firma que devuelva un booleano, sino seleccionar el valor que deseamos tratar dentro de la colección. Tomemos un ejemplo un poco más complejo para ilustrar esto. Consideremos una lista de coches:

```
public class Coche
{
    public string Marca { get; set; }
    public int Caballos { get; set; }
}
public class Cap5Linq
{
    static void Main(string[] args)
    {
        var coches = new List<Coche>
        {
            new Coche{ Marca = "Peugeot", Caballos = 120 },
            new Coche{ Marca = "Renault", Caballos = 110 },
            new Coche{ Marca = "Citroën", Caballos = 90 },
            new Coche{ Marca = "Ferrari", Caballos = 250 },
        };
    }
}
```

Ya hemos visto cómo filtrar una lista. Por ejemplo, si queremos obtener la lista de los coches que poseen 120 caballos o menos, utilizamos la siguiente consulta para recuperar una lista nueva de coches filtrados:

```
var cochesPocosCaballos = coches.Where(c => c.Caballos <= 120);
```

Tras esta instrucción, nos encontramos con una colección nueva que solo contiene los coches de la primera colección cuya cantidad de caballos es inferior o igual a 120.

Observación

Considerando que `Coche` es una clase, y por lo tanto un tipo de referencia, nuestras dos colecciones comparten los mismos datos en memoria. Esto significa que, si usamos una u otra colección para modificar un valor de un elemento (por ejemplo, actualizando la cantidad de caballos), las dos colecciones verán que el objeto se modifica porque las dos listan la misma referencia de memoria y, por lo tanto, el mismo objeto.

Sin embargo, si solo deseamos recuperar la marca de los coches que tienen pocos caballos, estamos obligados a usar otro operador: `Select`. Gracias a este operador es posible definir por una lambda el valor o los valores que queremos recuperar. Podemos observar que el operador LINQ `Where` también devuelve una colección que implementa la interfaz `IEnumerable`; por eso se pueden encadenar las llamadas:

```
var cochesPocosCaballos = coches.Where(c => c.Caballos
<= 120).Select(c => c.Marca);
```

Al final de la evaluación de esta consulta LINQ, no obtenemos una colección de coches nueva, sino una colección nueva de `string`, que contiene las marcas de coches que tienen 120 caballos o menos.

Antes de continuar, es necesario comprender algo sobre el tipo `IEnumerable<T>`. Este tipo, que es el básico cuando trabajamos con LINQ, indica que tenemos una referencia en una colección. La colección a la que apunta quizás no ha sido evaluada (más tarde veremos, en esta sección, operadores LINQ de evaluación). Esto quiere decir que, hasta que no se ha recorrido la colección, la consulta LINQ no ha sido evaluada. Este concepto es importante porque implica que la consulta LINQ construida sigue siendo completamente virtual mientras no se recorra. Para ilustrar esto, vamos a retomar el método anterior, pero añadiendo una instrucción dentro del filtro:

```
bool seHaRecorrido = false;
var cochesPocosCaballos = coches
    .Where(c => { seHaRecorrido = true; return c.Caballos <= 120; })
    .Select(c => c.Marca);
Console.WriteLine("¿Colección recorrida? " + seHaRecorrido);
```

Si ejecutamos la aplicación que contiene el código anterior, podemos ver que el booleano `seHaRecorrido` contiene `false`, lo que quiere decir que no se ha ejecutado el código dado a la función `Where`. Sin embargo, si decidimos hacer un `foreach` en la variable `cochePocosCaballos`, podemos constatar que el booleano ha pasado a `true` porque `Where` ha sido evaluado durante el recorrido. Esto significa que, mientras no haya decidido explotar la variable `IEnumerable<T>`, es libre de construirla sin riesgo.

Ahora que hemos precisado este concepto, es el momento de ver los operadores que ofrece el framework.

Estos operadores se dividen en tres categorías:

- Los operadores de producción de colección: partiendo de una colección, esos operadores producen otra colección más específica o genérica.
- Los operadores de selección: partiendo de una colección, esos operadores recuperan un valor escalar o un elemento específico.
- Los operadores de generación: partiendo de nada, esos operadores generan una colección.

3.1 Operadores de producción

La mayoría de los operadores se encuentran en esta categoría. Sin embargo, esta categoría se divide en subcategorías. Así, tenemos los siguientes elementos:

- Los operadores de filtrado. De una colección de elementos de tipo `T`, esos operadores producen una colección nueva de elementos de tipo `T`.
  - `Where`: filtra una colección para obtener otra colección que responde a una condición enunciada:

```
var lista = new List<int> { 1, 2, 3, 4, 5 };
var filtro = lista.Where(i => i >= 2); // Contendrá 2, 3, 4 y 5
```

- `Take`: recupera un número finito de elementos (valor entero) desde el inicio de la colección:

```
var lista = new List<int> { 1, 2, 3, 4, 5 };
var take = lista.Take(3); // Contendrá 1, 2 y 3
```

- `Skip`: ignora un número finito de elementos (valor entero) desde el inicio de la colección y recupera el resto:

```
var lista = new List<int> { 1, 2, 3, 4, 5 };
var skip = lista.Skip(2); // Contendrá 3, 4 y 5
```

- `TakeWhile`: recupera elementos si la evaluación de lambda devuelve verdadero:

```
var lista = new List<int> { 1, 2, 3, 4, 5 };
var takeWhile = lista.TakeWhile(i => i < 3); // Contendrá 1 y 2
```

- `SkipWhile`: ignora los elementos si la evaluación de lambda devuelve verdadero:

```
var lista = new List<int> { 1, 2, 3, 4, 5 };
var skipeWhile = lista.SkipWhile(i => i < 3); // Contendrá 3, 4 y 5
```

- `Distinct`: devuelve los elementos comparándolos unos con otros para recuperar solo los elementos únicos:

```
var lista = new List<int> { 1, 1, 2, 3, 3, 4, 5, 5, 5 };
var skipeWhile = lista.Distinct(); // Contendrá 1, 2, 3, 4 y 5,
donde cada valor está presente una sola vez
```

- `DistinctBy`: devuelve los elementos comparándolos entre sí según los campos seleccionados, para recuperar solo los elementos únicos:

```
var coches = new List<Coche>
{
    new Coche{ Marca = "Peugeot", Caballos = 120 },
    new Coche{ Marca = "Peugeot", Caballos = 110 },
    new Coche{ Marca = "Peugeot", Caballos = 120 },
    new Coche{ Marca = "Citroën", Caballos = 90 },
    new Coche{ Marca = "Ferrari", Caballos = 250 },
};

// Por un solo campo
var coches1 = coches.DistinctBy(v => v.Marca); // recupera los
coches que tienen diferentes marcas
```

```
// Por varios campos
var coches2 = coches.DistinctBy(v => new{ v.Marca, v.Caballos});
// recupera los diferentes coches eliminando aquellos que tienen
el mismo número de caballos y la misma marca
```

Observación

A excepción de `TakeWhile` y `SkipWhile`, los otros operadores tienen un equivalente nativo en SQL. El caso particular de `DistinctBy` se traduce por una acumulación de operadores SQL que involucran al operador `GROUP BY` (SQL, no LINQ).

Para que el operador `Distinct` pueda funcionar, la comparación debe ser posible. Es necesario que esta comparación esté presente directamente dentro de la clase (gracias a la anulación de los métodos `Equals` y `GetHashCode` o implementando la interfaz `IEquatable<T>`) o pasando como parámetro un comparador personalizado (la clase implementando `IEqualityComparer<T>`).

- Los operadores de proyección. De una colección de elementos de tipo `T`, esos operadores crearán una colección de elementos nueva de tipo `T2`, donde `T2` es una transformación obtenida a partir de los valores contenidos en `T`.
  - `Select`: selección de un valor en la colección de elementos:

```
var coches = new List<Coche>
{
    new Coche{ Marca = "Peugeot", Caballos = 120 },
    new Coche{ Marca = "Renault", Caballos = 110 },
    new Coche{ Marca = "Citroën", Caballos = 90 },
    new Coche{ Marca = "Ferrari", Caballos = 250 },
};
var marcas = coches.Select(c => c.Marca); // recupera la
colección de las marcas de coches, que es una colección de string
```

Observación

`Select` es un operador muy flexible, se puede recuperar cualquier objeto cuando se evalúa, y no solo un valor dado.

- SelectMany: examen minucioso de colecciones insertadas en una colección:

```
var cochesPorAno = new Dictionary<int, List<Coche>>
{
    [1990] = new List<Coche> { new Coche { Marca = "Peugeot 1990" } },
    [1995] = new List<Coche> { new Coche { Marca = "Renault Clio" } },
    [2000] = new List<Coche> { new Coche { Marca = "Peugeot 307" },
new Coche { Marca = "Citroën Saxo" } },
    [2007] = new List<Coche> { new Coche { Marca = "Peugeot 308" },
new Coche { Marca = "Renault Megane" } },
};
var todosLosCoches = cochesPorAno.SelectMany(v => v.Value);
```

- Los operadores de unión. De una colección de elementos de tipo `T` y de una colección de elementos de tipo `T2`, esos operadores crearán una colección de elementos de tipo `T3` resultante, poniendo en común `T` y `T2` a partir de criterio(s) compartido(s). Observe que el operador también funciona con dos colecciones del mismo tipo.
  - Join: recuperación de una colección nueva aplicando una lógica de unión entre dos colecciones sobre la base de un criterio común. Este operador parte de una colección para efectuar la unión con otra, después define en primer lugar el selector del criterio común dentro del objeto de la primera colección, luego la sección del criterio común dentro del objeto de la segunda colección y, por último, la producción de un resultado tomando la instancia de la primera colección con la instancia de la segunda colección:

Con el mismo tipo de datos

```
var lista1 = new List<int> { 1, 2, 3, 4, 5 };
var lista2 = new List<int> { 3, 4, 5, 6, 7 };
var join = lista1.Join(lista2, l1 => l1, l2 => l2, (l1, l2) => l1);
// contendrá 3, 4 y 5
```

Con un tipo de datos distinto, sobre la base de un criterio definido

```
var coches2 = new List<Coche>
{
    new Coche{ Marca = "Peugeot", Caballos = 120 },
    new Coche{ Marca = "Renault", Caballos = 110 },
    new Coche{ Marca = "Citroën", Caballos = 90 },
};
```

```
var camiones = new List<Camion>
{
    new Camion{ Marca = "Mercedes", Caballos= 250},
    new Camion{ Marca = "John Deer", Caballos= 110},
    new Camion{ Marca = "Renault", Caballos= 120},
};
var joinClases = coches2.Join(camiones, coche =>
coche.Caballos, camion => camion.Caballos, (coche, camion) =>
new { Caballos = coche.Caballos, MarcaCoche = coche.Marca,
MarcaCamion = camion.Marca }); // Contendrá { Caballos = 120,
MarcaCoche = Peugeot, MarcaCamion = Renault } y { Caballos = 110,
MarcaCoche = Renault, MarcaCamion = John Deer }
```

- `GroupJoin`: recuperación de una colección nueva jerarquizada (y no horizontal, como el operador `Join`), es decir, que recuperamos un grupo de datos conectados a una clave, que habrá sido seleccionada durante la llamada de la función. Este operador no existe en SQL:

```
// Modelos
public class Estudiante
{
    public string Nombre { get; set; }
    public int CursoId { get; set; }
}
public class Curso
{
    public int Id { get; set; }
    public string Nombre { get; set; }
}

// Consulta LINQ
var curso = new List<Curso>
{
    new Curso { Id = 1, Nombre = "Las bases de C#"},
    new Curso { Id = 2, Nombre = "ASP.NET Core"},
    new Curso { Id = 3, Nombre = "EF Core"},
};
var estudiantes = new List<Estudiante>
{
    new Estudiante { Nombre = "Juan Puente", CursoId = 1 },
    new Estudiante { Nombre = "Jaime Duende", CursoId = 1 },
    new Estudiante { Nombre = "Steve Johnson", CursoId = 2 },
    new Estudiante { Nombre = "Scott Hanselman", CursoId = 2 },
    new Estudiante { Nombre = "Gerard Gers", CursoId = 3 }
};
```

```
var estudiantesPorCurso = curso.GroupJoin(estudiantes, curso =>
curso.Id, estudiante => estudiante.CursoId, (curso, grupoEstudiantes)
=> new { Estudiantes = grupoEstudiantes, Curso = curso.Nombre });

foreach (var item in estudiantesPorCurso)
{
    Console.WriteLine("Curso " + item.Curso.Nombre);
    foreach (var estudiantes in item.Estudiantes)
    {
        System.Console.WriteLine("\t " + estudiante.Nombre);
    }
}
```

- `Zip`: produce una colección nueva a partir de dos colecciones y de una función de tratamiento de los dos elementos en curso en cada colección. Si una colección es mayor que otra, los elementos adicionales se ignoran:

```
var enteros = new List<int> { 1, 2, 3 };
var enterosEnLetras = new List<string> { "uno", "dos", "tres", "cuatro" };
var resultado = enteros.Zip(enterosEnLetras, (entero, enteroEnLetra) =>
entero + " = " + enteroEnLetra); //contendrá "1 = uno", "2 = dos",
"3 = tres"
```

Observación

El operador `Join` es el único que tiene un equivalente SQL, lo que da lugar a la traducción de la consulta en `INNER JOIN`.

- Los operadores de orden. De una colección de elementos de tipo `T`, esos operadores producen una colección de elementos de tipo `T` que están ordenados de distinta manera.
  - `OrderBy/OrderByDescending`: produce una colección ordenada nueva a partir de una colección dada y de un selector. `OrderBy` produce una colección ordenada de manera ascendente, mientras que con `OrderByDescending` la colección producida se ordena de manera descendente:

```
var estudiantes = new List<Estudiante>
{
    new Estudiante { Nombre = "Juan Puente", CursoId = 1 },
    new Estudiante { Nombre = "Jaime Duende", CursoId = 1 },
    new Estudiante { Nombre = "Steve Johnson", CursoId = 2 },
    new Estudiante { Nombre = "Scott Hanselman", CursoId = 2 },
    new Estudiante { Nombre = "Gerard Gers", CursoId = 3 }
};
```

```
var estudiantesPorOrdenAlfabetico = estudiantes.OrderBy(e => e.Nombre);

var enteros = new List<int> { 1, 2, 3 };
var enterosDescendientes = enteros.OrderByDescending(e => e);
```

- `Order/OrderDescending`: introducidos en .NET 7, estos operadores producen una nueva colección ordenada a partir de una colección determinada. Estos operadores consiguen el mismo resultado que los operadores `OrderBy/OrderByDescending`. La diferencia radica en la ausencia de selector. De hecho, `Order` y `OrderDescending` utilizarán la comparación predeterminada entre dos tipos para aplicar la clasificación. El equivalente de estos operadores sería `OrderBy(e => e)` u `OrderByDescending(e => e)`, como se muestra en el bloque de código anterior.

```
var enteros = new List<int> { 1, 2, 3 };
var enterosDescendientes = enteros.OrderDescending();
```

- `ThenBy/ThenByDescending`: ejecuta un orden nuevo de una colección ya ordenada, conservando el primer orden activo, pero ordenando según un segundo criterio. `ThenBy` y `ThenByDescending` solo pueden llamarse en una colección que ha sido ordenada con un `OrderBy` o con otro `ThenBy`:

```
        var nombres = new List<string> { "Tom", "Bob", "Jim",
"Jack", "John", "Tim", "Alice" };
        var nombresOrdenadosPorTamanoLuegoPorOrdenAlfabetico =
nombres.OrderBy(s => s.Length).ThenBy(s => s);
```

- `Reverse`: invierte el orden de los elementos dentro de una colección:

```
var enteros = new List<int> { 1, 2, 3 };
enteros.Reverse(); // ahora enteros será 3, 2, 1
```

Observación

El encadenamiento `OrderBy/ThenBy` (con o sin `Descending`) se gestiona en SQL separando las columnas con comas en la instrucción `ORDER BY`. `Reverse` no tiene equivalente.

– Los operadores de agrupación. De una colección de elementos de tipo `T`, esos operadores producen una colección nueva de elementos de tipo `Group<Key, IEnumerable<T>>`.
  – `GroupBy`: agrupa los elementos de una colección según un criterio definido, produciendo una colección nueva que contiene la asociación de una clave con los valores guardados bajo esta clave:

```
public class Estudiante
{
    public string Nombre { get; set; }
    public int MediaDe20 { get; set; }
}

var estudiantesMedia = new List<Estudiante>
{
    new Estudiante{ Nombre = "Bob", MediaDe20 = 14},
    new Estudiante{ Nombre = "Jim", MediaDe20 = 14},
    new Estudiante{ Nombre = "Jack", MediaDe20 = 12},
    new Estudiante{ Nombre = "John", MediaDe20 = 13},
    new Estudiante{ Nombre = "Tim", MediaDe20 = 13},
};

var estudianteGruposPorMedia = estudiantesMedia.GroupBy(e =>
e.MediaDe20); //producción de una colección de grupo donde
la media es la clave. Entonces tendremos el grupo con la clave 14,
que contendrá Bob y Jim, por ejemplo
```

Observación

Atención: `GroupBy` es un falso amigo. En efecto, existe un GROUP BY en SQL, pero se refiere a una lógica de teoría de los conjuntos. Por lo tanto, la lógica del `GroupBy` en LINQ y la del `GROUP BY` SQL son bastante diferentes. Así, con frecuencia, la traducción directa de uno a otro es imposible.

– Los operadores de agrupación matemáticos. De una colección de elementos de tipo `T` y de otra colección de elementos de tipo `T`, esos operadores generan una colección nueva de elementos de tipo T que es el resultado de la aplicación de un operador de la teoría matemática de los conjuntos.

- Concat: produce una colección nueva que es la concatenación de otras dos colecciones:

```
var enteros1 = new List<int> { 1, 2, 3, 4, 5 };
var enteros2 = new List<int> { 3, 4, 5, 6, 7 };
var enterosTotales = enteros1.Concat(enteros2); // Se obtendrá
una colección que contiene 1, 2, 3, 4, 5, 3, 4, 5, 6, 7
```

- Union: produce una colección nueva que es el resultado de la unión de otras dos colecciones. La diferencia principal con Concat es que la colección nueva no contiene duplicados:

```
var enteros1 = new List<int> { 1, 2, 3, 4, 5 };
var enteros2 = new List<int> { 3, 4, 5, 6, 7 };
var enterosTotales = enteros1.Union(enteros2); // Se obtendrá
una colección que contiene 1, 2, 3, 4, 5, 6, 7
```

- Intersect: produce una colección nueva que es la intersección entre dos colecciones, es decir, solo sus elementos comunes:

```
var enteros1 = new List<int> { 1, 2, 3, 4, 5 };
var enteros2 = new List<int> { 3, 4, 5, 6, 7 };
var enterosTotales = enteros1.Intersect(enteros2); // Se obtendrá
una colección que contiene 3, 4, 5
```

- Except: produce una colección nueva que solo contiene los elementos de la primera colección que no existen en la segunda colección:

```
var enteros1 = new List<int> { 1, 2, 3, 4, 5 };
var enteros2 = new List<int> { 3, 4, 5, 6, 7 };
var enterosTotales = enteros1.Except(enteros2); // Se obtendrá
una colección que contiene 1, 2
```

Observación

Estos cuatro operadores nacen de la teoría matemática de los conjuntos y, por lo tanto, todos tienen un equivalente en SQL. `Concat` y `Union` se traducen mediante la palabra clave `UNION` (con la adición de `ALL` para el `Concat`), mientras que `Intersect` produce un `WHERE ... IN`. Al final, `Except` hace la operación inversa, es decir, `WHERE... NOT IN`.

- Los operadores de conversión. De una colección de tipo `T`, esos operadores producen una colección proyectada y evaluada o transformada. Ninguno de estos operadores tiene un equivalente SQL.
  - `OfType`: toma una colección no genérica para producir una colección genérica que solo contiene elementos del tipo buscado; los otros se ignoran:

```
ArrayList array = new ArrayList();
array.Add(3);
array.Add(4);
array.Add("lolo");
var enterosOfType = array.OfType<int>(); // colección nueva
que contendrá 3 y 4
```

  - `Cast`: toma una colección no genérica para producir una colección genérica y devuelve una excepción en el primer elemento no convertible al tipo buscado. Esta excepción solo se produce si se itera la colección de resultados y no cuando se llama a la función:

```
ArrayList array = new ArrayList();
array.Add(3);
array.Add(4);
array.Add("lolo");

var exception = array.Cast<int>(); // devolverá una excepción
```

Observación

El tipo `ArrayList` se define dentro del espacio de nombres `System.Collection`. Se trata de una estructura que permite tener una tabla de objetos con redimensionamiento automático antes de que existiera el tipo `List<T>`. En la actualidad, no se recomienda usar este tipo, que solo está presente aquí para la explicación y la demostración.

  - `ToArray`: transforma una colección en una tabla, evaluando los operadores eventuales de LINQ:

```
var enteros = new List<int> { 1, 2, 3, 4, 5 };
var enterosSuperiorATres = enteros.Where(i => i > 3).ToArray();
//aquí tendremos una tabla de 2 enteros que contendrá 4 y 5
```

- `ToList`: transforma una colección en lista, evaluando los operadores eventuales de LINQ:

```
var enteros = new List<int> { 1, 2, 3, 4, 5 };
var enterosSuperiorATres = enteros.Where(i => i > 3).ToList();
//aquí tendremos una lista de 2 enteros que contendrá 4 y 5
```

- `ToDictionary`: transforma una colección en `Dictionary`, evaluando los operadores eventuales de LINQ y pidiendo un selector de clave, así como un selector de valor:

```
public class Estudiante
{
    public string Nombre { get; set; }
    public int MediaDe20 { get; set; }
}

var estudiantesMedia = new List<Estudiante>
{
    new Estudiante{ Nombre = "Bob", MediaDe20 = 14},
    new Estudiante{ Nombre = "Jim", MediaDe20 = 14},
    new Estudiante{ Nombre = "Jack", MediaDe20 = 12},
    new Estudiante{ Nombre = "John", MediaDe20 = 13},
    new Estudiante{ Nombre = "Tim", MediaDe20 = 13},
};

var dicoEstudiantes = estudiantesMedia.ToDictionary(e => e.Nombre,
e => e.MediaDe20); //producción de un diccionario, donde la clave
es un string que contiene el nombre y el valor es el entero
que contiene la media
```

- `ToLookup`: transforma una colección en `Lookup`, evaluando los operadores eventuales de LINQ y pidiendo un selector de clave, así como un selector de valor:

```
public class Estudiante
{
    public string Nombre { get; set; }
    public int MediaDe20 { get; set; }
}

var estudiantesMedia = new List<Estudiante>
{
    new Estudiante{ Nombre = "Bob", MediaDe20 = 14},
```

```
    new Estudiante{ Nombre = "Jim", MediaDe20 = 14},
    new Estudiante{ Nombre = "Jack", MediaDe20 = 12},
    new Estudiante{ Nombre = "John", MediaDe20 = 13},
    new Estudiante{ Nombre = "Tim", MediaDe20 = 13},
};

var dicoEstudiantes = estudiantesMedia.ToLookup(e => e.Nombre,
e => e.MediaDe20); //producción de un lookup, donde la clave
es un string que contiene el nombre, y el valor es el entero
que contiene la media
```

Observación

La clase `Lookup` expone la misma lógica que la clase `Dictionary`, es decir, un vínculo entre una clave y un valor. La distinción procede del hecho de que la clase `Lookup` es inmutable, es decir, que ya no se puede modificar la colección una vez creada.

– `AsEnumerable`: transforma una consulta LINQ en `IEnumerable`:

```
var enteros = new List<int> {1, 2, 3, 4, 5 };
var enterosDecrecientes = enteros.OrderByDescending(e => e)
.AsEnumerable(); // "retransformación" de un IOrderedEnumerable
en IEnumerable gracias al método AsEnumerable
```

Observación

El método `AsEnumerable` no cambia el tipo intrínseco de la colección. Sin embargo, suponiendo la existencia de una clase que implemente `IEnumerable` y que redefina métodos con las mismas firmas que los operadores LINQ, será necesario utilizar el método `AsEnumerable` para garantizar que se llame al operador LINQ y no al método definido dentro de la clase. Entity Framework utiliza este operador para solicitar la recuperación de datos de la base de datos y la evaluación de los operadores que siguen este método en la memoria, en lugar de una transformación en operadores SQL.

– `AsQueryable`: transforma una consulta LINQ en `IQueryable`:

```
var enteros = new List<int> {1, 2, 3, 4, 5 };
var enterosQueryable = enteros.AsQueryable();
```

Observación

El tipo `IQueryable` no se ha visto hasta ahora. Este último es más completo que el tipo `IEnumerable` porque permite guardar los operadores de la consulta LINQ y sus valores bajo la forma de un árbol (dentro de la clase `Expression`). Este dato permite a diversas herramientas trabajar con la expresión (por ejemplo: ORM Entity Framework, que generará SQL a partir de la consulta LINQ). Es un tema avanzado que no trataremos en este libro.

3.2 Operadores de selección

Los operadores de selección permiten extraer un elemento particular de una colección. Esta colección puede haber sido tratada previamente por uno o varios operadores de producción. Se distinguen varios tipos de operadores:

- Los operadores de elementos, que permiten extraer un elemento exacto.
  - `First`/`FirstOrDefault`: recupera el primer elemento de una colección. La versión `FirstOrDefault` devuelve el valor predeterminado en caso de que no se haya podido recuperar el primer elemento, mientras que `First` devuelve una excepción si no se puede recuperar el primer elemento. Este operador también puede tomar directamente un predicado. Desde .NET 7, es posible proporcionar un valor personalizado que servirá como predeterminado, a diferencia del valor predeterminado del tipo:

```
var enteros = new List<int> { 1, 2, 3, 4, 5 };
var primero = enteros.First(); // Aquí, se guardará el valor 1
var primeroOPredeterminado = enteros.FirstOrDefault();
// igual que la llamada anterior, se guardará 1
var primeroExcepcion = enteros.First(i => i > 5);
// devolverá una excepción
var primeroPredeterminado = enteros.FirstOrDefault(i => i > 5);
// devolverá el valor predeterminado del tipo int, por lo tanto 0
var primeroPredeterminadoPerso = enteros.FirstOrDefault(i => i > 5, 42);
// devolverá el valor 42 que el desarrollador definió como el valor
predeterminado que quiere
```

- `Last/LastOrDefault`: recupera el último elemento de una colección. El funcionamiento de la versión `OrDefault` es idéntico al de `FirstOrDefault`:

```
var enteros = new List<int> { 1, 2, 3, 4, 5 };
var ultimo = enteros.Last(); // Aquí, se guardará el valor 5
var ultimoException = enteros.Last(i => i > 5); // devolverá
una excepción
var ultimoPredeterminado = enteros.LastOrDefault(i => i > 5);
// devolverá el valor predeterminado del tipo int, por lo tanto 0
var ultimoPredeterminadoPerso = enteros.LastOrDefault(i => i > 5, 42);
// devolverá el valor 42 que el desarrollador definió como el valor
predeterminado que quiere
```

Observación

`First` y `Last` se evalúan en SQL como si fueran un SELECT TOP 1 con una cláusula ORDER BY. Esta última es ASC en el caso de `First` o DESC en el caso de `Last`.

- `Single/SingleOrDefault`: recupera el único elemento de una colección. En el caso de que haya varios elementos que se puedan recuperar, `Single` y `SingleOrDefault` devolverán ambos una excepción. En el caso de que no se pueda recuperar ningún elemento, el funcionamiento de las dos versiones será similar a `First` y `FirstOrDefault`. Este operador, sin embargo, lleva más tiempo evaluarlo porque revisará toda la colección para garantizar la singularidad del resultado:

```
var enteros = new List<int> { 1, 2, 3, 4, 5 };
var unico = enteros.Single(); // Devolverá una excepción
var tres = enteros.Single(i => i == 3); //Aquí tendremos 3
var unicaExcepcion = enteros.Single(i => i > 5);
// devolverá una excepción
var unicoPredeterminado = enteros.SingleOrDefault(i => i > 5);
// devolverá el valor predeterminado del tipo int, por lo tanto 0
var unicoPredeterminadoPerso = enteros.SingleOrDefault(i => i > 5, 42);
// devolverá el valor 42 que estableció el desarrollador como
predeterminado
```

– `ElementAt/ElementAtOrDefault`: recupera un elemento en una posición específica (mismo funcionamiento que el uso de un índice, con una base en 0). La versión `OrDefault` funciona de manera similar a lo que hemos visto antes. Desde .NET 6, es posible utilizar una instancia de la estructura `Index`, lo que posiblemente permita comenzar desde el final de la colección:

```
var enteros = new List<int> { 1, 2, 3, 4, 5 };
var primero = enteros.ElementAt(1); // aquí tendremos el valor 2
var ultimo = enteros.ElementAt(^1); // aquí tendremos el valor 5
var primeraExcepcion = enteros.Where(i => i > 5).ElementAt(0);
// devolverá una excepción
var primeroPredeterminado = enteros.Where(i => i > 5). ElementAtOrDefault(0);
// devolverá el valor predeterminado del tipo int, por lo tanto 0
```

Observación

`Single` y `ElementAt` no tienen equivalente en SQL.

– `DefaultIfEmpty`: devuelve el valor predeterminado si la colección está vacía. Si la colección no está vacía, simplemente se recupera tal cual:

```
var enteros = new List<int> { 1, 2, 3, 4, 5 };
var enterosVacios = new List<int>();
var enterosIfEmpty = enteros.DefaultIfEmpty(); // aquí, tendremos
la colección inicial
var enterosEmpty = enterosVacios.DefaultIfEmpty(); // aquí tendremos
una colección solo con el valor 0 (equivalente de new
List<int> { 0 })
var enterosEmptyPerso = enterosVacios.DefaultIfEmpty(42);
// aquí tendremos una colección con solo el valor 42
```

Observación

`DefaultIfEmpty` se puede traducir a SQL gracias al concepto de unión con un OUTER JOIN.

– Los operadores de agrupación, que ejecutan una operación de agrupación de información para producir un valor escalar.

  – `Count/LongCount`: recuperación del valor de la cantidad de elementos dentro de una colección contándolos explícitamente. `LongCount` reenvía un valor de tipo `long`, y no `int`. También se puede pasar una lambda a `Count` para contar solo los elementos que le responden:

```
var enteros = new List<int> { 1, 2, 3, 4, 5 };
var count = enteros.Count(); // aquí, tendremos el valor 5
var count = enteros.Count(i => i > 2); // aquí, tendremos el valor 3
porque hay 3 elementos que son superiores al valor 2
```

Observación

El uso del operador `Count` sin lambda permite contar la cantidad de elementos, pero esta manera de proceder es más lenta y costosa que acceder directamente a la propiedad que tiene el tamaño actual. Así, si la colección es una instancia de la clase `List<T>`, por ejemplo, se recomienda usar la propiedad `Count` en lugar del operador LINQ. De la misma manera, si se trata de una tabla, es preferible acceder a la propiedad `Length`.

  – `Min/Max`: recuperación del valor mínimo o máximo dentro de una colección. Para que la comparación sea posible, el tipo debe ser comparable, es decir, implementar la interfaz `IComparable<T>`. También es posible pasar una lambda para obtener un valor calculado o para seleccionar el dato afectado en caso de uso de un tipo complejo:

```
var enteros = new List<int> { 1, 2, 3, 4, 5 };
var max = enteros.Max(); // aquí, tendremos el valor 5
var min = enteros.Min(); // aquí, tendremos el valor 1
var maxModulo2 = enteros.Max(i => i % 2); // aquí, tendremos el valor 1,
porque el max es 5, y modulo 2, el resultado es 1

public class Estudiante
{
    public string Nombre { get; set; }
    public int MediaDe20 { get; set; }
}

var estudiantesMedia = new List<Estudiante>
{
    new Estudiante{ Nombre = "Bob", MediaDe20 = 14},
    new Estudiante{ Nombre = "Jim", MediaDe20 = 15},
    new Estudiante{ Nombre = "Jack", MediaDe20 = 12},
```

```
    new Estudiante{ Nombre = "John", MediaDe20 = 13},
    new Estudiante{ Nombre = "Tim", MediaDe20 = 13},
};

var mediaMax = estudiantesMedia.Max(e => e.MediaDe20);
// aquí, tendremos 15, que es la media más alta
```

– `Sum`: recuperación de la suma de todos los elementos si estos soportan la suma o de un dato de un tipo complejo. El operador es bastante restrictivo y solo soporta tipos numéricos:

```
var enteros = new List<int> { 1, 2, 3, 4, 5 };
var sum = enteros.Sum(); // aquí, tendremos 15

public class Estudiante
{
    public string Nombre { get; set; }
    public int MediaDe20 { get; set; }
}

var estudiantesMedia = new List<Estudiante>
{
    new Estudiante{ Nombre = "Bob", MediaDe20 = 14},
    new Estudiante{ Nombre = "Jim", MediaDe20 = 15},
    new Estudiante{ Nombre = "Jack", MediaDe20 = 12},
    new Estudiante{ Nombre = "John", MediaDe20 = 13},
    new Estudiante{ Nombre = "Tim", MediaDe20 = 13},
};

var mediaMax = estudiantesMedia.Sum(e => e.MediaDe20);
// aquí, tendremos 67, la suma de todas las medias
```

– `Average`: recuperación de la media de todos los elementos o de un dato de un tipo complejo. Por definición, una media es un número real; según el dato seleccionado, el operador devuelve un resultado de tipo `decimal`, `float` o `double` (este último es el más habitual):

```
var enteros = new List<int> { 1, 2, 3, 4, 5 };
var avg = enteros.Average(); // aquí, tendremos 3

public class Estudiante
{
    public string Nom { get; set; }
    public int MediaDe20 { get; set; }
}
```

```
var estudiantesMedia = new List<Estudiante>
{
    new Estudiante{ Nombre = "Bob", MediaDe20 = 14},
    new Estudiante{ Nombre = "Jim", MediaDe20 = 15},
    new Estudiante{ Nombre = "Jack", MediaDe20 = 12},
    new Estudiante{ Nombre = "John", MediaDe20 = 13},
    new Estudiante{ Nombre = "Tim", MediaDe20 = 13},
};

var mediaDeLasMedias = estudiantesMedia.Average(e =>
e.MediaDe20); // aquí, tendremos 13.4
```

Observación

Todos los operadores presentados anteriormente tienen un equivalente en SQL. Desde .NET 7, los operadores matemáticos `Min`, `Max`, `Sum` y `Average` se han beneficiado de un aumento de rendimiento fenomenal, lo que los hace incluso más eficientes que los algoritmos personalizados porque utilizan los últimos avances de hardware. Si bien antes no era así, ahora se recomienda utilizar estos operadores para estas operaciones específicas, con el fin de obtener el mejor rendimiento posible.

- Los operadores de cuantificación, que evalúan un método para obtener un valor booleano basado en el resultado de esta evaluación.
  - `Contains`: define si un elemento particular está contenido dentro de una colección de destino:

```
var enteros = new List<int> { 1, 2, 3, 4, 5 };
var estaAlli = enteros.Contains(3); // true
var noEstaAlli = enteros.Contains(6); // false
```

  - `Any`: define si al menos un elemento que responde a la condición expresada bajo la forma de lambda está contenido dentro de una colección de destino:

```
var enteros = new List<int> { 1, 2, 3, 4, 5 };
var estaAlli = enteros.Any(i => i > 3); // true
var noEstaAlli = enteros.Any(i => i >= 6); // false
```

Observación

`Contains` se traduce a SQL con `WHERE ... IN (...)`. `Any` por su parte también se puede traducir con un `WHERE .. IN (...)` o con `LIKE ...` según el tipo buscado.

- `All`: define si todos los elementos de la colección responden a la condición expresada bajo la forma de lambda:

```
var enteros = new List<int> { 1, 2, 3, 4, 5 };
var todos = enteros.All(i => i >= 1); // true
var noTodos = enteros.All(i => i >= 2); // false
```

- `SequenceEqual`: define si todos los elementos de una colección son idénticos a los de otra colección. El orden de los elementos es primordial dentro de la comparación:

```
var enteros = new List<int> { 1, 2, 3, 4, 5 };
var enterosEq = new List<int> { 1, 2, 3, 4, 5 };
var enterosNotEq = new List<int> { 1, 3, 4, 2, 5 };

var equal = enteros.SequenceEqual(enterosEq); // true
var notEqual = enteros.SequenceEqual(enterosNotEq); // false
```

3.3 Operadores de generación

Usados con menos frecuencia, estos operadores permiten generar un valor o un conjunto de valores a partir de una sencilla llamada de método:

- `Empty`: producción de una colección nueva vacía:

```
var empty = Enumerable.Empty<string>(); // colección vacía string
```

Observación

Un nuevo estudiante de C# podría preguntarse cuál es la diferencia entre una colección vacía (como una nueva `List<string>`) y el operador `Empty`. Este último es más eficiente en memoria porque evita la asignación innecesaria de objetos. Si desea definir un `IEnumerable` vacío, es mejor utilizar el operador `Empty` para ser más eficiente con el consumo de memoria. Tenga cuidado: llamar a un operador de transformación en esta colección vacía (`ToList`, `ToArray`, etc.) provocará una asignación en todos los casos.

- `Range`: producción de una colección nueva que contiene una cantidad de valores definida a partir de un valor inicial:

```
var enteros = Enumerable.Range(1, 5); // Contiene 1, 2, 3, 4 y 5
```

- `Repeat`: producción de una colección nueva que repite un valor fijo una cantidad de veces definida:

```
var soloUnos = Enumerable.Repeat(1, 5); // contiene 1, 1, 1, 1, 1
```

4. Expresión de consulta LINQ

Hasta ahora, hemos hablado de LINQ desde el punto de vista de los métodos de extensión en la interfaz `IEnumerable<T>`. Sin embargo, LINQ ofrece otra sintaxis, llamada expresión de consulta (o *query expression* en inglés). Esta última se acerca a un formalismo que se parece más a lo que existe en SQL, incluso si el orden lógico está invertido.

En efecto, cuando usamos este enfoque, hay que empezar por describir el nombre de la variable con la que queremos trabajar dentro de una colección dada, usando el formalismo `from ... in ...`

Después de esta extracción, se pueden añadir uno o varios operadores:

- `where`.
- `orderby/orderby ... descending`. De forma predeterminada, el operador `order` by funciona de manera ascendente sin que sea necesario especificarlo. Sin embargo, para que sea explícito, es posible añadir la palabra clave `ascending`.
- `thenby/thenby ... descending`. De forma predeterminada, `then` by funciona de manera ascendente sin que sea necesario especificarlo. Sin embargo, para que sea explícito se puede añadir la palabra clave `ascending`.
- `group ... by ...`.
- `join`.

La consulta termina con un `select`.

Por ejemplo:

```
var enteros = new List<int> { 1, 2, 3, 4, 5 };
var clasificacion = from i in enteros where i > 2 orderby
i descending select
i.ToString(); // tendremos una colección de cadenas, que contiene
los enteros superiores a 2, clasificados en orden decreciente
```

Como podemos comprobar, esta manera de escribir una consulta LINQ se acerca al SQL, a excepción de la inversión de la lógica de selección (el operador `select` está el último en LINQ, pero llega el primero en SQL).

Observación

En consultas LINQ simples, no hay ningún impacto en elegir un enfoque sobre el otro. El compilador es responsable de traducir la expresión anterior en llamadas a métodos de extensión. Sin embargo, como podemos ver fácilmente, los operadores existentes en esta sintaxis son mucho menos numerosos que los de los métodos de extensión.

4.1 La palabra clave into

Esta palabra clave (que solo existe en las expresiones de consultas LINQ) permite hacer una agrupación nueva de datos dentro de una variable intermedia nueva.

Esto permite crear una colección nueva a partir de los datos de la variable inicial, que de hecho se convierte en inaccesible. Escribiendo la consulta anterior con la palabra clave `into`, obtenemos:

```
var enteros = new List<int> { 1, 2, 3, 4, 5 };
var clasificacion = from i in enteros where i > 2 select i into
enteroSupADos
orderby enteroSupADos descending select enteroSupADos.ToString();
```

La nueva variable intermedia, `enteroSupADos`, ya ha sido prefiltrada con lo que se ha hecho antes, gracias a la palabra clave `into`. Esto también significa que la variable inicial, `i`, se convierte en inaccesible:

```
var clasificacion = from i in enteros where i > 2 select i into
enteroSupADos
orderby enteroSupADos descending select i.ToString(); // ilegal
usar i aquí, el into la ha hecho "desaparecer"
```

El operador `join` también usa la palabra clave `into`, que de hecho se convierte en un `GroupJoin`:

```
var curso = new List<Curso>
{
    new Curso { Id = 1, Nombre = "Las bases de C#"},
    new Curso { Id = 2, Nombre = "ASP.NET Core"},
    new Curso { Id = 3, Nombre = "EF Core"},
};
var estudiantes = new List<Estudiante>
{
    new Estudiante { Nombre = "Juan Puente", CursoId = 1 },
    new Estudiante { Nombre = "Jaime Duende", CursoId = 1 },
    new Estudiante { Nombre = "Steve Johnson", CursoId = 2 },
    new Estudiante { Nombre = "Scott Hanselman", CursoId = 2 },
    new Estudiante { Nombre = "Gerard Gers", CursoId = 3 }
};
var estudiantesPorCurso2 = from c in curso
                  join e in estudiantes on c.Id equals e.CursoId
                  into estudiantesCurso
                  select new { Curso = c, Estudiantes =
estudiantesCurso };
foreach (var item in estudiantesPorCurso2)
{
    Console.WriteLine("Curso " + item.Curso);
    foreach (var estudiante in item.Estudiantes)
    {
        System.Console.WriteLine("\t " + estudiante.Nombre);
    }
}
```

También es útil para el operador `group ... by` para obtener una colección nueva:

```
var estudiantesMedia = new List<Estudiante>
           {
               new Estudiante{ Nombre = "Bob", MediaDe20 = 14},
               new Estudiante{ Nombre = "Jim", MediaDe20 = 14},
               new Estudiante{ Nombre = "Jack", MediaDe20 = 12},
               new Estudiante{ Nombre = "John", MediaDe20 = 13},
               new Estudiante{ Nombre = "Tim", MediaDe20 = 13},
           };
var estudianteGruposPorMedia = from e in etudiantesMedia group
e.Nombre by e.MediaDe20 into nombresPorMedia orderby
nombresPorMedia.Key select nombresPorMedia;
```

La variable `nombresPorMedia` representa el mismo tipo de objeto que el que podemos obtener usando el método de extensión LINQ `GroupBy`, a saber: un `IGrouping<int, IEnumerable<string>>`, que pone en correlación la media (la clave, un `int`) y la lista de los nombres de los estudiantes que tienen esta media.

4.2 La palabra clave let

La sintaxis de expresión de consulta permite usar la palabra clave `let`, que da la posibilidad de asignar una variable nueva durante la creación de la consulta. La primera variable que se ha creado es la declarada durante el `from`, pero la palabra clave `let` permite definir una variable adicional para las necesidades de la consulta. Una vez creada la variable, podemos usarla dentro del conjunto de la consulta para perfeccionar el resultado:

```
var listaEnteros = new List<int> { 1, 2, 3, 4, 5, 6, 7, 8, 9 };
var enterosPares = from e in listaEnteros
                   let pares = e % 2
                   where pares == 0
                   select e;
```

La ventaja de este enfoque es que se puede definir una expresión o una prueba bajo la forma de variable reutilizable durante toda la consulta sin tener que duplicarla. La cantidad de declaraciones `let` no está limitada y se puede usar a cualquier nivel de la consulta después de su declaración.

Observación

Tenga cuidado con el uso de la palabra clave `let`. Aunque práctico, introduce una cierta complejidad de transformación para el compilador, lo que da lugar a un mayor consumo de memoria, así como a instrucciones más complejas. El uso excesivo podría resultar en un rendimiento de evaluación reducido.

5. Ejercicio

Es el momento de poner en práctica lo que hemos visto en este capítulo sobre LINQ.

5.1 Enunciado

Este ejercicio consiste en generar (usando operadores LINQ) una lista de enteros, de 1 a 100, y devolver solo la lista de los números divisibles entre 7. Para que el ejercicio no sea demasiado sencillo, se pide escribir las consultas LINQ bajo las dos formas que se han estudiado: mediante métodos de extensión y con la expresión de consulta.

Los números esperados como resultado son 7, 14, 21, 28, 35, 42, 49, 56, 63, 70, 77, 84, 91 y 98.

Una vez obtenido este resultado, será necesario dividirlo en dos grupos: los números pares y los números impares. Cada uno de los grupos obtenidos se identifica por su nombre (par o impar) y contiene los números correspondientes.

Aquí se puede ver un ejemplo de visualización de lo que se espera:

```
PS I:\ENI\eni-begin-csharp\Cap5> dotnet run
        7       14      21      28      35      42      49      56      63      70      77      84      91      98
        7       14      21      28      35      42      49      56      63      70      77      84      91      98
Impar
        7
        21
        35
        49
        63
        77
        91

Par
        14
        28
        42
        56
        70
        84
        98
```

Resultados de ejecución esperados para el ejercicio

Observación

La doble presencia de los números en la parte superior se explica por el hecho de que las dos consultas LINQ han sido iteradas (la que contiene los métodos de extensión y la que contiene la expresión de consulta LINQ). Para obtener un desfase uniforme entre los números, se puede usar la tabulación, insertando el carácter `\t` dentro de la cadena.

5.2 Solución

El código para llegar a este resultado es el siguiente:

```
var enteros = Enumerable.Range(1, 100);
var divisibleEntreSiete = enteros.Where(e => e % 7 == 0);
var divisibleEntreSieteInline = from e in enteros where e % 7 == 0
select e;

foreach (var item in divisibleEntreSiete)
{
    Console.Write("\t" + item);
}
Console.WriteLine();
foreach (var item in divisibleEntreSieteInline)
{
    Console.Write("\t" + item);
}
```

```
Console.WriteLine();

var grupos = divisibleEntreSiete.GroupBy(e => e % 2).Select(g => new
{ Nombre = g.Key == 0 ? "Par" : "Impar", Numeros = g.ToList() });

foreach (var item in grupos)
{
    Console.WriteLine(item.Nombre);
    foreach (var value in item.Numeros)
    {
        Console.WriteLine("\t" + value);
    }
    Console.WriteLine();
}
```

Capítulo 6
Serialización

1. Serialización en C#

Hoy en día, el lenguaje C# es uno de los más usados para desarrollar aplicaciones de servidor. Uno de los problemas más frecuentes durante la comunicación en programación web es conseguir transferir objetos hacia y desde una aplicación. Para eso, el objeto se debe transformar en un formato universal. Esta transformación se llama serialización. Este proceso permite recuperar el objeto representado bajo un formato intercambiable; con frecuencia este formato tiene una forma textual.

Para que los datos puedan transitar, hay que usar un flujo de datos (llamado *stream* en inglés, de ahí el nombre de la clase base en C#: `Stream`). Estos flujos pueden tomar varias formas, como por ejemplo un flujo de datos en memoria (representado por la clase `MemoryStream` en C#) o incluso un flujo de datos hacia un archivo en el disco (representado por la clase `FileStream` en C#).

Hay varias maneras de serializar un objeto, y entre ellas encontramos las siguientes:

- La serialización XML, que transforma el objeto en cadena de caracteres al formato XML.
- La serialización JSON, que transforma el objeto en cadena de caracteres al formato JSON.

En este capítulo vamos a abordar esos dos modos de serialización para transformar un objeto a un formato dado, pero también para poder recuperar un objeto desde una fuente de datos en el formato retenido.

Observación

Antes de .NET 8, había un modo de serialización binaria incluido directamente en el framework. Debido a las vulnerabilidades de seguridad en este enfoque, Microsoft ha decidido eliminar la compatibilidad con la serialización binaria. Aunque los objetos todavía existen en .NET 8, su uso provoca un error de compilación. No cubriremos este enfoque en este libro porque ya no se recomienda. Si el lector necesita serializar en binario para comunicarse a través de la Web, puede recurrir a gRPC, que no se trata en este libro.

2. Serialización XML

La serialización en XML (rXentensible Markup Language) se basa en un formato reconocido como un estándar en el sector. Usado durante mucho tiempo, el XML es un lenguaje de señalización bastante prolífico, pero de hecho también bastante potente y ampliable. En la actualidad todavía se usa, especialmente en el enfoque de archivos de configuración o incluso de mensajes de intercambios para los servicios que usan el protocolo SOAP.

.NET ofrece dos maneras de gestionar la serialización, que vamos a tratar en esta sección. Vamos a empezar por el enfoque de bajo nivel, más eficiente, pero también con más limitaciones.

2.1 XmlSerializer

La clase `XmlSerializer`, que se encuentra en el espacio de nombres `System.Xml.Serialization`, permite realizar la deserialización de objetos en XML. El funcionamiento de la clase necesita proporcionar un objeto y un stream. De igual forma, es necesario especificar el tipo que se ha de gestionar durante la creación de la instancia de la clase `XmlSerializer`, usando la palabra clave `typeof`:

```
var p = new PersonaXml { Nombre = " Christophe", Apellido = "Mommer" };

var serializer = new XmlSerializer(typeof(PersonaXml));

using (var stream = new FileStream("person.xml", FileMode.Create))
{
    serializer.Serialize(stream, p);
}
using (var stream = new FileStream("person.xml", FileMode.Open))
{
    var p2 = (PersonaXml)serializer.Deserialize(stream);
    System.Console.WriteLine("Hola " + p2.Nombre + " " + p2.Apellido);
}
```

Observación

La declaración `using` utilizada en el bloque de código anterior difiere de la declaración `using` utilizada al principio de un archivo para importar un espacio de nombres. Para obtener más detalles sobre las declaraciones `using` en el código como se indicó anteriormente, el lector puede consultar el capítulo Conceptos avanzados, sección IDisposable e IAsyncDisposable para una mejor comprensión.

La serialización con este enfoque se basa en el uso de atributos que permiten decir lo que queremos serializar o no, y cómo debe hacerse la serialización.

Como recordatorio, el formato XML se basa en elementos que pueden tener un contenido, pero también atributos. Se puede personalizar la salida con los atributos `[XmlElement]` y `[XmlAttribute]`. Estos últimos pueden tomar como parámetro el nombre que queremos usar para el elemento o el atributo:

```
[Serializable]
public class PersonaXml
{
    [XmlElement("Name")]
    public string Nombre { get; set; }
    public string Apellido { get; set; }
    [XmlAttribute]
    public int Edad { get; set; }
}
```

La clase modificada aquí arriba da el siguiente XML en la serialización:

```
<?xml version="1.0"?>
<PersonaXml xmlns:xsi="http://www.w3.org/2001/XMLSchema-instance"
xmlns:xsd="http://www.w3.org/2001/XMLSchema" Edad="33">
  <Name>Christophe</Name>
  <Apellido>Mommer</Apellido>
</PersonaXml>
```

Podemos observar que la edad se ha colocado como atributo en el elemento principal, y el nombre se ha puesto dentro de un elemento llamado "`Name`".

El orden de salida de los elementos también es controlable especificando el valor `Order` en el atributo `XmlElement`:

```
[Serializable]
public class PersonaXml
{
    [XmlElement("Name")]
    public string Nombre { get; set; }
    [XmlElement(Order = 1)]
    public string Apellido { get; set; }
    [XmlAttribute]
    public int Edad { get; set; }
}
```

Observación

Si no se usa el atributo, todas las propiedades se almacenan por defecto en elementos XML y el orden usado es el de la declaración. Los subobjetos también se serializan como subelementos XML.

Aunque el enfoque de serialización mediante atributos con el `XmlSerializer` es bastante fácil y flexible, tiene limitaciones que, sin embargo, se pueden eludir gracias a la implementación de la interfaz `IXmlSerializable`.

Esta interfaz necesita la implementación de tres métodos:

- `ReadXml`, que toma como parámetro un `XmlReader`, que permite definir de qué manera debe hacerse la lectura.
- `WriteXml`, que toma como parámetro un `XmlWriter`, que permite definir de qué manera debe hacerse la escritura.
- `GetSchema`, que necesita devolver una instancia de la clase `XmlSchema`.

Para que la implementación sea funcional, sobre todo es necesario escribir el código de los métodos `ReadXml` y `WriteXml`. El método `GetSchema` puede devolver `null` en el caso de una implementación completamente manual.

El método de lectura debe tener en cuenta el concepto de elemento, enmarcando las funciones de lectura con los métodos `ReadStartElement` y `ReadEndElement`:

```
using System.Xml;
using System.Xml.Schema;
using System.Xml.Serialization;

public class PersonaXmlSerializable : IXmlSerializable
{
    public string Nombre { get; set; }
    public string Apellido { get; set; }
    public int Edad { get; set; }

    public XmlSchema GetSchema() { return null; }

    public void ReadXml(XmlReader reader)
    {
        Edad = int.Parse(reader.GetAttribute("Edad"));
        reader.ReadStartElement();
```

```
        Nombre = reader.ReadElementContentAsString("Name", "");
        Apellido = reader.ReadElementContentAsString("Apellido", "");
        reader.ReadEndElement();
    }
    public void WriteXml(XmlWriter writer)
    {
        writer.WriteAttributeString("Edad", Edad.ToString());
        writer.WriteElementString("Name", Nombre);
        writer.WriteElementString("Apellido", Apellido);
    }
}
```

Una vez realizada la definición, es posible utilizar la clase `XmlSerializer` para gestionar la serialización, así como la deserialización del objeto, con el siguiente código:

```
var persona = new PersonaXmlSerializable{
    Edad = 35,
    Apellido = "MOMMER",
    Nombre = "Christophe"
};

var serializer = new XmlSerializer
(typeof(PersonaXmlSerializable));

//Serialización
using (var writer = new StreamWriter("persona.xml"))
{
    serializer.Serialize(writer, persona);
}

//Deserialización
using (var reader = new StreamReader("persona.xml"))
{
    var personaDeserializada = (PersonaXmlSerializable)
serializer.Deserializada(reader);
    Console.WriteLine($"Apellido: {personaDeserializada.Apellido}");
    Console.WriteLine($"Nombre: {personaDeserializada.Nombre}");
    Console.WriteLine($"Edad: {personaDeserializada.Edad}");
}
```

Es importante recalcar que el orden de llamada de las funciones es importante. En el caso de la lectura, hay que tener en cuenta que el archivo XML se lee como un flujo, desde el inicio hasta el final. Para eso, las llamadas de los métodos mueven el cursor de lectura dentro del flujo en la etapa siguiente. Por eso es necesario leer el atributo `Edad` antes de leer el elemento de partida, porque esta acción de lectura coloca el cursor en el interior del elemento; el atributo se vuelve, de hecho, inaccesible.

A la escritura se le aplica la misma lógica. Hay que considerar esto como la escritura de un flujo en un elemento y, por lo tanto, se debe empezar por escribir los atributos antes de escribir el contenido. Las clases `XmlWriter` y `XmlReader` también se pueden usar fuera de una clase implementando `IXmlSerializable` para tratar archivos XML como lectura y como escritura.

El planteamiento de la lectura/escritura con ayuda de un flujo es la manera más eficiente de realizar estas operaciones. Sin embargo, el framework .NET ofrece otra clase para tratar los archivos XML, mucho más cómoda, pero que necesita la carga del contenido del archivo en memoria.

2.2 XDocument, XElement y XAttribute

El uso de la clase `XDocument` permite cargar el contenido XML en memoria bajo una forma jerárquica. Esta clase se encuentra dentro del espacio de nombres `System.Xml.Linq`.

`XDocument` es la clase básica que permite cargar todos los elementos en memoria y empezar a trabajar con ellos. Se pueden usar dos métodos para cargar XML con la clase `XDocument`:

- El método `Parse`, que permite tener una instancia de `XDocument` a partir de una cadena de caracteres XML.
- El método `Load`, que permite tener una instancia de `XDocument` a partir de un flujo cualquiera (archivo, stream, etc.). Tenga en cuenta que el parámetro tomado por el método `Load`, incluso si es del tipo cadena de caracteres, debe corresponder a una ruta a un archivo, y no a una cadena XML almacenada en la memoria.

Por ejemplo, se puede crear una instancia `XDocument` con el siguiente código:

```
var xml = @"<?xml version='1.0'?>
    <PersonaXmlSerializable Edad='33'>
        <Name>Christophe</Name>
        <Apellido>Mommer</Apellido>
    </PersonaXmlSerializable>";
var doc = XDocument.Parse(xml);
```

Observación

El símbolo `@` delante de una cadena de caracteres en C# permite crear una cadena multilínea sin tener necesidad de usar las concatenaciones.

Como consecuencia del código anterior, la variable `doc` contiene una instancia de la clase `XDocument` con todos los datos del XML. Cada parte del XML se carga en una clase dedicada:

- `XDocument`, que contiene la jerarquía completa y todos los datos.
- `XElement`, que contiene la información de un elemento XML (aquí, tenemos un `XElement PersonaXmlSerializable`, que contiene dos `XElement`: `Name` y `Apellido`).
- `XAttribute`, que contiene la información de un atributo de un elemento XML (aquí, el `XAttribute edad` está vinculado a `XElement PersonaXmlSerializable`).

Cuando queremos navegar dentro de una instancia de `XDocument`, disponemos de varios métodos y propiedades. No hay que olvidar que el documento está completamente cargado en memoria y que no hay concepto de cursor; entonces claro que es posible navegar libremente y buscar lo que queremos.

En este caso, se puede acceder al nodo principal, que es el elemento raíz, gracias a la propiedad `Root` en una instancia de `XDocument`:

```
var root = doc.Root;
```

La variable `root` del bloque de código anterior, de tipo `XElement`, contiene la representación del núcleo raíz del XML anterior, es decir, el núcleo `PersonaXmlSerializable`.

La clase `XElement` expone varias propiedades y métodos que permiten obtener información y navegar:

- La propiedad `Name` retoma el nombre del elemento XML representado, aquí `PersonaXmlSerializable`.
- La propiedad `Value` permite acceder al valor contenido en el elemento. Si este último contiene directamente un valor, tenemos acceso a su contenido. En cambio, si contiene otros elementos, el valor de cada subelemento está concatenado. Así, en el elemento `root`, el valor almacenado en la propiedad es `ChristopheMommer`, porque se trata de la concatenación (sin espacios) de los valores de cada uno de los hijos.
- Las propiedades booleanas `HasAttributes`, `HasElements` e `IsEmpty` permiten saber, respectivamente, si el elemento contiene atributos, otros elementos o si se trata de un elemento autocerrado vacío.
- Para acceder a un subelemento específico, podemos utilizar el método `Element()` con el nombre del elemento que queremos obtener, que devuelve el `XElement` interesado, o `null` si no se ha encontrado este último. Por ejemplo:

```
var elementNombre = root.Element("Name");
var elementNoEncontrado = root.Element("Edad");
// aquí, tendremos null
```

- Para acceder a un atributo de un elemento, podemos utilizar el método `Attribute()` con el nombre del atributo que queremos obtener, que devuelve la instancia `XAttribute` interesada, o `null` si no se ha encontrado ningún atributo con este nombre. Por ejemplo:

```
var atrEdad = root.Attribute("Edad");
var atrNoEncontrado = root.Attribute("FechaDeNacimiento");
// aquí tendremos null
```

- Los dos métodos antes citados también tienen una versión en plural, que permite recuperar todos los `XElement` o `XAttribute` de un `XElement` para poder iterar en ellos.

  Obtenemos, respectivamente, un `IEnumerable<XElement>` y un `IEnumerable<XAttribute>` con el siguiente código:

```
var rootElements = root.Elements();
var rootAttributes = root.Attributes();
```

Todos los métodos que hemos visto aquí arriba son métodos de lectura. Las clases XDocument y XElement también soportan la escritura sin necesidad de usar otra API.

Para crear un XElement nuevo, usamos el constructor que permite especificar en primer lugar el nombre del elemento, seguido de los datos para añadir (elementos al igual que atributos). Por ejemplo, si queremos crear un núcleo XML que contiene la dirección bajo la forma de cadena y que propone dos atributos, el código postal y el país, podemos usar el siguiente código:

```
var elementoDireccion =
    new XElement("Address",
        new XAttribute("CodigoPostal", "45600"),
        new XAttribute("País", "España"),
        "Plaza del Reloj, Talavera de la Reina");
```

La clase XElement dispone del método Add, que permite añadir un dato XML a un elemento. Si queremos añadir al núcleo raíz el núcleo de dirección previamente creado, solo hay que llamar al método pasando el objeto para añadir:

```
root.Add(elementoDireccion);
```

Después de esta llamada, se ha modificado el archivo XML. Se puede obtener el flujo XML bajo forma de cadena de caracteres llamando al método ToString() en la instancia XDocument, que devuelve una cadena de caracteres formateada y sangrada (formateado que es posible desactivar pasando un parámetro al método):

```
var xmlFormato = doc.ToString();
var xmlBruto = doc.ToString(SaveOptions.DisableFormatting);
```

La navegación con los métodos Element y Elements solo afecta a los hijos directos del núcleo en tratamiento. Si queremos acceder a un nieto (o más), hay que encadenar las llamadas con ayuda de los métodos expuestos por el método Element, lo que también presupone conocer bien la estructura del archivo.

XElement propone un enfoque que permite navegar en la totalidad de los núcleos descendientes, sin importar su nivel jerárquico, con el método Descendants, que devuelve un IEnumerable<XElement>. También se puede especificar un nombre de elemento para efectuar un primer filtro con el nombre de los elementos para recuperar:

```
var xml = @"<?xml version='1.0'?>
    <Persona Edad='33'>
      <Name>Christophe</Name>
      <Apellido>Mommer</Apellido>
      <Direccion>
        <Calle>Plaza del Reloj</Calle>
        <Ciudad>Talavera de la Reina</Ciudad>
      </Direccion>
    </Persona>";
var doc = XDocument.Parse(xml);
var ciudad = doc.Descendants("Ciudad").FirstOrDefault();
```

Como podemos ver en el bloque de arriba, la ventaja de la API XDocument es que trabajamos con IEnumerable<XElement>, lo que permite usar los métodos LINQ vistos en el capítulo LINQ para diseñar y analizar un archivo XML con facilidad.

3. Serialización JSON

En la actualidad, el formato de datos JSON es el más usado para intercambiar información debido a su simplicidad, pero también a su ligereza sintáctica respecto al XML. Por ello, el framework .NET permite tratar el formato JSON de manera nativa.

Desde la versión 3 del framework .NET, los ingenieros de Microsoft han añadido directamente en el framework una manera nueva de tratar los flujos JSON, más eficiente que el planteamiento anterior, y todo esto para dejar de depender del paquete comunitario más ampliamente usado hasta entonces: NewtonSoft.Json.

A semejanza de la API proporcionada para el tratamiento XML, hay tres enfoques para tratar el JSON:

- De manera procesal, leyendo el flujo de extremo a extremo con ayuda de un cursor gracias a las clases `Utf8JsonReader` y `Utf8JsonWriter`.
- Con un enfoque orientado al documento, a semejanza de `XDocument`, gracias a la clase `JsonDocument`.
- De manera extremadamente simplificada usando la clase estática `JsonSerializer`.

3.1 Utf8JsonReader y Utf8JsonWriter

El formato JSON es relativamente sencillo porque el tipo de datos encontrado durante la lectura de un flujo JSON forzosamente está contenido en la lista siguiente:

- Inicio o final del objeto.
- Inicio o final de la tabla.
- Nombre de propiedad.
- Valor (cadena de caracteres, numérica o booleana).

Por ello, el enfoque sostenido en la clase `Utf8JsonReader` se centra en la lectura de elementos uno por uno, y es función del desarrollador definir lo que quiere realizar.

Consideramos el siguiente flujo JSON:

```
var json = """
{
  "Nombre" : "Christophe",
  "Apellido" : "Mommer",
  "Edad" : 35,
  "Dirección" : {
    "Calle": "Plaza del Reloj",
    "Ciudad" : "Talavera de la Reina"
  }
}
""";
```

Podemos usar la clase `Utf8JsonReader` para leer el flujo de manera procesal. Para poder usar esta clase, hay que construirla con una tabla de bytes que contiene el flujo JSON que se va a tratar. La clase `Encoding`, en el espacio de nombres `System.Text`, ofrece los distintos tipos de codificación disponibles para poder convertir cadenas a y desde tablas de bytes. Así, podemos inicializar nuestra instancia de la clase `Utf8JsonReader` de esta manera:

```
var bytes = System.Text.Encoding.UTF8.GetBytes(json);
var reader = new Utf8JsonReader(bytes);
```

Una vez creada la instancia, podemos usarla para leer el flujo. El método `Read` permite colocar el cursor en un elemento para analizarlo. Por eso, `Read` permite avanzar en el archivo de elemento en elemento. Si queremos recuperar el nombre y el apellido de una persona, podemos escribir el siguiente bucle:

```
string nombre = "";
string apellido = "";
while (reader.Read() && (string.IsNullOrEmpty(nombre) ||
string.IsNullOrEmpty(apellido)))
{
    if (reader.TokenType == JsonTokenType.PropertyName &&
reader.GetString() == "Nombre")
    {
        reader.Read();
        nombre = reader.GetString();
    }
    else if (reader.TokenType == JsonTokenType.PropertyName &&
reader.GetString() == "Apellido")
    {
        reader.Read();
        apellido = reader.GetString();
    }
}
System.Console.WriteLine("Hola " + nombre + " " + apellido);
```

La clase `Utf8JsonWriter` permite escribir JSON de manera procesal en un stream. Así, si queremos crear, con ayuda de esta clase, el mismo contenido JSON que el del ejemplo anterior y escribirlo en un archivo, usamos el siguiente código:

```
// producir json con formato que gestiona los acentos
// y caracteres especiales
var opcs = new JsonWriterOptions
{
    Indented = true,
    Encoder = JavaScriptEncoder.Create(UnicodeRanges.All)
};
using (var stream = new FileStream("person.json", FileMode.Create))
{
    using (var writer = new Utf8JsonWriter(stream, opcs))
    {
        writer.WriteStartObject(); // {
        writer.WriteString("Nombre", "Christophe");
// "Nombre" : "Christophe",
        writer.WriteString("Apellido", "Mommer"); // ""Apellido" :
"Mommer",
        writer.WriteNumber("Edad", 33); // "Edad" : 33,
        writer.WriteStartObject("Dirección"); // "Dirección" : {
        writer.WriteString("Calle", "Plaza del Reloj");
// "Calle" : "Plaza del Reloj",
        writer.WriteString("Ciudad", "Talavera de la Reina");
// "Ciudad" : "Talavera de la Reina"
        writer.WriteEndObject(); // fin del objeto dirección
        writer.WriteEndObject(); // fin del objeto principal
    }
}
```

Observación

Podemos confirmar la necesidad de definir las opciones del serializador de salida porque este último, de manera predeterminada, produce JSON bruto (sin formato y sin sangrar) y solo considera los caracteres presentes en el idioma inglés. Usando las opciones definidas, creamos JSON con formato y sangrado teniendo en cuenta todos los caracteres especiales.

3.2 JsonDocument

A semejanza de la API proporcionada para el XML con `XDocument`, JSON también tiene una clase que permite leer un flujo JSON de manera más fácil, la clase `JsonDocument` (definida en el espacio de nombres `System.Text.Json`).

Inicializamos una variable de tipo `JsonDocument` con el método `Parse`, que toma como parámetro el flujo JSON bajo la forma de cadena de caracteres o bajo la forma de stream:

```
var json = """
  {
    "Nombre" : "Christoph",
    ""Apellido" : "Mommer",
    "Edad" : 35,
    "Direcció" : {
        "Calle": "Plaza del Reloj",
        "Ciudad" : "Talavera de la Reina"
    }
  }
    """;
using(var doc = JsonDocument.Parse(json))
{
    ...
}
```

Una instancia de `JsonDocument` contiene `JsonElement` a partir de los que se pueden leer los datos. La propiedad `RootElement` proporciona el elemento de base a partir del que se puede trabajar:

```
string nombre = doc.RootElement.GetProperty("Nombre").GetString();
string apellido = doc.RootElement.GetProperty("Apellido").GetString();
int age = doc.RootElement.GetProperty("Edad").GetInt32();
string calle =
doc.RootElement.GetProperty("Dirección").GetProperty("Calle").GetString()
string ciudad =
doc.RootElement.GetProperty("Dirección").GetProperty("Ciudad").GetString();

System.Console.WriteLine("Hola " + nombre + " " + apellido);
```

Observación

El formato estándar JSON autoriza a empezar un flujo mediante una declaración de un objeto o mediante una tabla. En el caso de una tabla, un descripto de acceso mediante índice permite acceder a un elemento dado, siempre usando un índice que empieza en 0.

3.3 JsonSerializer

Probablemente se trata de la API más sencilla para trabajar el JSON; la clase `JsonSerializer` permite (de)serializar objetos hacia y desde un flujo JSON.

A diferencia del enfoque binario o XML, no es necesario tener atributos cualesquiera en el modelo para permitir la serialización. Por supuesto, hay algunos atributos que permiten controlar la serialización, pero de ningún modo son obligatorios. El planteamiento de base de la clase `JsonSerializer` es serializar todas las propiedades con un `get` y un `set` accesibles públicamente.

```
public class PersonaJson
{
    public string Nombre { get; set; }
    public string Apellido { get; set; }
    public int Edad { get; set; }
}

var persona = new PersonaJson
{
    Nombre = "Christophe",
    Apellido = " Mommer",
    Edad = 33
};
var json = JsonSerializer.Serialize(persona);
```

Se pueden especificar opciones en el método `Serialize`, como el hecho de querer recuperar JSON sangrado y con formato:

```
var json = JsonSerializer.Serialize(persona, new
JsonSerializerOptions { WriteIndented = true });
```

El planteamiento es totalmente automático para el objeto y su jerarquía. Esta manera de proceder también tiene un rendimiento elevado en tiempo de ejecución y en consumo de memoria.

Además, el método de deserialización es sencillo; solo hay que indicar entre comillas, antes de la llamada, el tipo de destino que queremos recuperar:

```
var personaDeserializa = JsonSerializer.Deserialize<PersonaJson>(json);
```

Se pueden usar ciertos atributos para controlar la serialización. Estos atributos se encuentran en el espacio de nombres `System.Text.Json.Serialization`. Allí encontramos principalmente los siguientes elementos:

- `JsonIgnore` para indicar que no queremos tratar la propiedad marcada con ese atributo.
- `JSonInclude` para indicar que queremos incluir un elemento que, por defecto, estaría excluido (como un campo público, por ejemplo).
- `JsonPropertyName` para no usar el nombre de la propiedad predeterminada, sino darle otro nombre a la propiedad en el JSON.
- `JsonPropertyOrder` permite establecer el orden en el flujo de salida. En ausencia de este atributo, se utilizará el orden de definición de las propiedades públicas dentro de la clase.

Así, podríamos modificar el modelo de la siguiente manera, para no serializar la propiedad `Edad` y tener el dato `Nombre` en una propiedad JSON llamada `Name` que está al final del flujo (los otros elementos que se definen en el orden 0 se procesarán antes) e incluir el campo `direccion`:

```
public class PersonaJson
{
    [JsonInclude]
    public string direccion = "1 Plaza del Reloj";

    public string Nombre { get; set; }

    [JsonPropertyName("Name")]
    [JsonPropertyOrder(1)]
    public string Apellido { get; set; }

    [JsonIgnore]
    public int Edad { get; set; }
}
```

Otro atributo muy útil permite gestionar el desfase entre las versiones de los objetos y los datos serializados. Por ejemplo, consideramos que la clase `PersonaJson` tiene una versión 2 que incluye la fecha de nacimiento:

```
public class PersonaJson_2
{
    public string Nombre { get; set; }
    [JsonPropertyName("Name")]
    public string Apellido { get; set; }
    [JsonIgnore]
    public int Edad { get; set; }
    public DateTime FechaNacimiento { get; set; }
}
```

¿Qué pasaría si intentáramos deserializar un flujo JSON producido por la clase `PersonaJson_2` en una instancia `PersonaJson`? Nada, salvo que el dato `FechaNacimiento` no sería retomado (porque no hay propiedad que pueda albergar el dato dentro de la clase `PersonaJson`). Además, esto significa que, si producimos una versión nueva del archivo JSON serializando el objeto `PersonaJson`, el dato no estará presente (dado que no hay propiedad) y entonces la información se perdería.

Existe un atributo dedicado a esta problemática, que permite alojar la información que no tiene propiedad dedicada dentro del objeto de destino: `JsonExtensionData`. Este atributo se debe encontrar encima de una propiedad de tipo `Dictionary<string, JsonElement>` para poder almacenar la información.

Así, con el siguiente flujo JSON y la clase `PersonaJson` modificada de esta manera, cuando procedamos a la deserialización, la propiedad contiene una entrada:

```
public class PersonaJson
{
    public string Nombre { get; set; }
    [JsonPropertyName("Name")]
    public string Apellido { get; set; }
    [JsonIgnore]
    public int Edad { get; set; }
    [JsonExtensionData]
    public Dictionary<string, JsonElement> ExtData { get; set; }
        = new();
```

```
}
var persona = new PersonaJson_2
{
    Nombre = "Christophe",
    Apellido = "Mommer",
    Edad = 33,
    FechaNacimiento = new DateTime(1988, 12, 18)
};
var json = JsonSerializer.Serialize(persona);

var person_v1 = JsonSerializer.Deserialize<PersonaJson>(json);
```

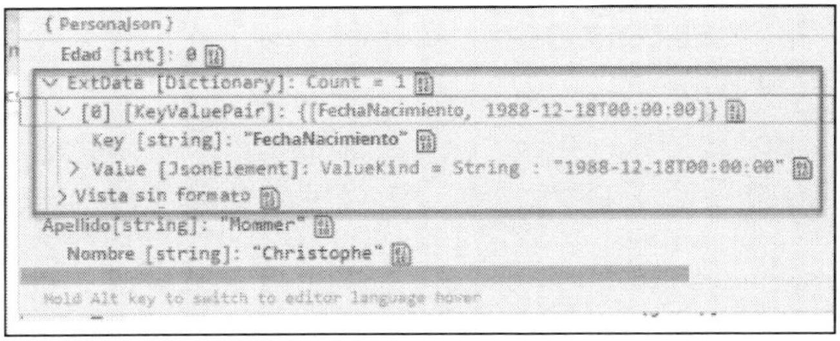

```
{ PersonaJson }
  Edad [int]: 0
  ExtData [Dictionary]: Count = 1
    [0] [KeyValuePair]: {[FechaNacimiento, 1988-12-18T00:00:00]}
      Key [string]: "FechaNacimiento"
      > Value [JsonElement]: ValueKind = String : "1988-12-18T00:00:00"
    > Vista sin formato
  Apellido[string]: "Mommer"
  Nombre [string]: "Christophe"
Hold Alt key to switch to editor language hover
```

Almacenamiento de los datos adicionales

Desde .NET 8, es posible especificar sobre la clase el atributo `JsonUnmappedMemberHandling` para definir la estrategia que hay que adoptar en el caso de que haya elementos presentes en el flujo JSON que no tengan equivalente en la clase C#. El valor predeterminado es `Skip`, por lo que, si decidimos adoptar un enfoque más estricto, podemos establecer el valor en `Disallow`:

```
[JsonUnmappedMemberHandling(JsonUnmappedMemberHandling.Disallow)]
public class PersonaJson
{
    public string Nombre { get; set; }
    [JsonPropertyName("Name")]
    public string Apellido { get; set; }
    [JsonIgnore]
    public int Edad { get; set; }
}
```

Al repetir el código del ejemplo anterior con la adición del atributo `JsonUnmappedMemberHandling`, la ejecución provocará una excepción en tiempo de ejecución:

```
12   var person_v1 = JsonSerializer.Deserialize< PersonaJson >(json);

Exception has occurred: CLR/System.Text.Json.JsonException ×
An unhandled exception of type 'System.Text.Json.JsonException' occurred in
System.Text.Json.dll: 'The JSON property 'FechaNacimiento' could not be mapped to any
.NET member contained in type 'PersonaJson'.'
   at System.Text.Json.ThrowHelper.ThrowJsonException_UnmappedJsonProperty(Type type,
String unmappedPropertyName)
```

Excepción en tiempo de ejecución con el uso del atributo `JsonUnmappedMemberHandling`

Para cerrar la sección sobre la clase `JsonSerializer`, hemos visto que podemos pasar una instancia de la clase `JsonSerializerOptions` que también permite controlar la manera debida para el desarrollo de las operaciones. Hay algunas propiedades interesantes para descubrir dentro de la clase `JsonSerializerOptions`:

- `WriteIndented`: permite definir si se debe sangrar y dar formato a la salida o no. Su valor predeterminado es `false` porque un flujo sin sangrar y sin formato es más ligero y aumenta el rendimiento.
- `AllowTrailingCommas`: permite definir si el motor debe ser estricto respecto a las comas adicionales inútiles (como una coma en la última línea que contiene la última propiedad) y tratarlas como errores o simples advertencias.
- `PropertyNameCaseInsensitive`: permite definir si el nombre de las propiedades durante la deserialización debe tener en cuenta o no el hecho de que las letras sean mayúsculas o minúsculas. Esta propiedad tiene el valor `false` de manera predeterminada porque la comparación que tiene en cuenta las mayúsculas y las minúsculas presenta un rendimiento mayor. Sin embargo, al integrarse con otros sistemas, potencialmente programados en otros lenguajes, como JavaScript, se recomienda poner este valor a `True` para evitar los problemas de mayúsculas y minúsculas.
- `Encoder`: permite definir el codificador que se va a utilizar. Hemos visto un ejemplo que permite gestionar los caracteres especiales/acentuados.

- `DefaultIgnoreCondition`: permite establecer la estrategia cuando el serializador debe ignorar las propiedades que contienen un valor `null` (como una clase) o predeterminado (como 0 para un número entero). Se trata de una enumeración. Por ejemplo, el valor `WhenWritingNull` permite especificar que, cuando el valor `null` se almacena en una propiedad, la propiedad no debe serializarse. El valor predeterminado para esta enumeración es `Never`, es decir, serializar siempre los valores `null` y predeterminados. Las opciones posibles son `Never` (no ignorar ninguna propiedad), `Always` (ignorar todas las propiedades), `WhenWritingNull` (solo si la propiedad contiene `null` y, por lo tanto, es un tipo de referencia), `WhenWritingDefault` (solo si la propiedad es igual a su valor predeterminado y, por lo tanto, es un tipo de valor).
- `IgnoreReadOnlyProperties`: permite definir si hay que ignorar los valores que solo son accesibles en el modo de lectura. De manera predeterminada, estos últimos solo se leen para ser serializados, pero no podrán ser deserializados porque la propiedad no se podrá asignar.
- `PropertyNamingPolicy`: define la política de gestión de nombres de propiedades. El valor predeterminado para esta propiedad es CamelCase. Es posible definirlo en KebabCase (separado por -) o en SnakeCase (separado por _). Estas dos últimas estrategias se pueden definir con una transformación de nombres a minúsculas o mayúsculas.
- `PreferredObjectCreationHandling`: define la estrategia que se ha de aplicar cuando un objeto ya existe. Dado que es una enumeración, el valor predeterminado es `Replace` (el objeto existente se reemplaza por el objeto deserializado de la secuencia JSON). .NET 8 agregó la opción `Populate`, que permite conservar el objeto existente y agregarle información obtenida del flujo JSON. En el caso de las colecciones, por ejemplo, se añaden los elementos del flujo JSON.

4. Ejercicio

El propósito de este ejercicio es poner en práctica las distintas formas de serialización vistas en este libro, tanto de lectura como de escritura.

4.1 Enunciado

La base de trabajo es el proyecto desarrollado en el capítulo Programación orientada a objetos y en el capítulo Algoritmia: el juego para adivinar el número misterioso. Aquí, se trata de crear una tabla de puntuaciones que se mostrará debajo del menú del juego, proponiéndole al jugador introducir su nombre si se clasifica como uno de los cinco mejores jugadores.

Para hacerlo, es necesario calcular una cantidad de puntos correspondiente a la siguiente fórmula: número de posibilidades + (número de intentos que quedan elevado a la dificultad).

Por ejemplo, si un jugador ha intentado adivinar un número entre 1 y 100, hay 100 posibilidades. Si ha elegido jugar en modo fácil, el nivel de dificultad es 1. Entonces hay que poner la cantidad de intentos que quedan como potencia de este número. Si el jugador ha ganado en cuatro intentos, le quedan 6, lo que da 100 + 6 elevado a 1 = 106 puntos.

Observación

El operador C# que se usará para hacer una potencia es ^. Así, para almacenar en una variable 2 elevado a 3, se escribe `var i = 2 ^ 3;`.

Entonces hay que leer la tabla de las puntuaciones y ver si el jugador puede entrar en el grupo de los cinco mejores. En caso afirmativo, pedimos que introduzca su nombre para registrarlo en la posición correcta.

No hay limitaciones específicas sobre el tipo de serialización que se debe usar ni sobre la manera de abordar la solución. Sin embargo, en este libro la solución de este ejercicio se hará en JSON.

Para estar seguros de que las puntuaciones se pueden leer, hay que garantizar que el archivo existe en el disco. Para eso, hay que usar la clase `File`, disponible en el espacio de nombres `System.IO`, y especialmente la función `Exists`, para comprobar si existe un archivo. Si el archivo existe, podemos leer el contenido del archivo JSON con el método `ReadAllText`, al igual que podemos escribir con el método `WriteAllText`:

```
var puntuacionArchivo = "puntuaciones.json";
string json = "";
if(File.Exists(puntuacionArchivo))
{
    json = File.ReadAllText(puntuacionArchivo);
}
...
File.WriteAllText(puntuacionArchivo, json);
```

Para almacenar la información en el archivo, hay que crear un modelo que se pueda serializar y deserializar (almacenamos una lista de este modelo). La información para almacenar es:

- La puntuación del jugador.
- El nombre del jugador.

Para facilitar la tarea, considerando que solo se guardan los cinco mejores jugadores, se volverán a calcular las posiciones cuando se haya calculado la nueva puntuación. Para que una puntuación entre en las cinco mejores, debe ser estrictamente superior a la más baja de la lista (si la lista de las cinco está completa). Si la lista no está completa, entra de manera efectiva entre las cinco mejores según su posición.

4.2 Solución

Lo primero que hay que hacer cuando llegamos al juego es mostrar la lista de los mejores jugadores con su puntuación si esta lista existe. Para hacerlo, creamos un método dedicado.

```
private static void MostrarMejoresPuntuaciones()
{
    var puntuacionArchivo = "puntuaciones.json";
    string json = "";
    if (File.Exists(puntuacionArchivo))
    {
        json = File.ReadAllText(puntuacionArchivo);
    }
    if (!string.IsNullOrWhiteSpace(json))
    {
        puntuaciones = JsonSerializer.Deserialize<List<PlayerScore>>(json);
        System.Console.WriteLine("Tabla de los mejores jugadores");
        foreach (var puntuacion in puntuaciones.OrderBy(s => s.Position))
        {
            System.Console.WriteLine(puntuacion.Position + " - " +
puntuacion.PlayerName + " : " + puntuacion.Puntuacion);
        }
    }
    else
    {
        puntuaciones = new List<PlayerScore>();
    }
}
```

Cuando el juego termina, si el jugador ha ganado, calculamos su puntuación a fin de determinar si está entre los cinco mejores.

```
private static void VerificarPuntuacionParaCincoMejores(int limiteMaximo,
int numIntentosUsados, int intentos)
{
    var playerScore = limiteMaximo + ((numIntentosUsados - intentos) ^
dificultad);
    if (puntuaciones.Count == 0)
    {
        AddPlayerScore(playerScore);
    }
    else if(puntuaciones.Count == 5)
    {
        if (puntuaciones.Min(s => s.Puntuacion < playerScore))
        {
            AddPlayerScore(playerScore);
```

```
        }
    }
    else
    {
        if (puntuaciones.Min(s => s.Score <= playerScore))
        {
            AddPlayerScore(playerScore);
        }

    }
    int position = 1;
    foreach (var puntuacion in puntuaciones.OrderByDescending(s =>
s.Puntuacion))
    {
        puntuacion.Position = position;
        position++;
    }
    File.WriteAllText("puntuaciones.json",
JsonSerializer.Serialize(puntuaciones.Take(5)));
}

private static void AddPlayerScore(int playerScore)
{
    Console.WriteLine("Escriba su nombre para registrarlo en la tabla");
    string playerName = Console.ReadLine();
    var puntuacion = new PlayerScore
    {
        PlayerName = playerName,
        Puntuacion = playerScore
    };
    puntuaciones.Add(puntuacion);
}
```

Capítulo 7
Conceptos avanzados

1. Asincronismo

1.1 Funcionamiento básico

Antes de abordar el asincronismo de manera detallada, es necesario introducir algunos conceptos, especialmente para comprender correctamente dos ideas que son distintas, pero a menudo se confunden: el paralelismo y el asincronismo.

En esta sección vamos a tratar el concepto de asincronismo, que consiste en relegar una operación a un segundo plano y seguir ejecutando el código restante cuando se ha terminado la operación. Para comprender correctamente la lógica detrás del asincronismo, podemos intentar hacer una comparación con un ejemplo de la vida diaria.

Cuando ponemos en marcha una lavadora, esta realiza su trabajo de manera asíncrona respecto a nosotros, lo que permite, durante este tiempo, que podamos ocuparnos de otra cosa. Cuando ha terminado el ciclo, emite un sonido para avisar, y se puede recoger la ropa para tenderla. Considerando que somos el programa principal, y que la ropa es el código que se debe ejecutar de manera asíncrona, podemos observar el concepto de asincronismo.

Tan pronto como metamos la ropa dentro de la máquina y la pongamos en marcha, delegamos el trabajo aplicado a esta ropa a otra entidad que no somos nosotros. Durante ese trabajo, podemos retomar nuestro propio trabajo. Aquí tenemos el concepto de asincronismo. Cuando el lavado haya terminado, la máquina emitirá una señal sonora a fin de que saquemos la ropa y la tendamos. Este es el concepto de asincronismo: la máquina ha trabajado de manera asíncrona con relación a nosotros.

En cuanto al paralelismo, se trata de hacer varias cosas al mismo tiempo. Por ejemplo, si elegimos poner en marcha una lavadora y, en el mismo intervalo, también ponemos en marcha el lavavajillas, las dos máquinas funcionarán en paralelo consumiendo recursos compartidos (agua y electricidad). Esto permite optimizar el tiempo de ejecución compartiendo los mismos recursos.

No se deben confundir los dos conceptos, aunque sean complementarios. Especialmente porque el uso de uno u otro depende en gran medida del uso buscado:

- El asincronismo se usa cuando queremos acceder a un recurso sobre el que no tenemos control respecto al tiempo de acceso (lectura de archivo, recurso de red, base de datos, consulta web, etc.). También podemos usar el asincronismo cuando queremos ejecutar una parte de código sin tener certeza sobre la duración de la ejecución, y queremos que esta ejecución no bloquee recursos innecesariamente.
- El paralelismo se usa cuando queremos explotar los recursos al máximo, especialmente con fines de optimización, y cuando las acciones se pueden realizar en paralelo (cálculos matemáticos separados, multiplicación de matrices, recorrido de carpeta, etc.). Con mucha frecuencia, una ejecución en paralelo es síncrona, lo que quiere decir que cada rama se ejecuta a su propia velocidad, pero se espera a la ejecución de todas las ramas antes de continuar.

Para comprender bien el funcionamiento subyacente, hay que introducir la idea de thread (hilo).

1.2 Thread y asincronismo

Un thread es un pequeño fragmento de programa que se puede ejecutar de manera autónoma. En C#, que es un lenguaje de programación multihilo, la ejecución del programa se desarrolla en varios hilos simultáneamente. Resumiendo, la runtime .NET divide la ejecución del programa en varios fragmentos pequeños y cada uno se puede ejecutar por separado. La coordinación de esta ejecución pasa al nivel de sistema operativo, un tema que no trataremos en este libro porque es demasiado avanzado.

El concepto principal que hay que recordar es que el programa está dividido en varios hilos. El asincronismo se basa directamente en este concepto de thread de manera bastante intensiva.

Para simplificar, un thread se puede encontrar en unos de los tres estados siguientes: listo, en ejecución o bloqueado. Cuando un thread está listo, eso significa que se puede ejecutar cuando lo decide el sistema operativo. Cuando está bloqueado, eso significa que está esperando a un recurso; por ejemplo: si en el código decidimos leer el contenido de un archivo grande situado en el disco, el thread que ejecuta el código está bloqueado esperando a que el archivo se lea por completo. Cuando se ha leído el archivo, el thread vuelve a pasar al estado «listo» hasta que el sistema operativo decide que el thread puede retomar su ejecución.

Esto pone de manifiesto la necesidad de asincronismo. En el ejemplo anterior, cuando intentamos acceder al archivo, el thread está bloqueado todo el tiempo de la recuperación de contenido; entonces pasa al estado bloqueado. Si decidimos delegar esta lectura en un thread que se ejecuta en segundo plano de manera asíncrona, el thread principal no está bloqueado y puede ejecutar otra parte del código mientras se realiza la lectura. Cuando la lectura ha terminado, un mecanismo avisa a nuestro thread de que se ha producido el resultado y de que a partir de ahora es posible tratar el contenido del archivo.

1.3 Asincronismo en C#

Una vez estudiados los conceptos básicos, vamos a ver cómo escribir código asíncrono en C#. Todo el código asíncrono en C# se basa en la idea de promesa: del código que se ejecuta en segundo plano y que produce un resultado.

Una promesa es representada por la clase `Task`. Esta clase permite activar un mecanismo de espera de ejecución y también gestionar los posibles errores que se producen de manera subyacente.

La clase `Task` se puede usar directamente para representar una promesa sin resultado esperado. También es posible esperar un resultado cualquiera con ayuda de la clase `Task<T>`, donde `T` corresponde al tipo del resultado. Por ejemplo, el siguiente código muestra una función que devuelve una promesa sin resultado, así como una promesa con un resultado de tipo `string`:

```
public Task PromesaSimple() { ... }
public Task<string> PromesaConString() { ... }
```

La clase `Task` expone varios métodos y datos que pueden resultar útiles para su uso:

- El método `Delay`, que permite especificar un período en milisegundos, sirve para crear una promesa automáticamente realizada al cabo de un tiempo determinado, definido manualmente:

```
var cincoSegundos = Task.Delay(5000); // aquí se obtendrá
una promesa que se realizará transcurridos 5 segundos
```

- El método `ContinueWith`, que permite definir la función que se ha de encadenar inmediatamente después de la ejecución de una tarea. Esta función toma como parámetro la tarea que acaba de terminar para analizar el resultado de su ejecución:

```
cincoSegundos.ContinueWith(tachePrecedente => ...);
```

- El método estático `FromResult`, que permite crear una tarea completada que contiene un resultado ya disponible:

```
var cinco = Task.FromResult(5); // aquí se obtiene una Task<int>
```

– La propiedad estática `CompletedTask`, que permite crear una tarea en blanco que ya está terminada:

```
var completa = Task.CompletedTask;
```

– La propiedad `Result`, que permite acceder al resultado, solo si la tarea tiene un resultado:

```
var cincoEnInt = cinco.Result; // aquí se obtiene un int que vale 5
```

Observación

*Atención, es **imperativo** acceder a la propiedad `Result` de una `Task` solo si esta última ya ha terminado. En caso contrario, el thread estará bloqueado esperando a que termine la tarea y que se calcule el resultado, lo que puede provocar, en algunos casos, una espera infinita (deadlock).*

– Existe un conjunto de propiedades, `IsXXX`, que permiten conocer directamente el estado de la tarea, en particular: `IsCompleted`, que permite saber si la tarea está completada (y esto, independientemente de la forma); `IsCanceled`, que permite saber si la tarea se cancela; `IsFaulted`, que permite saber si la tarea se completó por error, `IsCompletedSuccessfully`, que permite saber si la tarea se completó con éxito.

– Todas las propiedades enumeradas anteriormente utilizan la propiedad `Status`. Esta propiedad es una enumeración, que puede tener uno de los siguientes valores: `Canceled`, `Created`, `Faulted`, `RanToCompletion`, `Running`, `WaitingForActivation`, `WaitingForChildrenToComplete` y `WaitingToRun`. Rara vez es necesario consultar esta enumeración; la mayoría de las veces, son suficientes los valores booleanos presentados anteriormente.

– El método `WhenAll` permite esperar un conjunto de tareas y, al mismo tiempo, devolver una nueva tarea que corresponde a la espera de todas las tareas pasadas como parámetro:

```
var cincoSegundos = Task.Delay(5000);
var diezSegundos = Task.Delay(10000);
var quinceSegundos = Task.Delay(15000);
var todasLasTareas = Task.WhenAll(cincoSegundos, diezSegundos,
quinceSegundos); // una tarea que se completará cuando todas
las tareas pasadas como parámetros lo estén
```

- El método `WhenAny` permite esperar una tarea perteneciente a un conjunto. Este método devuelve la tarea que se completó en el conjunto de tareas pasadas como parámetro:

```
var cincoSegundos = Task.Delay(5000);
var diezSegundos = Task.Delay(10000);
var quinceSegundos = Task.Delay(15000);
var unaDeLasTareas = Task.WhenAny(cincoSegundos, diezSegundos,
quinceSegundos); // la primera tarea que se completará
(cincoSegundos en este caso)
```

Aunque la clase `Task` sea la base del asincronismo, moderno en C#, desde C# 5 se han añadido dos palabras clave para que su uso resulte más fácil.

1.4 Las palabras clave async y await

Las dos palabras clave `async` y `await` son ventajas sintácticas, es decir, son palabras clave que detecta el compilador para generar automáticamente el código subyacente necesario. Hemos visto que una instancia de la clase `Task` es una promesa de ejecución, pero no hemos visto cómo conseguir de manera efectiva que se ejecute una tarea.

Por ejemplo, si tenemos una función que realiza un cálculo basado en la lectura de un archivo de Excel y que devuelve un valor digital, primero necesitamos leer el contenido del archivo, luego hacer el cálculo y finalmente devolver el resultado. El código correspondiente sería el siguiente:

```
public int ObtenerResultado()
{
    var contenidoArchivo = LeerArchivoExcel();
    int resultado = 0;
    foreach(var linea in contenidoArchivo)
    {
           resultado = resultado + int.Parse(linea);
    }
    return resultado;
}


public string[] LeerArchivoExcel()
{
    //lectura del archivo y devolución de las líneas del archivo
}
```

Es probable que este código sea funcional, pero no está optimizado porque la lectura del archivo se hace de manera síncrona y, por lo tanto, bloqueante. Por supuesto, no queremos hacer el cálculo antes de que se haya leído el archivo, pero sería una pena bloquear el thread que llama a este método cuando podría estar asignado a otra tarea.

Por eso, es necesario que el método `LeerArchivoExcel` no devuelva el resultado directamente, sino que en su lugar devuelva un resultado de tipo `Task<string[]>`, la promesa de que se leerán las líneas del archivo. Sin embargo, por otra parte, el método `ObtenerResultado` debe esperar a que se lea el archivo y, por lo tanto, a que se haya ejecutado la tarea. Ahora es cuando entran en juego las palabras clave `async` y `await`.

La palabra clave `async` debe estar colocada dentro del prototipo de método para indicar que este método se comporta de manera asíncrona. Gracias a esta adición, el compilador se ocupa de transformar un tipo de retorno cualquiera en `Task`, de manera que no sea necesario hacer un `Task.FromResult` o cualquier otra creación explícita de tarea.

Para poder esperar a un método que ha sido marcado como `async Task`, dentro del método que hace la llamada (el que espera), hay que usar la palabra `await` delante de la llamada del método asíncrono, para que el compilador se encargue de crear el código de espera. De esta manera, podemos recuperar directamente el resultado. Así, el código anterior se ha transformado de la siguiente manera:

```
public async Task<int> ObtenerResultado()
{
    var contenidoArchivo = await LeerArchivoExcel();
    int resultado = 0;
    foreach(var linea in contenidoArchivo)
    {
          resultado = resultado + int.Parse(linea);
    }
    return resultado;
}


public async Task<string[]> LeerArchivoExcel()
{
    //lectura del archivo y devolución de las líneas del archivo
```

```
}
```

Observación

*Es importante señalar que la palabra clave `await` **solo** se puede usar en un método que se ha marcado como `async`. De la misma manera, **solo** se puede usar para esperar a un método que devuelve una `Task` (o `Task<T>`), sin que por ello esta última esté marcada como `async`. Es habitual hablar de código zombi porque, cuando se empiezan a usar estas palabras clave, a menudo se propagan en toda la cadena de llamadas.*

En el caso de que el método `ObtenerResultado` no devolviera ninguna información, sería posible calcular el resultado y tratarlo con ayuda del método `ContinueWith` para evitar transformar este método con la palabra clave `async`. Sin embargo, en cuanto sea posible, hay que usar `await`.

De la misma manera, si, por cualquier motivo, el método `LeerArchivoExcel` devuelve una excepción, el uso de la palabra clave `await` garantiza que la excepción sea tratada y devuelta al que realiza la llamada con `await`, lo que no sucede con los otros enfoques.

Para resumir esta sección, el asincronismo es un tema completo y complejo, cuyo uso se ha simplificado mucho con C# 5 y que podríamos sintetizar mediante las siguientes etapas:

- Modificar la firma del método que efectúa una acción asíncrona para devolver una `Task` (o `Task<T>`) y añadirle la palabra clave `async`.
- Añadir delante de la llamada a un método `async` (que devuelve una `Task`) la palabra clave `await` para esperar el resultado antes de seguir.

Para cerrar esta sección, hay que observar que un método marcado con `async` debe devolver obligatoriamente un tipo específico, comprensible por el compilador. Aquí, el tipo `Task` completa por nosotros todas estas particularidades.

También es posible tener un método `async void`, pero no se recomienda (salvo en casos muy poco frecuentes, como la gestión de los eventos gráficos en una aplicación) porque entonces no es posible esperar a este método (es imposible usar `await` con un método `async void`). Si el uso de un método async `void` es obligatorio, es **imperativo** garantizar que este método no pueda devolver una excepción (por lo tanto, hacer un `try catch` global en el cuerpo del método, como mínimo) porque eso puede poner en peligro la ejecución global del programa.

1.5 Flujos asíncronos

C# 8 aportó una función asíncrona nueva muy esperada: los flujos asíncronos. Antes de esta versión, para obtener una colección de objetos de manera asíncrona, era necesario que el método que crea la colección fuera asíncrono, pero también que se hubiera creado toda la colección:

```
public async Task<IEnumerable<int>> GetInts()
{
    var resultad = new List<int>();
    for(int i = 1; i <= 10; i++)
    {
            // aquí, debería haber una recuperación del
valor de manera asíncrona, como un contacto en un servicio web
o una base de datos
            // entonces vamos a simular una espera
            await Task.Delay(100);
            result.Add(i);
    }
    return result.AsEnumerable();
}
```

Como constatamos en el código de ejemplo de arriba, el método es asíncrono. Sin embargo, estamos obligados a esperar a que se hayan recuperado todos los valores y que se haya completado la colección antes de tener el retorno de información (alrededor de 1 segundo en el ejemplo de código anterior). No podemos recuperar un valor para tratarlo esperando al siguiente.

Desde C# 8 han llegado tipos nuevos, con un soporte del lenguaje para el tratamiento. Entre ellos, encontramos el tipo `IAsyncEnumerable`. Gracias a este tipo, es posible volver a escribir el método anterior usando el tipo nuevo con la palabra clave `yield`:

```
public async IAsyncEnumerable<int> GetInts()
{
    for(int i = 1; i <= 10; i++)
    {
           // aquí, debería haber una recuperación del
valor de manera asíncrona, como un contacto en un servicio web
o una base de datos
           // entonces vamos a simular una espera
           await Task.Delay(100);
           // yield permite devolver directamente el valor
para el que itera
           yield return i;
    }
}
```

Observación

Observamos que el uso del tipo `IAsyncEnumerable` no está empaquetado dentro de una clase `Task`. Esto se debe al hecho de que el tipo dispone de un soporte por parte del lenguaje que permite gestionar el asincronismo sin que sea necesario el uso del tipo `Task`.

Cuando el método tenga un tipo de retorno `IAsyncEnumerable`, hay que usar una instrucción de enumeración de tipo `foreach`, con el prefijo `await`, para poder iterar en la colección asíncrona:

```
await foreach(var i in GetInts())
{
    Console.WriteLine(i);
}
```

Podemos destacar que la palabra clave `await` no está colocada antes del método, como en el caso de los métodos asíncronos clásicos, sino antes de la palabra clave `foreach`, para usar la función del lenguaje que indica que se quiere recuperar cada elemento de manera asíncrona.

Así, en el ejemplo anterior, la consola muestra los nombres conforme los recibe, mientras que en el primer ejemplo nos habríamos visto obligados a esperar el llenado completo de la colección. Este enfoque es muy práctico para la recuperación de datos desde la Web en modo streaming.

2. Algoritmia avanzada

Durante todo el libro, hemos estudiado la algoritmia básica, que permite abarcar un amplio perímetro funcional. Sin embargo, C# y el framework .NET tienen una cantidad enorme de funcionalidades más avanzadas. En este capítulo vamos a estudiar algunas.

2.1 Programación dirigida por eventos

La programación dirigida por eventos permite reaccionar a eventos que se producen durante la ejecución de una aplicación. Hasta ahora, hemos reaccionado de manera síncrona a un evento particular (como, por ejemplo, esperar a que el usuario introduzca un valor en la consola). Sin embargo, C# proporciona un mecanismo potente que permite hacer programación reactiva, es decir, no esperar a un evento cualquiera, sino reaccionar solo cuando se produzca un evento particular.

2.1.1 Los delegate

Para entender bien el tema, es necesario comprender un principio que se remonta a C# 2: los delegate. Un delegate es el equivalente de un descriptor de un método, y una variable de tipo `delegate` corresponde a un puntero efectivo hacia un método.

Para declarar un delegate, hay que usar la palabra clave dedicada, `delegate`; luego declarar la firma de método a la que queremos representar, con su tipo de retorno y sus posibles parámetros (o paréntesis vacíos si no hay ningún parámetro):

```
public delegate void MiDelegadoVoidSinParametros();
public delegate string MiDelegadoDevuelveString();
public delegate void MiDelegadoVoidConParametros(string data);
```

En el bloque de código anterior, hemos declarado tres delegate:

- El primero permite representar a un método que devuelve `void` y no toma parámetros.
- El segundo permite representar a un método que devuelve un `string` y no toma parámetros.
- El tercero permite representar a un método que devuelve `void` y toma un parámetro de tipo `string`.

Observación

Los delegate se pueden declarar en una clase y solo se podrán usar dentro de esta última. Si no, también se pueden declarar directamente en un espacio de nombres (al mismo nivel que una clase) para usarlos en varias clases.

Una vez definido un `delegate`, podemos declarar una variable del tipo del `delegate` y hacerlo apuntar hacia cualquier método que tenga la firma requerida:

```
public delegate void MiDelegadoVoidSinParametros();
public class Cap7Delegates
{
    public void Main()
    {
        MiDelegadoVoidSinParametros d = Metodo;
    }

    public void Metodo()
    {
    }
}
```

Gracias a esto, el método se puede ejecutar directamente mediante la variable, o incluso usarlo como parámetro de otro método:

```
public delegate void MiDelegadoVoidSinParametros();
public class Cap7Delegates
{
    public void Main()
    {
        MiDelegadoVoidSinParametros d = Metodo;
        // hacer cosas
        d(); // ejecución del delegate, lo que equivale a invocar el
```

```
método Metodo()
        MetodoCompleto(d);
    }

    public void MetodoCompleto(MiDelegadoVoidSinParametros metodo)
    {
        // hacer cosas
        metodo();
    }

    public void Metodo()
    {

    }
}
```

Si el `delegate` define un método que toma uno o varios parámetros, es necesario especificar su valor cuando se llama, como lo haríamos para un método clásico:

```
public delegate void MiDelegadoVoidConParametros(string data);

public class Cap7Delegates
{
    public void Main()
    {
        // atajo hacia el método Console.WriteLine
        MiDelegadoVoidConParametros d2 = System.Console.WriteLine;
        d2("Aprendo los delegate en C#");
    }
}
```

Ahora que hemos visto el concepto de delegate, podemos abordar el de evento, que se apoya en un delegate.

2.1.2 Los eventos

Un evento es un objeto particular que permite gestionar la suscripción y la cancelación de la suscripción a una clase dada. Gracias a este enfoque, para una clase dada se puede publicar una información sin tener que conocer sus destinatarios. Para hacer un paralelismo con la vida diaria, podemos tomar el ejemplo de la radio.

En efecto, una estación de radio emite una señal, sin saber específicamente quién va a captar esta emisión. Las ondas se emiten y los que quieren recibir la información procedente de esta estación específica deben encender su radio y ajustarla en la frecuencia adecuada (equivalente a la suscripción en C#). Una vez hecho eso, el receptor puede recibir la señal.

Cuando el oyente no quiere escuchar más, solo tiene que cancelar la suscripción (apagar la radio o cambiar de frecuencia), y eso no modifica en nada el comportamiento de la estación de radio, que seguirá emitiendo.

La lógica es totalmente similar para crear un evento en C#:

- Se necesita un emisor (una clase C# que define un evento, donde este publicará información).
- Se necesita una frecuencia (el delegate permite definir qué tipo de función puede suscribirse al evento).
- Podemos tener tantos receptores como se quiera (clases C# que van a suscribirse/cancelar la suscripción, a condición de tener un método que respete la firma del delegate).

Para declarar un evento en C#, usamos la palabra clave dedicada, `event`, añadiendo el delegate afectado y nombrándolo:

```
public class Cap7Delegates
{
    public event MiDelegadoVoidConParametros EmisionDeDatos;
}
```

Cuando se ha declarado el evento, la clase que emite puede invocarlo (gracias al método `Invoke` llamado en la variable):

```
public class Cap7Delegates
{
    public event MiDelegadoVoidConParametros EmisionDeDatos;

    public void EmitirNumeros()
    {
        for (int i = 0; i < 10; i++)
        {
            EmisionDeDatos.Invoke(i.ToString());
        }
    }
}
```

En el bloque de código de arriba, cuando se llama al método `EmitirNumeros`, cada clase suscrita al evento recibe los números del 0 al 9 bajo la forma de cadena de caracteres. Esto significa que se llama diez veces al método de la clase suscrita al evento y cada vez el número afectado es un parámetro.

Para ilustrar este funcionamiento, vamos a crear una clase nueva que se suscribirá:

```
public class Cap7EventSubscriber
{
    public void Main()
    {
        var producer = new Cap7Delegates();
        producer.EmisionDeDatos += LeerNumero;

        producer.EmititNumeros();

        producer.EmisionDeDatos -= LeerNumero;

    }

    public void LeerNumero(string numero)
    {
        System.Console.WriteLine(numero);
    }
}
```

Como podemos comprobar, para suscribirse hay que tener una instancia de la clase que produce el evento (aquí, la crea el abonado, pero es posible pasarla como parámetro de método). Para hacer una suscripción efectiva, hay que usar la instancia de la clase que posee el evento y suscribirse con ayuda de += seguido del método con el que queremos suscribirnos. Para cancelar la suscripción, se deberá usar -=.

Observación

Es fundamental pensar correctamente en cancelar la suscripción de los eventos que ya no queremos escuchar. El mecanismo de limpieza automática de la memoria en C# no se puede ejecutar correctamente si siempre hay una suscripción activa, incluso si está inutilizada. Este síndrome se llama pérdida de memoria y puede crear problemas de rendimiento en su aplicación.

2.2 Tipos genéricos

Sin ni siquiera saberlo, hemos usado los tipos genéricos durante todo este libro; esto nos da una idea de lo fundamentales que se han vuelto desde C# 2 en los nuevos tipos añadidos. Por ejemplo, cuando hemos usado la colección `List`, a menudo se llama `List<T>`, donde `T` toma la función de un tipo genérico.

2.2.1 Uso estándar

El concepto de tipo genérico es bastante sencillo de comprender: se trata de describir un tipo cualquiera que no está fijado en la declaración, pero que lo estará en el uso.

Para retomar el ejemplo de `List`, cuando los desarrolladores han escrito la clase `List`, no podían saber de antemano qué tipo se usará. La alternativa sería escribir una lista para cada tipo, pero este planteamiento no es extensible y es nocivo para la reutilización, porque en cada tipo nuevo hay que crear un tipo de lista nuevo. Por lo tanto, la clase `List` ha sido creada como una clase que puede tomar un parámetro genérico correspondiente al tipo de datos que contendrá la lista. Esto permite crear una clase `List` que define un comportamiento común, y poco importa el tipo que aloja la clase.

La sintaxis se formaliza con ayuda de <, > para el uso, como ya hemos visto:

```
var listInt = new List<int>();
var listString = new List<string>();
```

Este planteamiento permite ganar en flexibilidad y en rendimiento porque el tipo es conocido en el momento de la creación del objeto en tiempo de ejecución.

Para crear una clase que usa un tipo genérico, utilizamos la misma sintaxis:

```
public class MiLista<T>
{
}
```

Aquí, creamos una clase llamada `MiLista` que usa un tipo genérico llamado `T`.

Observación

Llamar a su tipo genérico `T` es una convención y no una obligación. Se usa T porque es la primera letra de la palabra Tipo.

Una vez declarado al nivel de la clase, se puede usar `T` como un tipo que está dentro de la clase. Por ejemplo, en nuestra clase `MiLista`, podemos tener una instancia de una `List` de nuestro tipo `T`:

```
public class MiLista<T>
{
    public List<T> Lista { get; }
    = new(); // inicialización
    para construir una lista vacía
}
```

Así, si instanciamos un objeto de tipo `MiList<int>`, esta última tiene una instancia interna de `List<int>` almacenada en la propiedad `Lista` porque el tipo `T` para nuestra clase es equivalente a `int`.

También podemos usar el tipo `T` como parámetro o como valor de retorno dentro de nuestra clase:

```
public class MiLista<T>
{
    public T PrimerElemento()
    {
           return Lista.FirstOrDefault();
    }
    public void AnadirElemento(T element)
    {
           Lista.Add(element);
    }
}
```

Esto no es posible porque el tipo `T` está definido en el nivel de la clase. Si eliminamos `<T>` de la declaración de la clase, aparecerán errores de compilación porque entonces `T` no será conocido.

Se puede definir un tipo genérico dentro del perímetro de una función específica añadiendo la información al final de la firma de función:

```
public void AnadirElemento<T>() { }
```

Una vez añadida esta información, se puede usar el parámetro `T` como valor de retorno o como parámetro, mientras `T` se convierte en un tipo disponible solo dentro del marco de esta función en particular. Este planteamiento también protege la escritura del código porque el tipado es fuerte: una vez definido el tipo genérico, ya no es posible pasar por un tipo distinto. Así, el siguiente código provoca un error de compilación:

```
var lista = new MiLista<int>();
lista.AnadirElemento("lolo"); // error de compilación,
porque la variable lista se ha definido en un int y no en un string
```

2.2.2 Limitaciones en el tipo genérico

Los tipos genéricos también pueden tener limitaciones, para garantizar que los tipos que se usan durante la instanciación respetan ciertas condiciones. Para definir una limitación de tipo genérico, se usa la palabra clave `where`, seguida de la limitación o limitaciones después de la declaración. Una limitación se expresa retomando el nombre del parámetro genérico (aquí `T`), seguido de dos puntos y de la lista de las limitaciones, separadas por una coma. Tenemos las siguientes limitaciones:

- `where T : claseBasica`: indica que `T` debe heredar de una clase específica (será apropiado reemplazar `claseBasica` con el nombre de la clase en el código anterior).
- `where T : interfazBasica`: indica que `T` debe implementar una interfaz específica (será apropiado reemplazar `interfazBasica` con el nombre de la interfaz en el código anterior).
- `where T : class`: indica que `T` debe ser un tipo de referencia (una clase).
- `where T : struct`: indica que `T` debe ser un tipo de valor (una estructura).
- `where T : unmanaged`: desde C# 7.3, indica que `T` debe ser un tipo no gestionado. Esto significa que `T` debe ser un tipo de valor y no debe tener ningún vínculo con un tipo de referencia.
- `where T : new()`: indica que `T` debe tener un constructor sin parámetros accesible de manera pública.
- `where T : notnull`: desde C# 8, indica que `T` debe ser un tipo de referencia que no acepta valores NULL.

Para ilustrar esto, podemos considerar, por ejemplo, que la clase `MiLista` definida anteriormente solo puede aceptar tipos de referencia, con un constructor sin parámetro accesible de manera pública. Por eso, se debe modificar el código de la siguiente manera:

```
public class MiLista<T> where T : class, new()
{
}
```

Aunque son acumulables, como vemos arriba, las limitaciones de tipo genérico deben respetar un orden determinado, a riesgo de provocar un error de compilación. El compilador indica el orden en caso de mezcla:

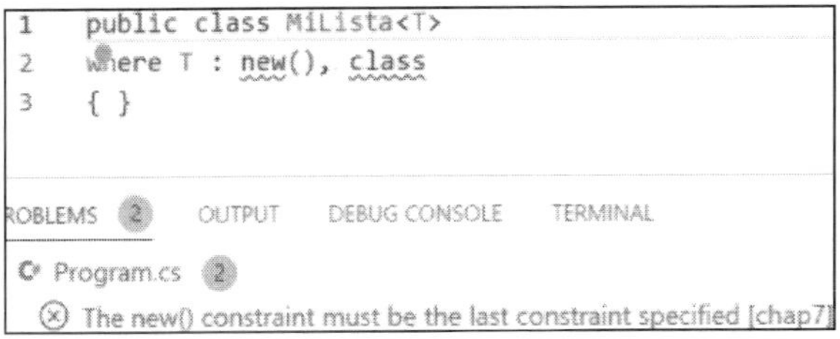

```
public class MiLista<T>
where T : new(), class
{ }
```

ROBLEMS 2 OUTPUT DEBUG CONSOLE TERMINAL

Program.cs 2

The new() constraint must be the last constraint specified [chap7]

Mensaje de error en caso de no respetar el orden de las limitaciones

De la misma manera, no se pueden indicar limitaciones contradictorias, como `where T : class, struct`. En este caso preciso, si queremos indicar que el tipo puede ser de tipo de referencia o de tipo de valor de manera indistinta, bastará evitar poner una limitación específica.

2.3 Gestión de la memoria

El lenguaje C# se basa en una runtime que gestiona la memoria de manera automática. Así, cuando se ha realizado una instanciación (mediante la palabra clave `new`), la runtime calcula el espacio de memoria necesario, según lo que contiene la clase como datos, para reservar este espacio de memoria. Esta operación se llama asignación de memoria. La instancia se almacena en esta zona durante toda su vida. Cuando la instancia ya no se usa, se puede limpiar la zona de memoria.

Al contrario de lo que sucede en lenguajes como C++, no es necesario que el programador haga manualmente la limpieza de la memoria; se puede usar un mecanismo automático llamado recolector de basura (*garbage collector* en inglés) que analiza la memoria y efectúa la limpieza.

La cuestión de la memoria es amplia y variada (solo con este tema se podría escribir un libro completo), pero vamos a ver algunos conceptos que permiten intervenir en el ciclo de limpieza y optimizar la memoria.

2.3.1 El destructor

Todas las clases tienen un constructor, que puede haber sido declarado por el programador o generado automáticamente por el compilador. Sin embargo, también es posible escribir un método especial, el destructor (también llamado finalizador), al que se llama cuando el espacio de memoria ocupado por la clase se limpia mediante el *garbage collector*.

Observación

La llamada del destructor no es predecible en el tiempo porque el garbage collector pasa según un algoritmo que escapa al control del desarrollador. No se recomienda usar el destructor para operaciones sensibles con una temporalidad cualquiera.

El destructor tiene limitaciones y una sintaxis bastante particular:

- Retoma el nombre de la clase empezando por el símbolo «~».
- Solo se puede declarar una vez.
- No debe tener ningún parámetro.
- No tiene modificador de alcance.
- No se puede sobrecargar ni heredar.

Por ejemplo:

```
public class MiServicio
{
    ~MiServicio()
    {
            // poner aquí código de limpieza
    }
}
```

Observación

Sin entrar en los detalles del funcionamiento del algoritmo del garbage collector, no hay que crear un destructor si no hay una necesidad vinculada. De hecho, un constructor vacío tiene un rendimiento deficiente para la limpieza de la memoria.

Un uso del destructor es limpiar recursos que han sido asignados y se gestionan manualmente (como zonas de memoria de intercambio con programas nativos). En la gran mayoría de los casos, su uso no es necesario.

2.3.2 IDisposable e IAsyncDisposable

Hay otro enfoque para describir la metodología de limpieza de la memoria en C#, y eso sin usar el destructor. Se trata del patrón descartable (*disposable pattern*).

Especialmente para eso se ha creado una interfaz en C#: `IDisposable`. Desde C# 8, también existe un equivalente asíncrono: `IAsyncDisposable`.

Implementar la interfaz `IDisposable`, que solo contiene un método, `Dispose`, permite declarar que el tipo dispone de un mecanismo de limpieza particular. A diferencia del destructor, se puede llamar a este mecanismo manualmente llamando directamente al método `Dispose`:

```
public class MiClaseDisposable : IDisposable
{
    public void Dispose() { ... }
}

public void Main()
{
    var c = new MiClaseDisposable();
    ...
    c.Dispose(); // limpieza de los recursos sostenidos
por MiClaseDisposable
}
```

Sin embargo, hay un riesgo de olvidar llamar al método `Dispose` al final del uso de la clase. Podemos usar una instrucción especial, que ya hemos visto en este libro, de tal manera que el compilador se encarga de llamar al método `Dispose` en nuestro lugar al final del uso. Esta instrucción retoma una palabra clave ya usada: `using`. La diferencia es que hay que ponerla en línea para indicar que queremos usar una clase de manera temporal. El método `Dispose` será llamado automáticamente al final de la llave de cierre de la instrucción `using`:

```
public void Main()
{
    using(var c = new MiClaseDisposable())
    {
    ...
    } // el método Dispose será llamado en este momento de la ejecución
}
```

C# 8 ha introducido una manera nueva de escribir las instrucciones `using`, de forma que sea el bloque de entrada el que defina su alcance y no las llaves de la instrucción `using`. Para hacerlo, ya no se usan los paréntesis ni las llaves después de la instrucción:

```
public void Main()
{
    using var c = new MiClaseDisposable(); // declaración
    ...
} // en este momento de la ejecución se llamará al método Dispose
```

La ventaja de este enfoque es que, incluso si el código produce una excepción, interrumpiendo así la ejecución del algoritmo, se llamará al método `Dispose` en todos los casos.

2.4 Parámetros de métodos avanzados

2.4.1 Parámetro opcional

Puede suceder que queramos dar un valor predeterminado a un parámetro para que el que realiza la llamada no esté obligado a proporcionar un valor. Esto devuelve de hecho el parámetro opcional en la llamada. Para hacerlo, solo hay que asignar un valor al parámetro durante su declaración:

```
public void DecirHola(string nombre, string apellido = "Mommer")
{
    Console.WriteLine("Hola " + nombre + " " + apellido);
}
```

Una vez efectuada esta declaración, el llamador ya no está obligado a especificar el segundo parámetro durante su llamada, incluso si eso sigue siendo posible:

```
DecirHola("Christophe"); // mostrará Hola Christophe Mommer
DecirHola("Juan", "Pérez"); // mostrará Hola Juan Pérez
```

Puede haber múltiples parámetros opcionales, pero se deben declarar obligatoriamente al final de la lista de los parámetros.

2.4.2 Palabras clave de parámetros

Cuando pasamos un parámetro a una función, hay que ser consciente de que el impacto puede ser distinto según el tipo de dato que se ha pasado. De hecho, pasar una referencia implica transmitir una información sencilla a una dirección de memoria. Por eso, si la función llamada modifica los datos situados en memoria, la función llamadora también ve su instancia modificada. Ya hemos visto estos conceptos en el capítulo Programación orientada a objetos, sección Conceptos avanzados - Los diferentes tipos de objetos.

Ya hemos visto que pasar un tipo de valor como parámetro daba como resultado una copia del valor en memoria, y eso tiene un coste en cuanto al rendimiento. Hay una palabra clave que permite indicar que no queremos efectuar una copia, sino pasar una referencia hacia el valor interesado: `ref`.

Esta palabra clave un poco especial viene a unirse al parámetro durante la declaración de la firma del método, pero también durante la llamada. Al hacerlo, ya no pasamos una copia del tipo de valor, sino una referencia de memoria al lugar donde se encuentra el tipo de valor. Esto también supone que una modificación del valor dentro de la función llamada repercute en la función llamadora:

```
public void Increment(int i)
{
    i = i + 1;
}
public void IncrementByRef(ref int i)
{
    i = i + 1;
}
int i = 1;
Increment(i);
// i siempre valdrá 1 porque el valor se ha copiado
IncrementByRef(ref i);
// i valdrá 2 porque se ha pasado la referencia a la zona de memoria de
la función llamadora
```

Cuando una función ya devuelve un valor, no es fácil devolver un valor adicional. Por supuesto, siempre es posible crear un tipo nuevo (una clase o una estructura) y devolver una instancia nueva de este último, pero eso necesita una instanciación y la creación de un tipo nuevo.

Existe una palabra clave de parámetro que permite especificar que un parámetro recupere un valor de salida: `out`. Una de las funciones que usa esta palabra clave es, por ejemplo, la función `TryParse`. Esta última devuelve un booleano que indica si el valor de entrada ha podido ser convertido y, llegado el caso, el valor convertido corresponde al segundo parámetro, que es de tipo `out`. Siguiendo el ejemplo de la palabra clave `ref`, la palabra clave `out` se debe usar tanto a nivel de la firma como a nivel de la llamada. Imaginemos, por ejemplo, una función que devuelve los tres primeros caracteres de una cadena de caracteres solo si es posible. Usamos el patrón try, que implica devolver un booleano indicando si la operación ha tenido éxito y recuperar el valor mediante un parámetro `out` en segunda posición:

```
public bool DevolverTresPrimerosCaracteres(string cadena,
out string data)
{
```

```
    data = "";
    if(cadena.Length > 3)
    {
            data = cadena[..3]; // uso de los rangos
            return true;
    }
    return false;
}
string data = "";
if (DevolverTresPrimerosCaracteres("lolo", out data))
{
    System.Console.WriteLine(data);
}
```

Observación

A excepción de los usos extremadamente avanzados, un parámetro marcado con out debe estar asignado obligatoriamente antes de la salida de la función. Por eso, la primera instrucción de la función anterior define su valor en una cadena vacía.

C# 7 ha mejorado la escritura de la llamada de los métodos con una variable `out`, dando la posibilidad de declarar la variable directamente durante la llamada del método en lugar de tener que hacerlo antes (como en el ejemplo anterior). En este caso solo hay que colocar el tipo y el nombre del parámetro después de la palabra clave `out` durante la llamada:

```
if (DevolverTresPrimerosCaracteres("lolo", out string data))
{
    System.Console.WriteLine(data);
}
```

Se puede observar que también es posible usar la palabra clave `var` directamente; el compilador se encarga de sustituirla por el tipo correspondiente:

```
if (DevolverTresPrimerosCaracteres("lolo", out var data))
{
    System.Console.WriteLine(data);
}
```

Último modificador de parámetro, la palabra clave `in` permite garantizar que el parámetro que se ha pasado no se puede modificar directamente dentro de la función. Podemos considerar como un parámetro de solo lectura:

```
public void Increment(in int value)
{
    value = value + 1; // aquí, tendremos un error de compilación
a causa de la palabra clave en el parámetro
}
```

A diferencia de `ref` y de `out`, no es necesario añadir la palabra clave `in` durante la llamada del método. Además, incluso si es posible usarlo con un tipo de valor (como un `int` en el ejemplo anterior), el simple hecho de que los datos se copien protege los datos iniciales. Para ello, el modificador `in` se utilizará principalmente con tipos de referencia.

Para concluir esta sección, los modificadores de parámetros `ref`, `in` y `out` no se pueden usar en el caso de funciones asíncronas.

2.4.3 Denominación de parámetros

Hasta ahora, hemos trabajado sistemáticamente con los parámetros considerando su posición. Por ejemplo, con la siguiente función:

```
public void DecirHola(string nombre, string apellido)
{
    Console.WriteLine("Hola " + nombre + " " + apellido);
}
```

La llamada se hace de la siguiente manera:

```
DecirHola("Christophe", "Mommer");
```

En efecto, consideramos que el primer parámetro es el nombre y el segundo el apellido, como describe la firma de función. Sin embargo, se puede cambiar el orden de estos parámetros, indicándole al compilador el valor que deseamos dar a cada parámetro mediante el nombre de este último. Para hacerlo, el llamador debe usar el nombre del parámetro, seguido de dos puntos (« : ») y del valor deseado.

Así, podríamos invertir el orden (o hacer la llamada más explícita en el caso anterior considerando que se trata de dos valores de tipo cadena de caracteres) de esta manera:

```
DecirHola(nombre: "Christophe", apellido: "Mommer");
```

2.4.4 Parámetros variables

Puede suceder que tengamos una función que necesite una cantidad de parámetros desconocida de antemano. En este caso, puede ser práctico usar una colección para recuperar el conjunto de los valores deseados. Sin embargo, el uso de una colección necesita la creación de un objeto nuevo, lo que tiene un impacto en la cantidad de código para escribir.

Hay una palabra clave reservada en C# que permite decir que queremos tener un conjunto de parámetros «ilimitado». Usando esta última, los valores se generarán dentro de la función como una tabla, pero eso permitirá al llamador encadenar los parámetros directamente. Se trata de la palabra clave `params`.

Esta palabra clave se debe usar obligatoriamente como último parámetro de una función (después de los posibles parámetros opcionales) y solo se puede usar una vez. El tipo del parámetro debe ser una tabla del tipo deseado. Por ejemplo:

```
public void EnumerarCadenas(params string[] cadenas)
{
    foreach(var c in cadenas)
    {
           Console.WriteLine(c);
    }
}
```

El uso de esta función permite no preocuparse por la cantidad de parámetros. Por tanto, son válidas todas las siguientes convocatorias:

```
EnumerarCadenas("a");
EnumerarCadenas("a", "b");
EnumerarCadenas("a", "b", "c", "d");
EnumerarCadenas("a", "b", "c", "d", "e", "f");
```

2.5 Extensión del funcionamiento de un tipo

Cuando definimos una clase, definimos sus datos y también su comportamiento. El lenguaje C# nos permite ampliar un tipo de diversas maneras para soportar usos avanzados. Así, por ejemplo, se puede añadir un método a una clase sin modificar la clase en cuestión, al igual que se puede definir el comportamiento que adoptarán los operadores (como, por ejemplo, + o incluso ==).

2.5.1 Métodos de extensión

Cuando se ha definido un tipo, no está bajo nuestro control y no se puede modificar directamente (como un tipo del framework .NET, por ejemplo), no se puede añadir un método nuevo directamente para generar un comportamiento nuevo. Afortunadamente, el lenguaje C# permite ampliar de manera natural un tipo para añadir métodos en este último, como si fuesen métodos directamente escritos en el tipo: son los métodos de extensión.

Un método de extensión sigue un formalismo particular:

- Debe ser estático.
- Debe estar definido en una clase estática.
- Su primer parámetro debe ser el tipo que queremos ampliar, y el parámetro se debe prefijar mediante la palabra clave `this`.

A excepción de unas pocas normas, es completamente posible tener un tipo de devolución cualquiera y tantos parámetros como se quiera.

Por ejemplo, para ilustrar eso imaginemos que queremos añadir un método en la clase `String` que añade una «s» al final de la cadena (con la intención de poner la cadena en plural, obviamente esta norma está muy simplificada).

Considerando que las instancias de la clase `String` son inmutables (es decir, que no pueden ser modificadas), hay que devolver una instancia nueva de cadena. No hay parámetros específicos para tomar. Así, el método se puede escribir de la siguiente manera:

```
public static class StringExtensiones
{
    public static string Pluriel(this string value)
    {
            if(!value.EndsWith("s"))
            {
                    return value + "s";
            }
            return value;
    }
}
```

Una vez definido este método, se puede (a condición de estar en el mismo espacio de nombres o de importar aquel donde se ha definido el método) usar el método de extensión como si fuera un método de la clase string directamente:

```
string valor1 = "tomate";
string valor2 = "patatas";
Console.WriteLine(valor1.Plural()); // mostrará tomates
Console.WriteLine(valor2.Plural()); // mostrará patatas
```

En la actualidad, con el mecanismo de extensión solo es posible añadir métodos.

2.5.2 Definición de los operadores

Hay diversos operadores en C#, y nosotros hemos usados muchos en este libro. Por ejemplo, el operador de igualdad (==), o incluso el operador de suma (+) que, en el caso preciso de una instancia de `String`, es una concatenación.

Esta posibilidad de definir un comportamiento distinto entre la clase `int` y la clase `string` para el mismo operador (+) se debe a que el lenguaje C# permite redefinir, para una clase, el comportamiento que se mantendrá para un operador dado.

De manera predeterminada, la igualdad (==) comprueba la similitud de las referencias de objeto en memoria. Así, dos objetos se consideran iguales si sus referencias son iguales. Pero a veces queremos ir más lejos que una comparación de referencias y comparar los valores internos.

Vamos a tomar el ejemplo de una clase que define un valor monetario:

```
public class Money
{
    public decimal Amount { get; }
    public string Currency { get; }
    public Money(decimal amount, string currency)
    {
           Amount = amount;
           Currency = currency;
    }
}
```

Por ejemplo, con esta definición podemos crear billetes de cinco y de diez euros:

```
var cincoEuros = new Money(5, "EUR");
var diezEuros = new Money(10, "EUR");
```

Ahora, si queremos comparar dos billetes de diez euros, queremos que la comparación no se haga a nivel de la referencia de memoria, que nos importa poco, sino a nivel del valor. La manera de proceder por defecto sería esta:

```
var diezEuros2 = new Money(10, "EUR");
if(diezEuros.Amount == diezEuros2.Amount && diezEuros.Currency ==
diezEuros2.Currency) ...
```

Reconocemos que el código es redundante y no especialmente práctico, sobre todo porque aquí solo tenemos dos campos para comprobar.

La primera etapa para alcanzar nuestro objetivo será redefinir el método `Equals`, que procede de la herencia de la clase `Object`:

```
public class Money
{
    ...
    public override bool Equals(object other)
    {
            if(other is Money m)
            {
                    return m.Amount == Amount && m.Currency == Currency;
            }
            return false;
    }
}
```

Gracias a esta redefinición, podemos simplificar la prueba anterior sustituyendo la comparación por la llamada al método `Equals`:

```
if(diezEuros.Equals(diezEuros2)) ...
```

Es mejor, pero todavía no nos beneficiamos de la posibilidad de tener el operador ==, que es el reflejo de los programadores que quieren probar la igualdad.

Para definir un operador en C#, se necesita una sintaxis un poco especial. En efecto, la sobrecarga de un operador no usa la palabra clave `override`. En lugar de eso, es preferible definir un método estático y usar la palabra clave reservada `operador`, directamente seguido del símbolo correspondiente al operador que se quiere redefinir. El resto de la función se comporta de manera normal. Para definir el operador == en nuestra clase `Money`, el código sería el siguiente:

```
public class Money
{
    ...
    public static bool operator ==(Money m1, Money m2)
    {
            return m1.Equals(m2);
    }
}
```

Asimismo podemos observar que redefinir el operador == también necesita redefinir !=; el compilador nos lo indica mostrando un error de compilación:

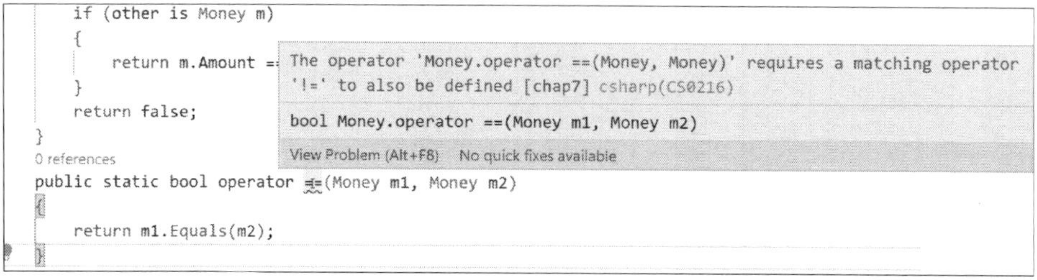

```
    if (other is Money m)
    {
        return m.Amount =: The operator 'Money.operator ==(Money, Money)' requires a matching operator
    }                     '!=' to also be defined [chap7] csharp(CS0216)
    return false;
                          bool Money.operator ==(Money m1, Money m2)
}
0 references              View Problem (Alt+F8)   No quick fixes available
public static bool operator ==(Money m1, Money m2)
{
    return m1.Equals(m2);
}
```

Error de compilación en ausencia de redefinición del operador !=

El código de este operador es muy sencillo: basta con hacer el inverso del == o invertir el resultado de la llamada a `Equals`:

```
public static bool operator !=(Money m1, Money m2)
{
    return !m1.Equals(m2);
}
```

Siguiendo esta misma lógica, es bastante sencillo prever también el operador de suma, que acumula el valor de dos instancias y devuelve una nueva:

```
public static Money operator +(Money m1, Money m2)
{
    if (m1.Currency != m2.Currency)
    {
        throw new InvalidOperationException("Solo es posible
sumar dos valores monetarios si son de la misma moneda");
    }
    return new Money(m1.Amount + m2.Amount, m1.Currency);
}
```

2.6 Tuplas y deconstrucción

El concepto de tupla existe desde hace mucho tiempo dentro del framework .NET (ver la clase `System.Tuple`, presente desde la versión 4 del framework). Sin embargo, la llegada de C# 7 no solo ha simplificado la escritura de tuplas, sino también ha hecho que todo sea más eficiente. En efecto, el tipo subyacente no es `System.Tuple`, sino `System.ValueTuple`, lo que indica que ahora estamos usando un tipo de valor en lugar de un tipo de referencia. Además, este tipo nuevo permite hacer la deconstrucción de clase.

2.6.1 Las tuplas en C# 7

Cuando un método debe devolver más de un valor, no hay muchas soluciones:

- Usar los parámetros accesibles en modo de escritura (`ref` y `out`), pero esto no es posible para los métodos asíncronos.
- Crear un tipo (estructura o clase) destinado a contener los valores que se devuelven.
- Usar una clase genérica del framework para alojar los datos.

Esta última opción es la más flexible. Sin embargo, antes de C# 7 no era la más accesible ni la más fácil.

La versión 7 aporta una facilidad de escritura que permite crear una tupla mediante simples paréntesis:

```
var tupla = (42, "Christophe Mommer");
```

En el código de arriba, la variable `tupla` contiene una tupla definida mediante dos datos: un entero primero y una cadena de caracteres en segundo lugar. Una vez creada la variable, podemos acceder a los valores gracias a las propiedades `ItemX`, donde `X` representa la posición del elemento en la declaración. Así, para acceder al entero, que es el primero, usamos la propiedad `Item1`:

```
Console.WriteLine(tupla.Item1);
```

Aunque la hemos usado como una variable local, es completamente posible usar una tupla como tipo de retorno. Entonces hemos recurrido a una escritura declarativa, indicando cuál es el tipo de cada propiedad, sin dar valor:

```
public (int, string) GetData()
{
    return (42, "Christophe Mommer");
}
```

Se puede almacenar el valor de esta llamada dentro de una variable para usarlo. Este planteamiento se escribe y se lee con facilidad, y dispone de una mejora que permite leer el código aún más fácilmente: la denominación. En efecto, aquí, para acceder a los valores, usamos `Item1` e `Item2`, lo que no da muchas indicaciones.

Se pueden nombrar las partes de una tupla dentro de su declaración:

```
public (int Numero, string Nombre) GetData()
{
    return (42, "Christophe Mommer");
}
var t = GetData();
Console.WriteLine(t.Numero);
Console.WriteLine(t.Nombre);
```

Esta pequeña mejora permite tener nombres de propiedades mucho más elocuentes que los predeterminados, incluso si, de manera subyacente, siempre se usan `Item1` e `Item2` (esta denominación solo es visible para el programador dentro de su entorno de trabajo).

Una tupla se puede deconstruir. En el ejemplo anterior, hemos recuperado una variable local, llamada `t`, desde la que después hemos extraído los valores `Numero` y `Nombre` accediendo a las propiedades interesadas. Gracias a una compatibilidad del lenguaje, podemos obtener directamente variables tipadas que corresponden a los elementos de la tupla:

```
(int numero, string nombre) = GetData();
Console.WriteLine(numero);
Console.WriteLine(nombre);
```

Este concepto también se puede simplificar usando `var`:

```
var (numero, nombre) = GetData();
Console.WriteLine(numero);
Console.WriteLine(nombre);
```

Esta operación se llama deconstrucción porque se extraen valores de un tipo para almacenarlos en las variables unitarias.

Para hacer las tuplas más explícitas, C# 12 introdujo la capacidad de crear un «tipo» para nuestras tuplas. Considere el siguiente ejemplo:

```
public (string apellido, string nombre) RecuperarIdentidad()
{
    return ("MOMMER", "Christophe");
}
```

Como podemos deducir, este método devuelve información sobre una persona. Sin embargo, esto no es necesariamente explícito. Al usar la palabra clave `using` al principio del archivo de código, es posible darle un alias a este tipo en particular:

```
using Persona = (string Apellido, string Nombre);

public Persona RecuperarIdentidad()
{
    return ("MOMMER", "Christophe");
}
```

Por lo tanto, un «tipo» de `Persona` ahora está disponible para su uso en el archivo y reemplaza una tupla de dos valores de tipo cadena, como podemos ver con el tipo de retorno del método `RecuperarIdentidad`. Conservamos toda la flexibilidad de la escritura en su uso, tanto para la creación de valor como para la recuperación y explotación.

2.6.2 Deconstrucción de tipo

La deconstrucción no está reservada solo a las tuplas y cualquier tipo puede aprovecharla si respeta las formalidades necesarias.

Para deconstruir un tipo, primero hay que definir cuáles son los datos que queremos extraer de manera unitaria. Por ejemplo, tomemos una clase `Persona`:

```
public class Persona
{
    public string Nombre { get; set; }
    public string Apellido { get; set; }
    public DateTime FechaDeNacimiento { get; set; }
}
```

Aquí consideramos que la identidad de la persona es útil de manera unitaria; por eso solo seleccionamos los dos datos `Nombre` y `Apellido`.

Para que el tipo pueda ser deconstruido, hay que crear un método llamado `Deconstruct`, que tiene los parámetros necesarios para la deconstrucción; estos últimos están marcados con `out`:

```
public class Persona
{
    public string Nombre { get; set; }
    public string Apellido { get; set; }
    public DateTime FechaDeNacimiento { get; set; }

    public void Deconstruct(out string nombre, out string Apellido)
    {
            nombre = Nombre;
            apellido = Apellido;
    }
}
```

Una vez implementado este método, se puede usar la misma sintaxis que la deconstrucción de tupla en una instancia de la clase `Persona`:

```
var p = new Persona { Nombre = "Christophe", Apellido = "Mommer" };
var (nombre, apellido) = p; // fase de deconstrucción, extracción
del nombre y del apellido en variables locales
```

Observación

Un tipo puede contener varios métodos `Deconstruct`, pero la firma debe ser única, es decir, que no es posible tener dos métodos `Deconstruct` con el mismo número de parámetros del mismo tipo, incluso si los parámetros tienen un nombre diferente (el compilador no tiene en cuenta el nombre).

Podemos usar discard (representado por el carácter guion bajo _) para omitir un valor que no nos interesa en la operación de deconstrucción. Por ejemplo, si solo queremos recuperar el apellido, escribimos:

```
var p = new Persona { Nombre = "Christophe", Apellido = "Mommer" };
var (_, nombre) = p; // solo tendremos una variable local
llamada nombre
```

Por último, en ausencia de la posibilidad de modificar el tipo interesado para añadir un método de deconstrucción, se puede crear un método de deconstrucción mediante un método de extensión. Para hacer esto, la lógica es completamente similar:

- El método debe ser `static`, dentro de una clase estática dedicada (como cualquier método de extensión).
- Debe devolver `void` y llamarse `Deconstruct`.
- Los parámetros deben ser de tipo `out`.

Por ejemplo, usamos el siguiente código para deconstruir una instancia de la clase `DateTime`:

```
public static class DateTimeExtensions
{
    public static void Deconstruct(this DateTime date, out int
jour, out int mes, out int ano)
    {
        dia = date.Day;
        mes = date.Month;
        ano = date.Year;
    }
}

DateTime d = new DateTime(1988, 12, 18);
var (dia, mes, ano) = d;
```

2.7 Función local

Desde C# 7, se puede crear una función local respecto a otra, es decir, no visible y no utilizable por otra función de la misma clase. La ventaja de este planteamiento es que una función de este tipo permite poner código en común sin el riesgo de que se use de una manera distinta a la prevista.

Una función local difiere ligeramente de una función clásica en el sentido de que no existe el concepto de alcance. Así, la firma sin alcance y el cuerpo de la función local los declaramos directamente dentro del cuerpo de la función.

```
public void Recibir()
{
    void DecirHola(string nombre, string apellido)
    {
        Console.WriteLine("Hola " + nombre + " " + apellido);
    }

    Console.WriteLine("Bienvenido jugador 1, escriba su nombre
y su apellido");
    var nombre1 = Console.ReadLine();
    var apellido1 = Console.ReadLine();
    DecirHola(nombre1, apellido1);

    Console.WriteLine("Bienvenido jugador 2, escriba su nombre
y su apellido");
    var nombre2 = Console.ReadLine();
    var apellido2 = Console.ReadLine();
    DecirHola(nombre2, apellido2);
}
```

En el bloque de código de arriba, la función `DecirHola` es una función local de la función `Recibir`. En efecto, el código que sirve para decir hola se puede poner en común y recuperarse. Incluso habríamos podido ir más lejos y hacer otra función local que recupera la información de los jugadores mediante una tupla, como acabamos de ver:

```
public void Recibir()
{
    void DecirHola(string nombre, string apellido)
    {
        Console.WriteLine("Hola " + nombre + " " + apellido);
```

```
    }
    (string, string) RecuperarInformacion(int numJugador)
    {
        Console.WriteLine($"Bienvenido jugador {numJugador},
escriba su nombre y su apellido");
        var nombre = Console.ReadLine();
        var apellido = Console.ReadLine();
        return (nombre, apellido);
    }
    var (nombre1, apellido1) = RecuperarInformacion(1);
    DecirHola(nombre1, apellido1);
    var (nombre2, apellido2) = RecuperarInformacion(2);
    DecirHola(nombre2, apellido2);
}
```

De manera predeterminada, una función local tiene acceso a las variables de la función que aloja. Sin embargo, se puede definir una función local como estática para ganar en rendimiento, pero entonces el acceso a las variables se vuelve imposible. En el caso presentado arriba, podemos hacer de manera que nuestras dos funciones locales sean estáticas. Esto solo es posible desde C# 8. Entonces solo hay que añadir la palabra clave `static` delante de la firma de la función local:

```
public void Recibir()
{
    static void DecirHola(string nombre, string apellido)
    {
        Console.WriteLine("Hola " + nombre + " " + apellido);
    }
    static (string, string) RecuperarInformacion(int numJugador)
    {
        Console.WriteLine($"Bienvenido jugador {numJugador},
escriba su nombre y su apellido");
        var nombre = Console.ReadLine();
        var apellido = Console.ReadLine();
        return (nombre, apellido);
    }
    var (nombre1, apellido1) = RecuperarInformacion(1);
    DecirHola(nombre1, apellido1);
    var (nombre2, apellido2) = RecuperarInformacion(2);
    DecirHola(nombre2, apellido2);
}
```

Observación

De ahora en adelante, este planteamiento es ampliamente usando con las plantillas nuevas ofrecidas por .NET 6. A lo largo de los capítulos anteriores, hemos tenido la ocasión de practicar la plantilla nueva para las aplicaciones de consola, que consiste en escribir el código directamente en la raíz del archivo cuando este está inyectado en la función `Main` *de la clase* `Program`*. Se puede escribir código, pero también funciones que, de hecho, son funciones locales, como acabamos de ver, porque estas funciones en realidad están definidas dentro de la función* `Main`*.*

Capítulo 8
Crear aplicaciones

1. Aplicación web

La ventaja del lenguaje C# es que permite realizar un amplio grupo de aplicaciones. Entre ellas, las que están más de moda son las aplicaciones web. En este capítulo, vamos a ver el conjunto de las aplicaciones que se pueden crear con C#.

Las aplicaciones web se dividen en dos grandes categorías:

- Las aplicaciones web gráficas, donde hay una interacción con el usuario.
- Las aplicaciones web de backend, que se encargan únicamente de tratar datos.

1.1 Aplicaciones web gráficas

Con .NET 8, Microsoft decidió unificar las diferentes aplicaciones web bajo el liderazgo del framework insignia Blazor. Por lo tanto, crear una aplicación web con C# hoy en día es como crear una aplicación Blazor y elegir cómo se ejecuta (solo en el servidor, solo en la estación de trabajo del cliente o ambos).

A pesar de todo, los viejos tipos de aplicaciones no han desaparecido. Sigue siendo posible crear aplicaciones ASP.NET exclusivamente para el servidor.

ASP.NET es la solución que permite crear sitios web. Usa una sintaxis de creación de las vistas que permite mezclar HTML y C# llamada Razor. Hay dos variantes para realizar aplicaciones ASP.NET:

- ASP.NET MVC: usa el patrón MVC (Modelo Vista Controlador), que permite usar una arquitectura probada y robusta, pero más restrictiva para implantar.
- ASP.NET Razor Pages: permite realizar páginas autónomas, más sencilla.

Para crear una aplicación ASP.NET, siga estos pasos:

- Abra Visual Studio Code.
- Si desea crear una aplicación ASP.NET MVC, presione [Ctrl]+[Mayús]+P para abrir el menú y elija **.NET: New project** y luego **ASP.NET Core Web App (Model-View-Controller)**.
- Si desea crear una aplicación ASP.NET Razor Pages, presione [Ctrl]+[Mayús]+ P para abrir el menú y elija **.NET: New project** y luego **ASP.NET Core Web App**.

Empezaremos por explorar rápidamente una aplicación ASP.NET MVC.

1.1.1 ASP.NET MVC

Una vez ejecutado el comando, se han generado algunos archivos y carpetas automáticamente. Sin entrar en detalles, encontramos tres carpetas correspondientes al patrón MVC: **Models**, **Views** y **Controllers**.

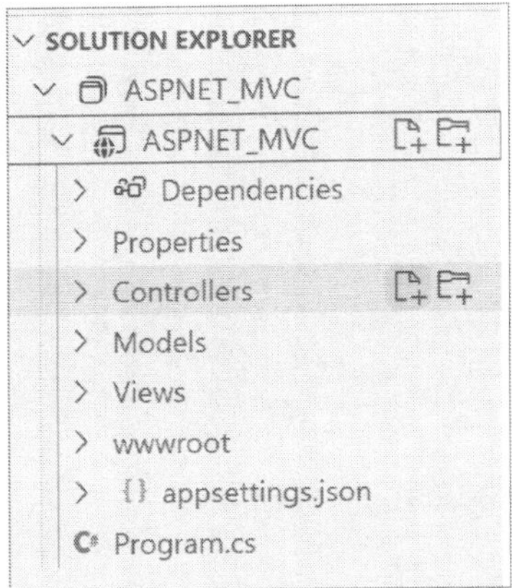

Lista de los archivos y carpetas generados

El funcionamiento de un sitio ASP.NET MVC es bastante sencillo. Cuando un usuario elige acceder a una página dada, el motor de enrutamiento analiza la URL introducida y determina qué controlador corresponde a esta última. Para funcionar, se basa en un patrón (*pattern*) definido en el archivo Program.cs al final del archivo:

```
app.MapControllerRoute(
    name: "default",
    pattern: "{controller=Home}/{action=Index}/{id?}");
});
```

Sin analizar la totalidad del funcionamiento, podemos constatar que una URL debe respetar ciertas formalidades, que permiten a ASP.NET determinar a dónde enviar la consulta. La primera parte corresponde al nombre del controlador, la segunda corresponde a la acción y la última corresponde a un posible parámetro de identificador. Por supuesto, todo esto es altamente configurable, pero dado que este no es un libro sobre ASP.NET sino sobre C#, no entraremos en detalles aquí.

Ahora observamos un controlador y abrimos el archivo HomeController dentro de la carpeta **Controllers**. Podemos ver que este archivo contiene un conjunto de métodos que devuelve una instancia `IActionResult`. Cada uno de los métodos del controlador se llama una acción (se trata de la segunda parte de la URL estudiada anteriormente). También podemos observar que ASP.NET omite el sufijo `Controller` durante el análisis de la URL.

Usando el ejemplo anterior, que da el valor predeterminado de la ruta en ausencia de un parámetro, el valor de la primera parte correspondiente al controlador es igual a `Home`, y no a `HomeController`. Esto quiere decir que, si desea crear un controlador nuevo, hay que seguir estos pasos:

- Cree una clase nueva que hereda de la clase básica `Controller`.
- Llame a esta clase como usted quiera, poniendo el sufijo `Controller`. Por ejemplo, si queremos llamar a nuestro controlador `MiControlador`, el nombre de la clase es `MiControladorController`.

Dentro de este controlador nuevo, creamos una acción nueva:

```
public IActionResult NuevaPagina()
{
    return View();
}
```

Esta acción se llama `NuevaPagina`, lo que quiere decir que es accesible mediante la URL: MiControlador/NuevaPagina. Sin embargo, constatamos que el método `NuevaPagina` devuelve la llamada a un método de la clase básica: `View`. Este método permite devolver la vista asociada a esta acción.

Las vistas se almacenan dentro de la carpeta Views. En esta carpeta se encuentran subcarpetas (cada una corresponde al controlador interesado) para que ASP.NET pueda encontrar la vista correspondiente por convención. Así, dentro de la carpeta Home ya presente se encuentran todas las vistas vinculadas al controlador HomeController. Haciendo un análisis, podemos comprobar que cada archivo de vista (que es un archivo cshtml) se nombra según la acción determinada.

Así, para simplificar, con el propósito de que un controlador pueda mostrar una vista dada, ASP.NET va a buscar una vista que tenga el nombre de la acción solicitada (si la acción devuelve la llamada al método `View`) dentro de la subcarpeta nombrada según el controlador, a su vez dentro de la carpeta **Views**.

Entonces creamos nuestra vista correspondiente a la acción que hemos creado antes, habiendo creado previamente la carpeta que lo contiene. Para crear el archivo cshtml, abra el menú con [Ctrl]+[Mayús]+P y elija **Custom file (without template)**, luego asígnele el nombre **NuevaPagina.cshtml**.

Jerarquía de la página correspondiente a la acción NuevaPagina

Este archivo tiene una extensión un poco particular, .cshtml, correspondiente a la concatenación de los archivos C# (.cs) y de los archivos HTML (.html). Por ejemplo, dentro de este archivo podemos escribir el siguiente código HTML:

```
<h1>¡Hola desde mi página nueva!</h1>
```

Si ejecutamos nuestra aplicación con ayuda del comando `dotnet run` en el terminal, el tiempo de ejecución de .NET nos indica la URL donde se está ejecutando el sitio. Al ir a nuestro navegador y acceder a la URL de la aplicación seguida de /MiControlador/NuevaPagina, llegamos a nuestra página con nuestro código HTML:

Visualización de nuestra página nueva en nuestro controlador

Observación

En caso necesario, es posible cambiar la URL de inicio editando el archivo launchSettings.json que se encuentra en la carpeta Properties, para definir una URL fija. Este valor debe establecerse en la propiedad `json` correspondiente a applicationUrl. `applicationUrl`.

El último concepto que todavía no hemos explorado en esta sección es la idea de modelo. Un modelo es una clase sencilla que permite hacer transitar datos desde el controlador hacia la vista y viceversa. Una vez creada esta instancia de clase, solo hay que pasarla como parámetro en el método `View` para que el modelo se envíe a la vista.

Creamos una clase nueva de modelo para almacenar nuestros datos, que guardaremos en la carpeta **Models** (no es necesario, pero sí útil para respetar la convención):

```
public class MiModelo
{
    public required string Data { get; set; }
}
```

Como podemos comprobar, un modelo es una clase sencilla que almacena un dato accesible en modo de lectura y de escritura. Por eso, modificamos ligeramente nuestra acción `NuevaPagina` para crear una instancia nueva de este modelo y pasarla a la vista:

```
public IActionResult NuevaPagina()
{
    var model = new MiModelo(
    model.Data = "desde el controlador";
    );
    return View(model);
}
```

Una vez efectuada esta modificación, la vista recibe la instancia de la clase y puede usarla. Para eso, hay que modificar la vista:

- a fin de indicarle qué tipo de modelo de recibe;
- a fin de usar el modelo en C#.

Para hacerlo, hay que modificar el código de la vista de la siguiente manera:

- Añada una instrucción en el encabezado de vista indicando el tipo de la clase que corresponde al modelo de esta vista. Esta instrucción empieza por `@model` seguida del tipo de la clase.
- Use el valor del modelo gracias a la propiedad `@Model` (atención a la M mayúscula, a diferencia de la primera instrucción declarativa) para acceder a los datos contenidos en la instancia.

Modificando el código de la vista, obtenemos esto:

```
@model MiModelo

<h1>¡Hola desde mi página nueva!</h1>
<p>Valor recibido: @Model.Data</p>
```

Al ejecutar la aplicación y navegando en nuestra página, podemos ver que se muestra el valor enviado desde el controlador:

Visualización de una página usando un modelo

Ha visto cómo crear un sitio ASP.NET MVC, cómo crear un controlador nuevo, una acción nueva y la vista asociada. Por supuesto, hay mucho más por descubrir en ASP.NET MVC: esto solo es una visión general. Para obtener más información sobre este marco, el autor invita al lector a consultar la obra ASP.NET Core MVC escrita por Christophe Gigax, publicada por Ediciones ENI.

Ahora vamos a ver otra manera de realizar sitios web en C#, con ASP.NET Razor Pages.

1.1.2 ASP.NET Razor Pages

Acabamos de ver el patrón MVC, que impone una arquitectura propia pero restrictiva. En efecto, para crear una página nueva, hay que crear dos elementos como mínimo (el controlador y la vista) y, generalmente, también un tercero, el modelo.

ASP.NET Razor Pages permite paliar esto y realizar páginas con mucha rapidez creando simplemente el archivo de vista. Para el código C# de interacción, podemos crear una clase asociada (pero si no se necesita, no tenemos que hacerlo).

Para crear una aplicación ASP.NET Razor Pages, use, como siempre, el menú de creación ([Ctrl]+[Mayús]+P) y elija **.NET: New Project** y luego **ASP.NET Core Web App** (tenga cuidado de elegir Web App simple) , sin MVC).

Una vez creada la aplicación podemos ver que la estructura no es la misma:

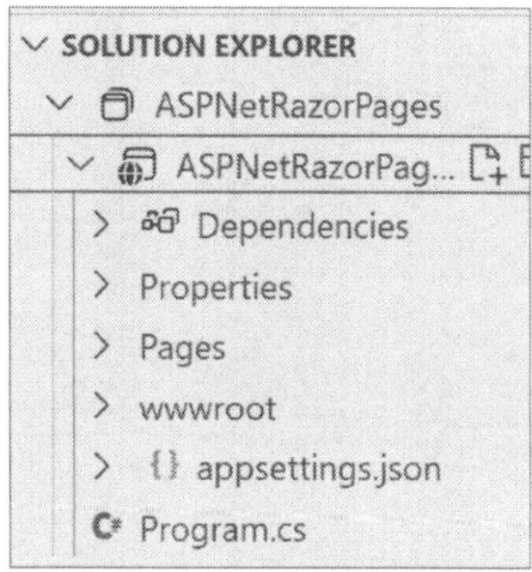

Listing de los archivos de una aplicación Razor Pages

Observamos particularmente que las carpetas **Controllers**, **Models** y **Views** han dejado su lugar a una única carpeta, llamada **Pages**. Abriendo esta última, podemos ver que los archivos presentes en el interior se parecen a los que se encontraban en el directorio **Views** de la aplicación ASP.NET MVC, con la diferencia de que, para cada archivo cshtml, también existe un archivo cs asociado (se debe usar el pequeño cheurón para expandir el contenido del archivo cshtml, porque la pantalla del explorador de soluciones agrupa el archivo cs debajo del archivo cshtml).

Por ejemplo, tenemos el archivo index.cshtml y, debajo, el archivo index.cshtml.cs. Para describir este último, que es un archivo C#, hablamos del archivo *code-behind* porque contiene el código asociado a la página que permite reaccionar a ciertas etapas del ciclo vital.

Al contrario de ASP.NET MVC aquí solo es necesario crear un archivo cshtml para realizar una página nueva. Para crear una nueva página, haga clic derecho en la carpeta Pages, elija **Add new file** y luego, en el menú que se abre, elija **Razor Page**. Visual Studio Code creará automáticamente el archivo cshtml y su archivo cs asociado.

El archivo cshtml contiene ciertas instrucciones de encabezado distintas de lo que se ha visto para ASP.NET MVC.

En primer lugar, allí encontramos la instrucción `@page`, posiblemente seguida entre comillas de una ruta a partir de la que podemos llegar a esta página. Entonces, el desarrollador define la URL explícitamente en la página interesada y no basada en una convención analizada por el motor de enrutamiento de ASP.NET MVC. Aquí, definimos que se puede acceder a nuestra página nueva en la URL `/new`; entonces, la instrucción en el encabezado del archivo es:

```
@page "/new"
```

Luego, encontramos la instrucción `@model`, pero esta última le permite definir no el modelo en el sentido MVC, sino el tipo correspondiente a la clase que servirá como code-behind. Esta es la clase que se creó al mismo tiempo que el archivo cshtml. Gracias al asistente de creación de una nueva página de Razor, la instrucción `@model` ya está definida y el archivo de code-behind respeta lo necesario, incluido el hecho de que esta clase debe heredar de la clase base `PageModel`.

Observación

Aunque el asistente de creación de una nueva página de Razor nos haga la vida más fácil, todavía adolece de imperfecciones, al menos en el momento de escribir este libro. Entre ellas estará el hecho de que el espacio de nombres predeterminado será `MyApp.Namespace` y, por lo tanto, no será el espacio de nombres real de su aplicación. Será necesario modificarlo tanto en el archivo cshtml como en el archivo cshtml.cs.

el contenido del archivo NuevaPage.cshtml.cs es el siguiente:

```
namespace ASPNetRazorPages.Pages;
public class NuevaPageModel : PageModel
{
    public void OnGet()
    {
    }
}
```

Ahora escribimos código HTML en nuestra nueva página, de manera que el contenido total de la página sea equivalente a este:

```
@page "/new"
@model NuevaPageModel

<h1>¡Hola desde la página nueva!</h1>
```

Lanzando nuestra aplicación (mediante el comando `dotnet run` o con Visual Studio Code) y navegando a la URL definida en el archivo launchSettings.json seguido de «/new», llegamos a nuestra nueva página:

Visualización de la página nueva

El planteamiento Razor Pages con código subyacente también permite tener código C# para gestionar datos mediante programación. Así, nuestra clase `NuevaPageModel` permite alojar datos que la página cshtml podrá gestionar. Para demostrarlo, creamos una propiedad de tipo `string` en nuestro modelo:

```
public string Date { get; private set; }
```

Para que esta propiedad sea alimentada desde que navegamos en la página, utilizamos el método OnGet a fin de poner en la propiedad Date la fecha actual:

```
public void OnGet()
{
    Date = DateTime.Now.ToString();
}
```

Observación

El método `OnGet` forma parte del conjunto de los métodos convencionales accesibles en una clase que hereda de `PageModel` en el marco de las Razor Pages. Hay dos métodos por verbo HTTP (`GET`, `POST`, `PUT`, etc.): una versión síncrona (como `OnGet`) y una versión asíncrona (como `OnGetAsync`).

Nuestra propiedad es accesible públicamente en modo de lectura; por eso se puede usar en la vista para mostrarla con la sintaxis Razor, añadiendo el siguiente código al final del archivo cshtml:

```
<p>Hoy es @Model.Date</p>
```

Cuando ejecutamos la aplicación y navegamos en la página, la fecha que se ha calculado en el acceso de ésta se muestra correctamente:

Visualización de la página con una fecha calculada

Podemos comprobar que es más rápido crear una aplicación web con páginas sencillas usando ASP.NET Razor Pages. Esta sencillez también tiene un coste: cuando el sitio empieza a ser cada vez más grande, es más complicado conservar una arquitectura limpia que con el patrón MVC. Pero ASP.NET Razor Pages resulta muy útil para crear un sitio web con rapidez disfrutando de un planteamiento más fácil.

Sin embargo, ASP.NET MVC y ASP.NET Razor Pages no ofrecen ningún medio de ser muy dinámico sin usar el lenguaje JavaScript. No obstante, hay una alternativa: Blazor. Además, como se dijo en la introducción, con .NET 8, Microsoft hizo de Blazor la opción predeterminada para crear aplicaciones web en C#, ya que el marco es capaz de manejar todos los diferentes escenarios. Descubramos cómo crear una aplicación Blazor.

1.1.3 Blazor

Ya sea con ASP.NET MVC o ASP.NET Razor Pages, el funcionamiento sigue la misma lógica: cada petición de navegación se traduce en una navegación HTTP que necesita cargar todos los recursos del destino deseado. La emergencia de las SPA (*Single Page Application*) en JavaScript, que permite cargar únicamente lo que ha cambiado en la página, ha impulsado un nuevo uso de las aplicaciones web. Para este uso no había soluciones en C# antes de la llegada de Blazor.

.NET 8 cambió el enfoque adoptado por Blazor. Mientras que antes el marco se dedicaba exclusivamente a crear aplicaciones tipo SPA ricas y dinámicas, la nueva versión también permite crear aplicaciones de servidor como ASP.NET MVC o Razor Pages, manteniendo el formalismo y las prácticas de Blazor.

Blazor, que existe en dos variantes de aplicaciones distintas, permite realizar SPA, con la diferencia de que el programador no necesita usar JavaScript. Hay una variante que se basa en el servidor (Blazor Wep App) y una variante que usa exclusivamente un tipo de aplicación nuevo en el mundo de la web, Blazor WebAssembly.

En el modo de renderizado llamado «Auto» de Blazor Web App, el servidor carga los componentes y luego los renderiza en WebAssembly para una mejor experiencia de usuario. Es completamente posible optar por la representación exclusiva en el servidor (manteniendo el dinamismo o no) u optar por la representación WebAssembly exclusiva (mientras la aplicación del servidor sirve los componentes).

Existe un conjunto importante de diferencias en las limitaciones de cada una de las versiones, pero la realización de componentes (que es el núcleo de una aplicación Blazor y que corresponde a un fragmento de página) sigue siendo similar a nivel global. Por eso, aquí vamos a ver un ejemplo en WebAssembly.

Para crear una aplicación nueva Blazor WebAssembly autónoma, usamos el comando `dotnet new blazorwasm`.

Después de abrir el proyecto en Visual Studio Code, encontramos una jerarquía bastante similar a lo que ya vimos con ASP.NET Razor Pages:

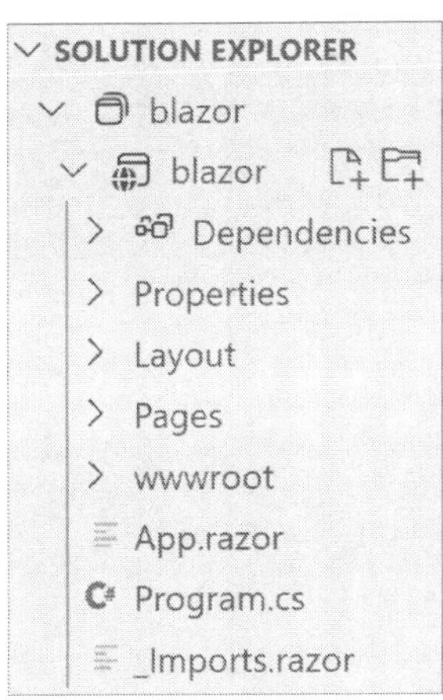

Jerarquía de los archivos de una aplicación Blazor WebAssembly

La carpeta **Pages** contiene el conjunto de los componentes de nuestra aplicación Blazor. Un componente puede ser de dos tipos distintos:

- Un componente enrutable, es decir, equivalente a una página, porque se puede acceder a él mediante un dato URL.
- Un componente integrado, que ofrece una gran capacidad de reutilización, pero es imposible acceder a él directamente.

En la carpeta Pages de nuestra aplicación Blazor WebAssembly, solo tenemos componentes enrutables. Estos últimos se distinguen debido a la presencia de la instrucción `@page` en el encabezado del archivo de código.

Los componentes Blazor retoman la sintaxis Razor, que permite mezclar C# dentro del código HTML. La diferencia principal del planteamiento de Blazor es la posibilidad de crear código C# para añadir dinamismo y reaccionar ante los eventos en elementos HTML, algo que antes solo era posible mediante JavaScript.

Por ejemplo, dentro del componente Counter.razor situado dentro de la carpeta Pages, podemos comprobar que hay un botón y que si tiene lugar el evento clic se llama a una función C#.

```
<button class="btn btn-primary" @onclick="IncrementCount">
Click me</button>

@code {
    private int currentCount = 0;

    private void IncrementCount()
    {
        currentCount++;
    }
}
```

Este planteamiento permite actuar frente a casi todos los eventos existentes. El código C# que sustituye al código JavaScript se debe colocar dentro de una etiqueta Razor específica al final del archivo: `@code { }`.

Para experimentar un poco esta tecnología, creamos un componente Razor nuevo vamos a llamar Reloj.

- Haga clic derecho en la carpeta **Páginas**.
- Elija **Add New File...**.
- Seleccione el elemento **Razor Component**.
- Introduzca el nombre del componente (aquí, «Reloj»).

Dentro de este componente, creamos un reloj que se actualiza cada segundo; de esta manera podemos usar nuestros conocimientos de C# para aportar dinamismo.

Para que este componente pueda mostrar la hora actual, se necesita una propiedad de `DateTime` que mostraremos dentro del código HTML:

```
@page "/reloj"

<h1>¡Hola!</h1>
<p>Es @Date</p>

@code {
    private DateTime Date { get; set; } = DateTime.Now;
}
```

Para navegar en este componente sin tener que refrescar toda la página, hay que añadir un elemento en el menú que se encuentra dentro del componente NavMenu.razor, a su vez dentro de la carpeta Layout de la aplicación. Añadimos el código HTML a continuación de las otras etiquetas `<div>` ya existentes:

```
        <div class="nav-item px-3">
           <NavLink class="nav-link" href="reloj">
                <span class="bi bi-list-nested-nav-menu"
aria-hidden="true">
</span> Reloj
           </NavLink>
        </div>
```

Si lanzamos nuestra aplicación con el comando `dotnet.run` y navegamos por nuestro componente mediante el menú, vemos que la fecha se muestra, pero no está actualizada. En efecto, no hay un refresco automático del valor.

Para que eso funcione, hay que conectarse en una etapa específica del ciclo de vida del componente (cuando se inicializa el componente) para implantar el código de actualización de la propiedad `Date` cada segundo. Blazor pone a nuestra disposición un conjunto de puntos de entrada en el ciclo de vida que no vamos a describir en este libro; para nuestras necesidades actuales usaremos el método `OnInitialized`.

En este último, actualizaremos nuestro componente de manera regular cada dos segundos. Sin embargo, no podemos olvidar un pequeño detalle: Blazor es un framework gráfico y, por eso, hay un thread dedicado que tiene todos los objetos gráficos. Hay que pedirle a este thread que actualice los elementos de interfaz porque los otros threads no pueden hacerlo debido a que no son propietarios de los objetos gráficos. Para realizar esta operación usamos el método `InvokeAsync`.

Además, para notificarle a Blazor que la operación realizada ha modificado el estado y que se tiene calcular la devolución, usamos el método `StateHasChanged`. Por último, para que esto no bloquee el thread gráfico, lanzaremos este bucle infinito de actualización del reloj dentro de una tarea dedicada que se ejecuta en segundo plano gracias al método `Thread.Run`. El código completo de nuestro componente de reloj es el siguiente:

```
@page "/reloj"

<h1>¡Hola!</h1>
<p>Es @_date</p>

@code {
    private DateTime _date = DateTime.Now;

    protected override void OnInitialized()
    {
        Task.Run(async () =>
        {
            while (true)
            {
                await InvokeAsync(() => _date = DateTime.Now);
                StateHasChanged();
                await Task.Delay(1000);
            }
        });
    }
}
```

Ahora, cuando navegamos hacia nuestro componente reloj, podemos ver avanzar el tiempo de segundo en segundo de manera efectiva.

Por lo tanto, hemos hecho un reloj web que se actualiza cada segundo sin usar una única línea de código JavaScript.

1.2 API

Hasta ahora, solo hemos explorado las aplicaciones web desde el punto de vista de las aplicaciones gráficas. Sin embargo, cada vez se crean más aplicaciones separando la parte gráfica (llamada front-end) de la parte de actividad (llamada back-end). Esta separación se puede hacer creando aplicaciones especiales, llamadas API. Estas últimas no proporcionan ninguna interfaz gráfica (aunque no lo impone ninguna limitación técnica, se trata sobre todo de una elección de arquitectura), pero ofrecen puntos de entrada (endpoints) que permiten acceder a funcionalidades de actividad, así como a los datos almacenados en el servidor.

ASP.NET ofrece un tipo de proyecto, llamado ASP.NET WebAPI, que permite realizar API con ese fin. Hay dos variantes para crear API de ASP.NET: la variante MVC (histórica) y la variante mínima. Microsoft destaca esta última, que tiene una serie de inclinaciones en sus convenciones pero es extremadamente eficiente y similar a los estándares modernos de otras soluciones del mercado.

Para crear una nueva API que utilice la variante mínima, use el comando `dotnet new webapi -minimal`.

Cuando se explora el contenido de este proyecto nuevo, podemos notar que no hay muchos archivos:

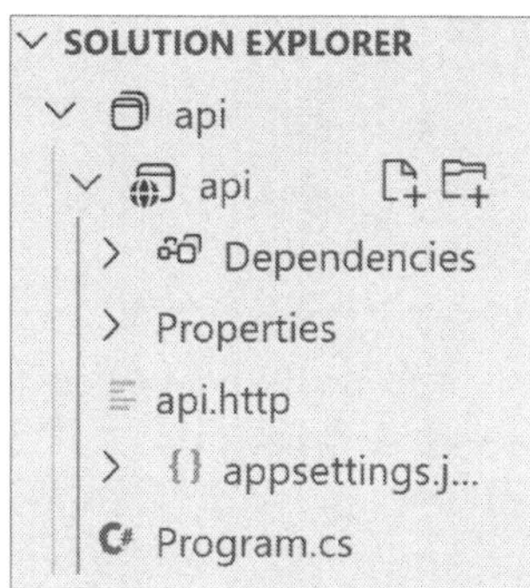

Archivos de una aplicación ASP.NET WebAPI con enfoque mínimo

La forma en que una API de ASP.NET maneja las llamadas consiste en realizar una llamada al método `Map` seguido del verbo HTTP deseado. Estas llamadas, en la plantilla de ejemplo, se agregan directamente dentro del código del archivo Program.cs. Por supuesto, es posible crear archivos dedicados para agrupar los endpoints que la aplicación debe gestionar.

Para crear un endpoint en nuestra API, todo lo que necesita hacer es llamar al método `Map` correspondiente y pasar como parámetro primero la ruta a la que se podrá acceder a este endpoint y luego el método que se ha de ejecutar cuando se invoque este punto final.

Por ejemplo, si queremos crear un nuevo endpoint accesible con el verbo HTTP GET en la ruta «/endpoint» y este endpoint devuelve el texto «ok», se necesitará escribir el siguiente código:

```
app.MapGet("/endpoint", () => "ok");
```

Este enfoque es mucho más sencillo que el original para crear un nuevo endpoint. Mientras que antes era necesario crear una aplicación MVC eliminando la compatibilidad con vistas, aquí bastará con enumerar los diferentes endpoints. Si lanzamos nuestra aplicación y navegamos hasta la URL «/endpoint», obtenemos el siguiente resultado:

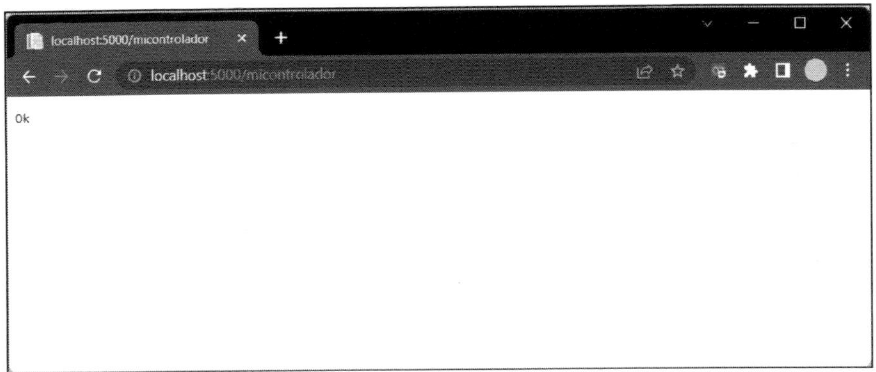

Resultado de la ejecución de un endpoint de API

Una vez más, hay que recordar que la finalidad de una API no es proporcionar interfaces gráficas, sino transmitir datos. Usamos en la API el grupo de los verbos HTTP disponibles: `GET`, `POST`, `PUT`, `DELETE`, `PATCH`, etc. Todos estos verbos se pueden utilizar mediante el método `Map` seguido del nombre del verbo. Acceder a una URL mediante el navegador web corresponde a una consulta GET; por eso el código ejecutado es el del método `GET`. Para los otros verbos HTTP, hay que usar un cliente que permita ejecutar estas consultas.

Este tipo de cliente es una herramienta indispensable para todos los programadores de API. Visual Studio Code ofrece una extensión llamada REST Client que admite archivos con la extensión .http. Un archivo con esta extensión contiene un conjunto de llamadas HTTP que se pueden ejecutar directamente desde el editor. Una vez instalada la extensión, podemos abrir el archivo llamado api.http que se generó automáticamente al crear nuestra aplicación.

Este archivo contiene una llamada de ejemplo al endpoint de pronóstico del tiempo con el verbo HTTP `GET`. La extensión nos permite, al hacer clic en el enlace **Send Request** encima de la línea que describe el endpoint, realizar una llamada `GET` directamente desde Visual Studio Code:

```
api.http > GET /weatherforecast/
1 reference
@api_HostAddress = http://localhost:5193

Send Request
GET {{api_HostAddress}}/weatherforecast/
Accept: application/json

###

```

Apertura de un archivo .http con Visual Studio Code y la extensión REST Client

Para poner en práctica el uso del verbo POST, vamos a realizar las siguientes acciones:

- Crear una clase estática que contenga propiedad pública estática de tipo `string` (compartida entre todas las sesiones cliente de nuestra API, algo que se ha de evitar en la mayoría de los casos en una API destinada a la producción).
- Recuperar el valor de esta propiedad en el método `endpoint`.
- Actualizar el valor de esta propiedad en un endpoint nuevo (que llamaremos `setvalue`) accesible mediante el verbo `POST`.

Para que eso pueda funcionar, por supuesto hay que declarar la clase y la propiedad (normalmente al final del archivo Program.cs), pero también llamar el método `MapPost` para gestionar la llamada por `POST`. Todo método de API debe devolver una respuesta HTTP para indicar si la ejecución se ha realizado con éxito o no. Para eso, nuestro método `Post` devuelve `TypedResults.Ok` después de haber asignado el valor de la propiedad estática. Igualmente, hay que prever la transformación del método `Get` para devolver el valor de esta propiedad en lugar del valor fijo «`Ok`».

Por convención, y debido a que se trata de un estándar web, se espera que los datos de entrada estén en formato JSON. Por tanto, será necesario crear un objeto para recibir el valor emitido por un `POST` dentro de su cuerpo. Este objeto será un simple DTO (*Data Transfer Object*) que tendrá la única función de transmitir información. El código agregado a nuestro archivo Program.cs es el siguiente:

```
[...] // código omitido por brevedad

app.MapGet("/endpoint", () => Data.Value);
app.MapPost("/setvalue", (PostBody body) => {
    Data.Value = body.Value;
    return TypedResults.Ok();
});

[...] // código omitido por brevedad

app.Run();

// La clase estática compartida entre los diferentes endpoints.
{
    public static string Value {get; set;} = "data";
}

// El DTO para recuperar información del cuerpo de la solicitud POST
public class PostBody
{
    public string Value {get;set;}
}
```

Ahora que se han programado los endpoints, es el momento de comprobar que funcionan. Para hacer esto, primero vamos a lanzar la aplicación con ayuda del comando `dotnet run`. Luego, será necesario modificar el archivo .http para añadir las llamadas que queramos realizar. La convención en este tipo de archivo es separar las llamadas con tres símbolos de almohadilla (#). El contenido de nuestro archivo .http será, por tanto, el siguiente:

```
@api_HostAddress = http://localhost:5193

GET {{api_HostAddress}}/weatherforecast/
Accept: application/json

###
```

```
GET {{api_HostAddress}}/endpoint/
Accept: application/json

###

POST {{api_HostAddress}}/setvalue/
Accept: application/json
Content-type: application/json

{
    "value":"lolo"
}
```

Cuando enviamos la solicitud `POST`, al hacer clic en el enlace **Send Request** que se encuentra arriba, podemos ver el resultado, que se muestra a la derecha de nuestra pantalla. Allí encontramos la respuesta, así como el código HTTP recibido (200):

Response(3ms) ×

```
HTTP/1.1 200 OK
Content-Length: 0
Connection: close
Date: Wed, 06 Dec 2023 07:03:46 GMT
Server: Kestrel
```

Devolución del resultado de la ejecución de nuestra consulta

Por lo tanto, se puede usar el navegador para acceder a nuestra URL y recuperar el valor enviado con el método `POST`.

Observación

*También se puede usar el archivo .http para recuperar el valor. Para ello, simplemente se hace clic en el enlace **Send Request** encima de la llamada HTTP `GET`. Esto permite usar una única herramienta para probar la API de principio a fin.*

Hemos visto los distintos tipos de aplicaciones web que se puede crear en C# gracias al framework ASP.NET. Sin embargo, con el lenguaje se pueden crear una gran variedad de aplicaciones. Ahora vamos a ver cómo crear una aplicación de escritorio.

2. Aplicación de escritorio

Incluso si las aplicaciones de escritorio están mucho menos de moda que durante las últimas décadas, siguen siendo imprescindibles cuando se trata de hacer aplicaciones que permitan comportamientos avanzados. Históricamente, .NET es una plataforma destinada a Windows; por eso es lógico disponer de frameworks que permitan realizar aplicaciones de escritorio Windows. Para esto hay tres frameworks gráficos: WinForms, WPF y UWP.

Observación

Dado que este capítulo trata las aplicaciones de escritorio para Windows, es necesario disponer de una estación de trabajo con Windows y tener instalado el IDE Visual Studio 2022 bajo Windows (https://visualstudio.microsoft.com/es/downloads/, porque él solo contiene todas las herramientas necesarias para poder crear este tipo de aplicación. Durante la instalación, hay que asegurarse de haber instalado la carga de trabajo "Desarrollo de escritorio de .NET" a fin de tener a su disposición todas las herramientas para este tipo de proyecto (ver imagen siguiente).

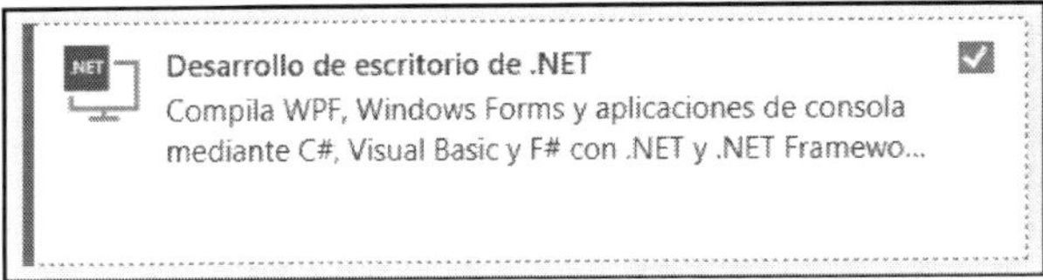

Carga de trabajo Desarrollo de escritorio de .NET

2.1 WinForms

WinForms es el planteamiento más antiguo para crear aplicaciones de escritorio. Sucesor de Visual Basic 6, Winforms sigue siendo una manera muy rápida de crear aplicaciones con facilidad. Microsoft ha impulsado otra tecnología de aplicación de escritorio, WPF (que veremos en la siguiente sección), considerada como la sucesora de WinForms, pero esta última sigue siendo imprescindible para la realización de una aplicación de escritorio ligera y rápida. Esto se debe al hecho de que la implementación se hace de manera muy rápida gracias al diseñador y la interfaz gráfica se basa en la capa GDI+, muy rápida en la ejecución y consume pocos recursos.

Sin embargo, GDI+ no permite disfrutar de la aceleración de hardware 3D, lo que puede causar ciertas limitaciones.

Desde la llegada de .NET Core 3.0, se pueden crear aplicaciones Winforms mediante las últimas versiones de .NET, de tal manera que podemos crear una aplicación nueva gracias al comando `dotnet new winforms`.

La ejecución de este comando genera algunos archivos de una aplicación ya ejecutable, pero completamente vacía. La manera de crear una aplicación WinForms se basa en la creación de ventanas, llamadas «Forms». Cada ventana se divide en dos archivos: el archivo de código fuente C# y el archivo de diseñador en C# que permite describir la forma de composición de la interfaz gráfica.

También observamos la presencia de un archivo de proyecto (.csproj) que solo se puede abrir con Visual Studio. Entonces es necesario hacer doble clic en este archivo para cargar el proyecto WinForms en Visual Studio.

Una vez cargado, el explorador de soluciones nos muestra el contenido de nuestro proyecto:

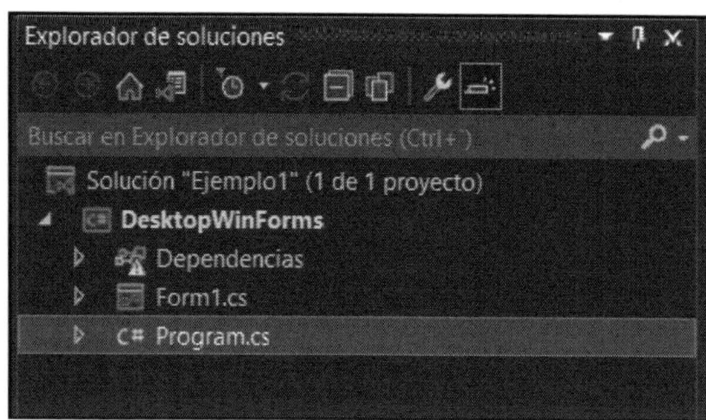

Listado de los archivos de un proyecto WinForms

Podemos comprobar que el icono de la clase `Form1.cs` es distinto del de Program.cs porque Visual Studio ha reconocido que se trataba de una ventana. El archivo Program.cs contiene código muy distinto de todo lo que hemos visto hasta ahora. En esta clase vemos cuatro líneas de código, que usa la clase estática `Application`, para preparar nuestra aplicación de escritorio. La última línea indica qué ventana lanzar como ventana principal instanciándola.

Vemos que es bastante sencillo crear una ventana nueva y mostrarla. Si hacemos doble clic en el archivo **Form1.cs**, el editor gráfico de la ventana se lanza en Visual Studio, mostrando la ventana tal y como está en el lanzamiento. También vemos que el título de la ventana es Form1. Vamos a arreglarlo:

- Haga clic derecho en la ventana.
- En el menú contextual, seleccione **Propiedades**.
- En la parte lateral que se abre (normalmente a la derecha), en el nivel del grupo **Apariencia**, en la propiedad **Text**, sustituya «*Form1*» por «*Mi primera ventana WinForms*».

Cuando haya salido de la zona de texto, podremos comprobar inmediatamente que se ha modificado el título de la ventana. La zona de propiedad de Visual Studio es un acceso rápido al archivo de código subyacente, donde se guardan las propiedades personalizadas. De hecho, cualquier modificación de la interfaz gráfica se guarda en el archivo Form1.Designer.cs. Este archivo podemos encontrarlo desplegando el archivo Form1.cs en Visual Studio.

Si abrimos el archivo, constatamos que la modificación hecha anteriormente se encuentra en el método `InitializeComponent`.

Observación

Tenga cuidado con no modificar este archivo directamente porque se genera de manera automática y es posible que se pierda información si se manipula de forma manual. Se recomienda permanecer dentro de las herramientas que ofrece Visual Studio.

Ahora vamos a añadir un botón en nuestra ventana y mostrar un mensaje cuando se hace clic en este botón. Para hacerlo, hay que cargar la caja de herramientas de los componentes gráficos disponibles. Es posible que la caja de herramientas ya esté disponible como pestaña en la parte izquierda. Entonces solo hay que hacer clic encima para desplegar el panel y anclarlo. Si la pestaña no está disponible, será necesario ir al menú **Ver** y luego a **Cuadro de herramientas** (método abreviado de teclado [Ctrl][Alt] **X**). A la ventana podría tomarle un poco de tiempo inicializarse y, una vez a punto, muestra la lista de los controles que es posible usar en la aplicación:

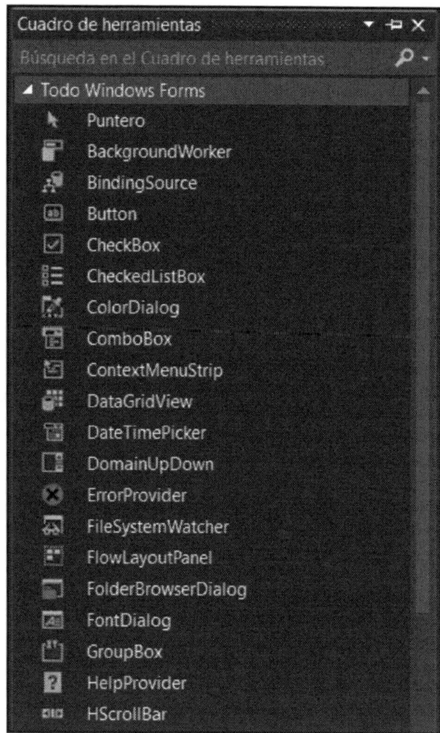

Caja de herramientas de los controles WinForms en Visual Studio

El diseño de la ventana WinForms es muy sencillo: solo hay que arrastrar y soltar el componente elegido en la ventana y colocarlo en el lugar deseado utilizando el ratón.

Vamos a tomar el control **Button** y lo arrastraremos dentro de nuestra ventana hasta el lugar elegido. Deberíamos observar un botón visible y que contiene el texto *button1*. Siguiendo con lo que hemos hecho para la ventana principal, hacemos clic derecho en el botón, seleccionamos **Propiedades** y cambiamos el texto por «*Hacer clic aquí*».

Ahora, hay que prever el código que se mostrará cuando el usuario haga clic en el botón. Se realizan dos acciones:

- Mostrar una ventana emergente que contiene el mensaje «Ha hecho clic en el botón».
- Mostrar en el elemento de texto «Última vez que se ha hecho clic en el botón:» seguido de la fecha y la hora.

Para mostrar un elemento de tipo texto sencillo, usamos el control **Label** y lo arrastramos para colocarlo a continuación del botón que hemos creado antes. De manera predeterminada, el texto es *label1*, pero vamos a cambiarlo para poner un texto vacío quitando el contenido del campo **Text** en las propiedades.

Ahora, para que podamos reaccionar al hacer clic en el botón, hay que suscribirse al evento de clic. La suscripción se puede hacer de dos maneras:

- La más sencilla consiste en hacer doble clic en el botón dentro del diseñador.
- La más personalizable consiste en definir el nombre del método anteriormente desarrollado y asignarlo mediante las propiedades en el evento **Click**.

Vamos a elegir la manera sencilla. Cuando hacemos doble clic en el botón, Visual Studio nos lleva directamente a un método llamado `button1_Click` que se ha generado y asignado de manera automática.

Dentro de este método, vamos a realizar las dos operaciones anteriormente citadas. Todos los controles colocados en nuestra ventana tienen un nombre, y este nombre hace el control accesible dentro del código. Así, nuestro botón se llama button1 y nuestro texto, label1. Esto quiere decir que, desde el código C#, se puede acceder al texto para definir su propiedad `Text` con el siguiente código:

```
label1.Text = "Última vez que se ha hecho clic en el botón: " +
DateTime.Now;
```

Para mostrar una ventana emergente, usamos la clase estática `MessageBox` y el método `Show`:

```
MessageBox.Show("Ha hecho clic en el botón");
```

Una vez escrito este código, podemos lanzar nuestra aplicación mediante el depurador de errores integrado en Visual Studio haciendo clic en el botón de inicio situado en la zona superior:

Botón de inicio de la aplicación

Al hacer clic en el botón, podemos ver que la zona de texto se actualiza y la ventana emergente aparece con el texto deseado.

Podemos ver el conjunto del código generado por el diseñador WinForms abriendo el archivo Form1.Designer.cs. Entonces observamos que cada acción que hemos efectuado está vinculada a código generado, como todo lo que tiene que ver con el botón, y se resume en el siguiente código, situado en el método `InitializeComponent`:

```
this.button1.Location = new System.Drawing.Point(207, 104);
this.button1.Name = "button1";
this.button1.Size = new System.Drawing.Size(94, 29);
this.button1.TabIndex = 0;
this.button1.Text = "Hacer clic aquí";
this.button1.UseVisualStyleBackColor = true;
this.button1.Click += new System.EventHandler(this.button1_Click);
```

Como podemos observar, WinForms permite crear aplicaciones de escritorio de manera rápida y sencilla. Sin embargo, hay algunas limitaciones y por eso Microsoft ha publicado un framework nuevo para realizar aplicaciones de escritorio: WPF.

2.2 Windows Presentation Foundation (WPF)

Publicado con Windows Vista, WPF pretendía sustituir a WinForms y aportar un nuevo modelo de desarrollo de las aplicaciones de escritorio. WPF se basa en la capa gráfica DirectX (que ahora permite la aceleración de hardware 3D) y también ofrece una arquitectura más moderna gracias al patrón MVVM (*Model-View-ViewModel*).

El planteamiento adoptado por WPF para la creación de interfaces gráficas es distinto del de WinForms. Allí donde este último se basaba casi exclusivamente en el diseñador, WPF incluye un lenguaje nuevo de creación de interfaces: el XAML. Muy parecido al XML y al HTML, el XAML es el lenguaje de etiquetas que permite realizar una ventana sin usar el diseñador, especialmente con normas de dimensionamiento dinámico, y también con ayuda de data-binding, que de esta manera permite separar con claridad la vista del código de actividad. La ventaja de XAML es que podemos crear una interfaz gráfica sin usar ningún diseñador porque hay lógica real de ubicación de los componentes, a semejanza de lo que se puede hacer en la web con HTML y CSS. No se recomienda el uso de coordenadas como en WinForms, aunque es posible hacerlo.

.NET Core 3 también se entregó con el soporte de WPF, de tal manera que se puede crear una aplicación nueva gracias al comando `dotnet new wpf`.

Cuando se ha generado el proyecto, podemos observar una diferencia respecto a los archivos generados en WinForms. De hecho, aquí, no se trata de una ventana almacenada en archivos .cs, sino que descubrimos una extensión nueva, .xaml:

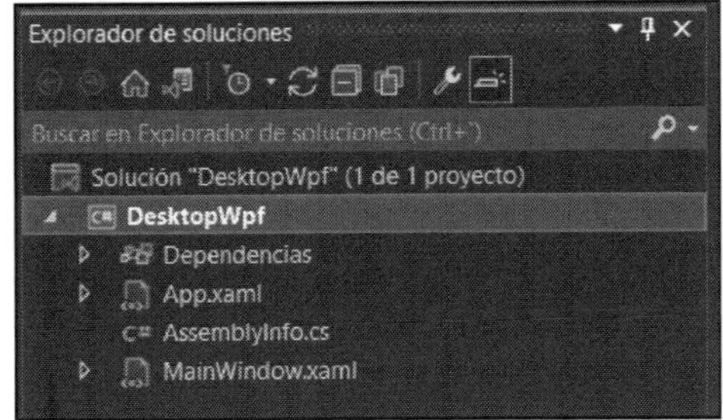

Lista de los archivos de una aplicación WPF

Para modificar el código de la ventana, hay que abrir el archivo MainWindow.xaml. En general, observamos que hay un archivo de código C# asociado, que podemos ver desplegando la flecha a la izquierda del archivo XAML. El archivo MainWindow.xaml.cs es visible. Este archivo corresponde al código subyacente, es decir, el código C# que podemos asociar a la ventana WPF. Este archivo no es equivalente al archivo Designer que tenemos en WinForms porque no contendrá toda la información relacionada con la ubicación, ni la información de los controles, porque estos últimos se encuentran en el XAML.

Para hacer lo mismo que lo que hemos realizado en nuestra aplicación WinForms, pero usando el planteamiento que proporciona WPF, vamos a tener que modificar el XAML. WPF dispone de varios controles que permiten hacer el diseño de la ventana. El componente `Grid` es uno de los más usados y fáciles de comprender porque se trata de una cuadrícula de colocación.

Así, en nuestra aplicación, tendremos una cuadrícula con dos columnas. Por eso, hay que modificar el código XAML para indicar esta información:

```
<Window x:Class="DesktopWpf.MainWindow"
        xmlns="http://schemas.microsoft.com/winfx/2006/xaml/presentation"
        xmlns:x="http://schemas.microsoft.com/winfx/2006/xaml"
        xmlns:d="http://schemas.microsoft.com/expression/blend/2008"
        xmlns:mc="http://schemas.openxmlformats.org/markup-compatibility/2006"
        mc:Ignorable="d"
        Title="Mi primera ventana WPF" Height="450" Width="800">
    <Grid>
        <Grid.ColumnDefinitions>
            <ColumnDefinition/>
            <ColumnDefinition/>
        </Grid.ColumnDefinitions>
    </Grid>
</Window>
```

Considerando el aspecto jerárquico del XAML, hay que insertar los componentes `Button` y `TextBlock` dentro del elemento `Grid`, definiendo en estos últimos a qué columna pertenecen gracias al atributo `Grid.Column`. El atributo `Text` permite definir lo que contiene el elemento de tipo `TextBlock`. De manera predeterminada, un elemento definido en XAML toma todo el espacio posible y su visualización empieza en la parte superior izquierda. Para que el botón esté centrado y tenga unas proporciones razonables, también hay que definir las propiedades `Height`, `Width`, `HorizontalAlignment` y `VerticalAlignement`:

```
    <Grid>
        <Grid.ColumnDefinitions>
```

```
            <ColumnDefinition/>
            <ColumnDefinition/>
        </Grid.ColumnDefinitions>
        <Button Grid.Column="0" Content="Hacer clic aquí" Height="30"
Width="120" HorizontalAlignment="Center" VerticalAlignment="Center"/>
        <TextBlock Grid.Column="1" Text="" HorizontalAlignment=
"Center" VerticalAlignment="Center"/>
    </Grid>
```

Observación

El componente `Label` también existe en WPF pero, para la visualización de texto simple, es preferible usar `TextBlock` porque es más ligero.

Dos enfoques permiten recrear el comportamiento que teníamos en WinForms:

- Gracias a los eventos y escribiendo el código C# en el código subyacente.
- Usando el patrón MVVM.

Esta última opción es la manera recomendada de crear una aplicación WPF extensible basándose en una arquitectura robusta y probada. Sin embargo, este libro no es un libro sobre WPF; por eso, iremos a la solución más accesible, ya que en este caso el propósito solo es mostrar la creación de aplicaciones WPF.

Así, se escribe el atributo `Click` en nuestro componente `Button` y, cuando estamos entre las comillas, Visual Studio nos ofrece una culminación con **Nuevo controlador de eventos** (eso quiere decir que Visual Studio va a generar automáticamente un método asociado y hacer el vínculo con el evento de clic del botón):

Ventana de asistencia de Visual Studio para el evento del clic

Pulsando la tecla [Intro], llegamos al método generado en el código subyacente. Aquí, encontramos la misma lógica que lo que habíamos hecho en WinForms, y la clase `MessageBox` también está disponible. En contraposición, no tenemos acceso a la etiqueta porque esta última no tiene nombre de manera automática, como es el caso en WinForms.

Para que la etiqueta esté accesible al nivel del código subyacente, hay que nombrarla usando el atributo `x:Name`. Por eso, vamos a modificarlo para darle el mismo nombre que WinForms, `label1`:

```
<TextBlock x:Name="label1"
       Grid.Column="1" Text=""
       HorizontalAlignment="Center" VerticalAlignment="Center"/>
```

Observación

El prefijo `x:` corresponde al espacio de nombres (en el sentido XML) donde se encuentra el atributo `Name`.

Una vez hecho esto, podemos definir la propiedad `Content` directamente desde el código subyacente:

```
private void Button_Click(object sender, RoutedEventArgs e)
{
    label1.Text = "Última vez que se ha hecho clic en el botón: " +
DateTime.Now;
    MessageBox.Show("Ha hecho clic en el botón");
}
```

Podemos lanzar nuestra aplicación con la ayuda de Visual Studio y, cuando hacemos clic en el botón, conseguimos el mismo funcionamiento que teníamos antes con WinForms.

Pero ya sea WPF o WinForms, estos dos frameworks solo permiten realizar aplicaciones Win32, es decir, aplicaciones que se basan en las API del sistema operativo Windows que existen desde Windows 95 (aunque, por supuesto, estas últimas han sido mejoradas).

Con la llegada de Windows 10, Microsoft ha lanzado un conjunto de API mucho más modernas para crear aplicaciones dinámicas y responsivas gracias al framework UWP.

2.3 Universal Windows Platform (UWP)

Cuando Windows anunció la salida de Windows 10 en 2015, la promesa era un único sistema operativo, una única aplicación en UWP y todas las plataformas. En ese momento, Microsoft quería aprovechar Windows 10 como un SO que podía ejecutar en diversos periféricos (como los PC, tabletas, smartphones, Hololens, etc.). De ese modo, solo habría habido un único tipo de aplicación para crear, con un diseño responsivo, que habría podido publicarse en todas partes.

Desgraciadamente, el camino no ha sido tan fácil como estaba previsto y el abandono de plataformas como Windows 10 mobile forzó a Microsoft a revisar su trabajo.

Actualmente, UWP sigue existiendo para Windows 10 y permite crear una aplicación en muchos periféricos, pero la lista es más corta.

Las aplicaciones UWP son uno de los pocos casos en los que no se puede crear usando el comando `dotnet new`. Por eso, hay que pasar por Visual Studio para crear una aplicación nueva de este tipo.

Observación

Para que eso sea posible en Visual Studio, se recomienda haber instalado la carga de trabajo ***Desarrollo de la plataforma universal de Windows****, como se muestra en la imagen de debajo:*

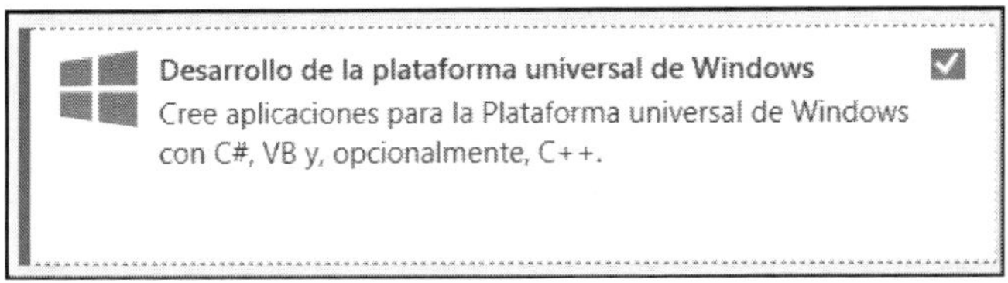

Carga de trabajo para desarrollo de la plataforma universal de Windows

Entonces, dentro del asistente Visual Studio creamos un tipo de proyecto nuevo, «Aplicación vacía (Windows universal)». Durante la creación, Visual Studio nos hace una pregunta bajo la forma de dos listas desplegables, nos pide la versión objetivo y la versión mínima.

En cada nueva versión de Windows, Microsoft introduce nuevas funciones y API en Windows con destino UWP. Por eso, cuando decidimos crear una aplicación nueva, hay que elegir la versión mínima de Windows 10 necesaria para ejecutar la aplicación. Cuanto más antigua sea esta última, menos funciones disponibles habrá. En la fecha de redacción de este libro, la versión mínima recomendada por Visual Studio es Windows 10 1809, es decir, la segunda actualización del año 2018. En cuanto a la versión objetivo, es la versión donde se supone que se va a ejecutar la aplicación. En este caso se recomienda elegir la última versión por fecha, considerando que Microsoft impulsa las actualizaciones de Windows de manera bastante agresiva.

Por eso, la configuración para este proyecto de prueba conservará las opciones predeterminadas ofrecidas por Visual Studio, es decir:

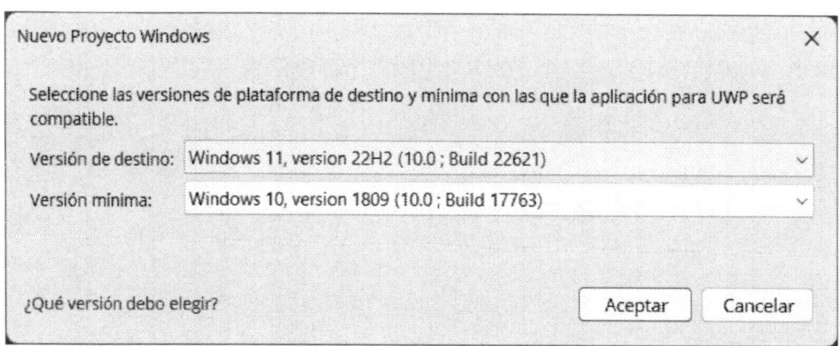

Elección de las versiones para la creación de la aplicación UWP

Observación

Si su sistema operativo no está configurado para activar el modo desarrollador, Visual Studio abre los parámetros de su sistema en la página correcta y solo hay que activar el modo desarrollador para seguir con la creación de la aplicación.

Una vez creada la aplicación, encontramos ideas similares a las que ya hemos visto en WPF. En efecto, UWP en C# usa el lenguaje XAML para la creación de interfaces gráficas. Aunque en la práctica el XAML de UWP está más evolucionado y es más completo que el de WPF, dentro del marco de nuestro ejercicio, no hay grandes diferencias. Así, en la ventana descrita dentro del archivo MainPage.xaml, podemos retomar el diseño que habíamos creado para WPF:

```
<Page
    x:Class="DesktopUWP.MainPage"
    xmlns="http://schemas.microsoft.com/winfx/2006/xaml/presentation"
    xmlns:x="http://schemas.microsoft.com/winfx/2006/xaml"
    xmlns:local="using:DesktopUWP"
    xmlns:d="http://schemas.microsoft.com/expression/blend/2008"
    xmlns:mc="http://schemas.openxmlformats.org/markup-compatibility/2006"
    mc:Ignorable="d"
    Background="{ThemeResource ApplicationPageBackgroundThemeBrush}">
    <Grid>
        <Grid.ColumnDefinitions>
            <ColumnDefinition/>
            <ColumnDefinition/>
        </Grid.ColumnDefinitions>
        <Button Grid.Column="0" Content="Hacer clic aquí" Height="30" Width="120"
                HorizontalAlignment="Center" VerticalAlignment="Center"
                Click="Button_Click"/>
        <TextBlock x:Name="label1"
               Grid.Column="1" Text=""
               HorizontalAlignment="Center" VerticalAlignment="Center"/>
    </Grid>
</Page>
```

También hay que ir al archivo de código subyacente para pegar en él el método al que se llama cuando se hace clic en el botón:

```
private void Button_Click(object sender, RoutedEventArgs e)
{
    label1.Text = "Última vez que se ha hecho clic en el botón: " +
DateTime.Now;
}
```

Observamos que hemos eliminado la llamada para la clase `MessageBox` porque esta última se basa en las API Win32, y en UWP debe ser sustituida por un planteamiento más moderno.

Hay muchas alternativas, y UWP permite definir el contenido de la ventana modal directamente en el archivo de la página para personalizar completamente la ventana emergente. Otro planteamiento es usar la clase `ContentDialog`, que muestra una ventana modal simple. Usaremos este planteamiento porque es más rápido y fácil. Ahora, el código del método al que se llama con un clic es el siguiente:

```
private async void Button_Click(object sender, RoutedEventArgs e)
{
    try
    {
        label1.Text = "Última vez que se ha hecho clic en el botón: " +
DateTime.Now;
        ContentDialog dialog = new()
        {
            Title = "Información",
            Content = "Ha hecho clic en el botón",
            CloseButtonText = "Ok"
        };

        await dialog.ShowAsync();
    }
    catch { }
}
```

Observación

Dado que el método `ShowAsync` de la clase `ContentDialog` es asíncrono, es necesario usar la palabra clave `await` delante y añadir `async` en la firma. En el caso de un método asociado a un evento gráfico, que es obligatoriamente `void`, hay que rodear totalmente el código del método mediante un `try catch` para evitar un paro general de la aplicación si se produce un error. Por supuesto, el bloque `catch` debería completarse para, como mínimo, señalar el error; aquí solo se trata de un ejemplo.

Si se lanza la aplicación, se obtiene el resultado esperado:

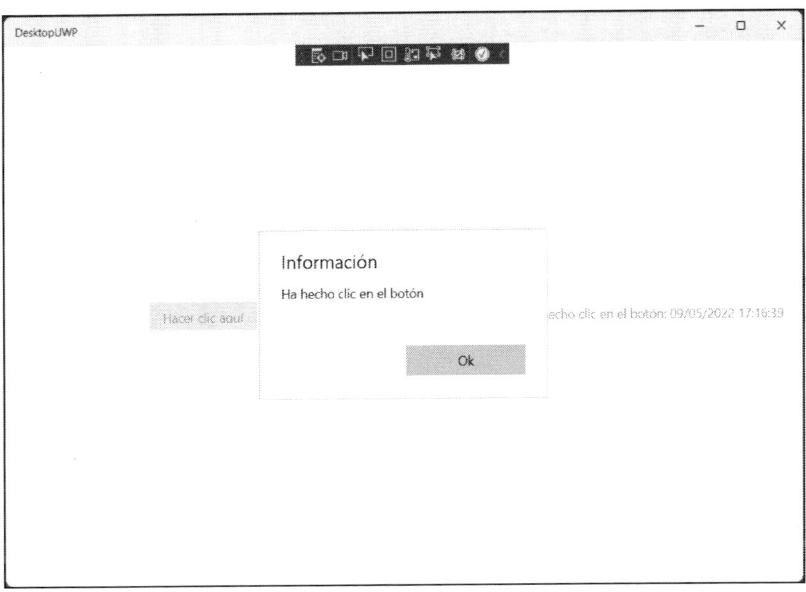

Resultado de la ejecución de la aplicación y del clic en el botón

Aquí hemos hablado de las tres maneras oficiales de crear una aplicación de escritorio con ayuda del lenguaje C#. Según el proyecto y las necesidades técnicas, hay que elegir una u otra solución. Por supuesto, solo se trata de pequeños ejemplos; cada tecnología ofrece un amplio grupo de ventajas, que no podemos tratar en este libro.

3. Aplicación móvil

Hay muchas herramientas que permiten realizar aplicaciones móviles para Android e iOS, las dos plataformas principales para los smartphones en la actualidad. Generalmente, encontramos dos tipos de herramientas:

- Las que permiten realizar una aplicación móvil a partir de un código fuente común en gran parte y generar una aplicación para las dos plataformas (cross-platform).

- Las que permiten realizar una aplicación móvil para una plataforma dada, directamente en el lenguaje de la plataforma de destino (nativo) o mediante otro lenguaje que se transformará en el de destino.

Apple tiene dos lenguajes para crear aplicaciones iOS: objective-C (lenguaje antiguo) y Swift (lenguaje nuevo). Respecto a Android, encontramos el lenguaje Java y el lenguaje Kotlin.

Como comprobamos, C# no tiene lugar en ninguna de las plataformas; sin embargo, se pueden realizar aplicaciones Android e iOS en C#, gracias a la tecnología MAUI.

Este framework de aplicación permite realizar los dos tipos de aplicaciones:

- Creando una aplicación móvil con un diseño común basado en el lenguaje XAML con el framework MAUI, que después se convertirá en aplicación nativa.
- Creando una aplicación móvil con un diseño mediante plataforma gracias a las herramientas de la plataforma objetivo, que también se convertirá en aplicación nativa.

Tanto si se elige una opción como si se elige la otra, se puede compartir el código de trabajo mediante librerías de clase en C#, lo que constituye la fuerza del framework.

3.1 MAUI

Una aplicación cross-platform permite producir una aplicación Android y una aplicación iOS a partir del mismo código de trabajo y de interfaz gráfica. El framework MAUI permite realizar una aplicación que podrá derivar en aplicación móvil y de escritorio. Por el momento, nos contentaremos con explorar la parte móvil.

Para desarrollar nuestra nueva aplicación, es necesario que nuestro entorno esté preparado. En efecto, hasta ahora hemos usado Visual Studio Code, que es un editor multiplataforma. Microsoft ha publicado una extensión dedicada al desarrollo de aplicaciones MAUI bajo Visual Studio Code. Esta aplicación se llama .NET MAUI y, en el momento de escribir este trabajo, está disponible en versión preliminar.

Observación

La extensión .NET MAUI en Visual Studio Code se creó cuando Microsoft decidió abandonar Visual Studio en Mac. De hecho, esta extensión sigue siendo la única forma actual de crear aplicaciones MAUI multiplataforma. Aunque funcional, aún no cuenta con toda la comodidad que podría ofrecer Visual Studio 2022 en Windows. Será suficiente para nuestra aplicación de demostración, pero para una aplicación más grande, el autor recomienda optar por Visual Studio 2022 en Windows.

MAUI necesita instalar un conjunto de herramientas y de kits de desarrollo para que todo esté listo para cada una de las plataformas. Es posible instalar cualquier cosa relacionada con MAUI desde Visual Studio 2022 o desde la línea de comandos. En el caso de esta última opción, para permanecer en Visual Studio Code, deberá introducir los siguientes comandos:

```
dotnet workload update
dotnet workload install maui
```

La instalación de la carga de trabajo MAUI desde la línea de comando también agregará las plantillas para el comando `dotnet new`. Para enumerar las plantillas disponibles, deberá escribir `dotnet new list`.

Este comando tiene el efecto de enumerar todas las plantillas que se pueden crear con el comando `dotnet new`, y deberíamos encontrar las plantillas MAUI al principio de la lista:

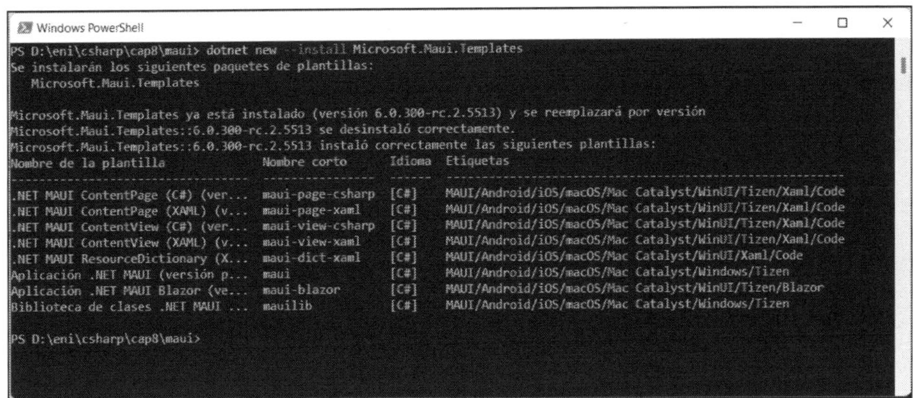

Resumen de las plantillas disponibles a partir de ahora con dotnet new

De manera predeterminada, la creación de una aplicación MAUI se dirige a las plataformas iOS, Android, macOS, Tizen y Windows, es decir, que una única aplicación permite obtener una aplicación que se ejecuta en dispositivos móviles y también en los entornos de escritorio, así como en televisores Samsung.

Observación

La generación de aplicaciones para el entorno Apple necesita un Mac para crear los binarios. Siempre se puede experimentar bajo Windows sin tener un Mac disponible, pero, para una aplicación publicable, este último es imprescindible.

Tras la ejecución del comando `dotnet new maui`, se han generado muchos archivos, que constituyen nuestra nueva aplicación MAUI:

Nombre	Fecha de modificación	Tipo	Tamaño
Platforms	10/05/2022 0:38	Carpeta de archivos	
Properties	10/05/2022 0:38	Carpeta de archivos	
Resources	10/05/2022 0:38	Carpeta de archivos	
App.xaml	10/05/2022 0:38	Windows Markup ...	1 KB
App.xaml.cs	10/05/2022 0:38	Archivo de origen ...	1 KB
AppShell.xaml	10/05/2022 0:38	Windows Markup ...	1 KB
AppShell.xaml.cs	10/05/2022 0:38	Archivo de origen ...	1 KB
MainPage.xaml	10/05/2022 0:38	Windows Markup ...	2 KB
MainPage.xaml.cs	10/05/2022 0:38	Archivo de origen ...	1 KB
maui.csproj	10/05/2022 0:38	C# Project File	3 KB
maui.sln	10/05/2022 0:38	Visual Studio Solut...	2 KB
MauiProgram.cs	10/05/2022 0:38	Archivo de origen ...	1 KB

Lista de los archivos de una aplicación MAUI

Se observa la presencia de archivos XAML, que corresponden a la interfaz gráfica de nuestra aplicación, y de archivos CS, que contienen el código C#. También ha aparecido un archivo SLN; este último es un archivo de solución para trabajar con Visual Studio Code.

Al abrir Visual Studio Code, es posible que vea la siguiente ventana emergente:

Ventana emergente de información que indica que falta la instalación del SDK de Android

Para resolver este problema, deberá hacer clic en el botón **Configure**, que le permitirá abrir un asistente que deberá seguir para resolver los problemas. En nuestro caso vamos a trabajar con una aplicación bajo Windows.

Una vez abierta la solución en Visual Studio Code, podremos iniciar la aplicación .NET MAUI según nuestro sistema operativo y sus capacidades. En este caso, en Windows, la aplicación normalmente se abrirá como una aplicación nativa de Windows. Basta con que haga clic en el menú **Run** y luego elija **Start Debugging**. A continuación se inicia la aplicación:

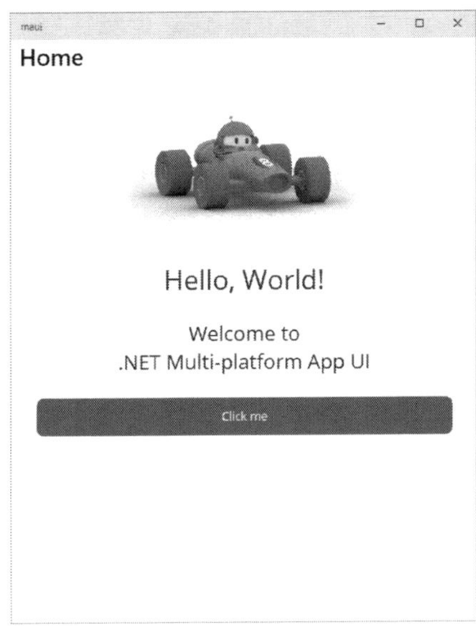

3.2 Código

A partir de ahora tenemos la capacidad de programar en nuestra aplicación MAUI. Para eso, se observará que las pantallas MAUI usan la misma tecnología que WPF y UWP, el XAML, pero en una variante ligeramente diferente.

Vamos a retomar la misma lógica que hemos visto anteriormente. Abriendo el archivo MainPage.xaml, vamos a poder editarlo de la siguiente manera para recrear las mismas funciones:

```
<ContentPage xmlns="http://schemas.microsoft.com/dotnet/2021/maui"
             xmlns:x="http://schemas.microsoft.com/winfx/2009/xaml"
             x:Class="MauiApp1.MainPage"
             BackgroundColor="{DynamicResource SecondaryColor}">

    <ScrollView Padding="{OnPlatform iOS='30,60,30,30', Default='30'}">
        <Grid RowSpacing="25" RowDefinitions="Auto,Auto">

            <Button
                Text="Hacer clic aquí"
                FontAttributes="Bold"
                Clicked="OnButtonClicked"
                HorizontalOptions="Center" />

            <Label
                Text=""
                Grid.Row="1"
                FontSize="18"
                FontAttributes="Bold"
                x:Name="label1"
                HorizontalOptions="Center" />
        </Grid>
    </ScrollView>
</ContentPage>
```

También será necesario modificar el código asociado en el archivo XAML (el código subyacente o *code-behind*):

```
using Microsoft.Maui.Controls;
using System;

namespace MauiApp1
{
    public partial class MainPage : ContentPage
    {
        public MainPage()
        {
            InitializeComponent();
        }

        private async void OnButtonClicked(object sender, EventArgs e)
        {
            label1.Text = "Última vez que se ha hecho clic en el botón: " +
DateTime.Now;
            await DisplayAlert("Información", "Ha hecho clic en
el botón", "OK");
        }
    }
}
```

Una vez realizadas estas modificaciones, podemos reiniciar la aplicación para comprobar que nuestro código es funcional:

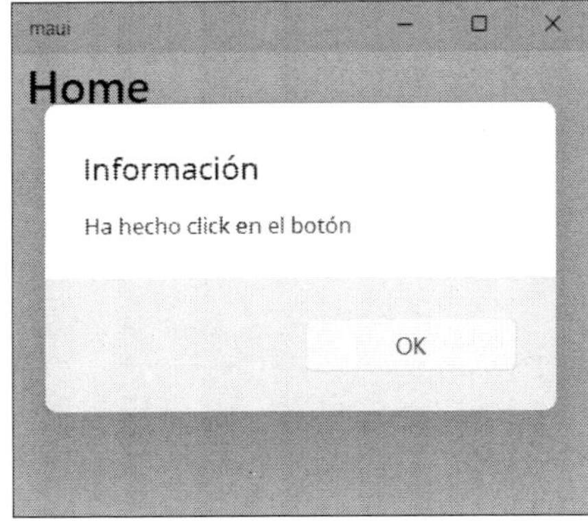

Ejecución de la aplicación MAUI personalizada

4. Conclusión

Hemos visto brevemente en este capítulo todo lo que se puede hacer con .NET en cuestión de aplicaciones. Ya sea web, escritorio o móvil, se puede realisar un conjunto bastante amplio de soluciones gracias al lenguaje C#.

Por supuesto, lo que hemos visto en este capítulo es una introducción muy ligera, y cada solución tiene sus propias especificaciones y capacidades, que no se pueden abarcar en un solo capítulo, porque cada una ellas podría ser el tema de un libro como mínimo. Sin embargo, así tiene una visión general de lo que se puede hacer, junto con un ejemplo que le permite seleccionar bastante rápido las tecnologías que le interesan para profundizar en el tema.

Capítulo 9
Referencia

1. Introducción

Este capítulo sirve de referencia para las palabras clave usadas por C#. Están agrupadas de manera lógica en función de su uso.

2. Palabras clave de tipo

Estas palabras clave están reservadas por el lenguaje para ilustrar un tipo de datos.

– `bool`: representa un valor booleano.

```
bool verdadero = true;
```

– `byte`: 0 a 2_8-1: representa un valor entero comprendido entre 0 y 255.

```
byte diez = 10;
```

– `char`: representa un carácter Unicode.

```
char a = 'a';
```

– `decimal`: ± -10_{28} a ± 10_{28}: representa un número con coma para simplificar los cálculos financieros. Recuerde: durante la declaración hay que añadir el sufijo «m» al valor.

```
decimal diezCincuenta = 10.5m;
```

- `double`: $\pm -10_{324}$ a $\pm 10_{308}$: representa un número con coma usado para los cálculos científicos. `double` permite almacenar un valor extremadamente grande y preciso.

```
double diezCincuenta = 10.5;
```

- `float`: $\pm -10_{45}$ a $\pm 10_{38}$: representa un número con coma usado para los cálculos científicos. El valor almacenado en un `float` es menor que un `double`. Recuerde: durante la declaración hay que añadir el sufijo «`f`» al valor.

```
float diezCincuenta = 10.5f;
```

- `int`: -2_{31} a 2_{31}-1: representa un valor entero.

```
int diez = 10;
```

- `long`: -2_{63} a 2_{63}-1: representa un valor entero muy grande.

```
long grand = 1_000_000_000_000_000;
```

- `object`: representa la clase básica de cada tipo del framework .NET. Permite almacenar cualquier tipo de valor (boxing/unboxing).

```
object data = "Cadena dentro de un objeto";
```

- `sbyte`: -2_{7} a 2_{7}-1: representa un valor entero comprendido entre -128 y 127.

```
sbyte menosDiez = -10;
```

- `short`: -2_{15} a 2_{15}-1: representa un valor entero de tamaño medio.

```
short diezMil = 10_000;
```

- `string`: representa una cadena de caracteres.

```
string nombre = "Christophe";
```

- `uint`: 0 a 2_{32}-1: representa un entero sin signo (obligatoriamente positivo).

```
uint diez = 10;
```

- `ulong`: 0 a 2_{64}-1: representa un valor entero positivo grande sin signo (obligatoriamente positivo).

```
ulong grand = 100_000_000_000_000_000;
```

– ushort: 0 a 2_{16}-1: representa un valor entero de tamaño medio sin signo (obligatoriamente positivo).

```
ushort diezMil = 10_000;
```

– var: es un método abreviado que permite dejar al compilador generar el tipo subyacente.

```
var data = "cadena";
```

– void: está reservado para el tipo de retorno indicando que no hay valor de retorno.

```
public void Metodo() { }
```

3. Palabras clave de programación orientada a objetos

Las palabras clave presentadas en esta sección se usan durante la definición de objetos.

– abstract: permite indicar que una clase o un método es abstracto.

```
public abstract class MiClaseAbstracta
{
    public abstract void MiMetodoAbstracto();
}
```

– base: da el acceso a la clase familiar en el marco de la herencia.

```
public class MiClase : ClaseBasica
{
    public MiClase(int valor) : base(valor) { }
    public override void Metodo()
    {
           base.Metodo(); // llamada del método en la clase madre
    }
}
```

- `class`: se usa para la definición de tipos como si fueran una clase. Recuerde: la convención de denominación de una clase respeta las mayúsculas y las minúsculas.

```
public class MiClase { }
```

- `enum`: permite hacer la definición de una enumeración. La enumeración debe colocarse al mismo nivel jerárquico que una clase (dentro de un espacio de nombres).

```
public enum Dia
{
    Lunes,
    Martes,
    Miercoles,
    Jueves,
    Viernes,
    Sabado,
    Domingo
}
```

- `file`: define un elemento cuya visibilidad solo existe como parte del archivo de código fuente actual.
- `get`: permite definir la función de recuperación de un valor en una propiedad. Usada sin cuerpo, permite definir la lectura de manera automática.

```
public int Valor { get { return 42; } }
```

- `in`: aplicado en un parámetro, indica que el valor es forzosamente de solo lectura. Intentar modificar el valor provocará un error de compilación. Esta palabra clave también se usa en el bucle `foreach` para especificar la colección recorrida.

```
public void Metodo(in MiClase c)
{
}

foreach(var value in collection)
{
}
```

- `init`: permite definir que el setter de una propiedad solo está disponible en la construcción y en la inicialización simplificada.

```
public string Nombre { get; init; }
```

- `interface`: se usa para la definición de un tipo como si fuera una interfaz. Recuerde: por convención, el nombre de una interfaz empieza con una i mayúscula.

```
public interface IMiInterfaz
```

- `internal`: define un alcance que garantiza la visibilidad únicamente dentro de la misma assembly.

```
internal class MiClaseInterna { }
```

- `namespace`: se usa en la definición del espacio de nombres.

```
namespace MiEspacioDeNombres
{
}
```

- `new`: permite instanciar un objeto nuevo en memoria.

```
var miClase = new MiClase();
```

- `override`: sirve para definir la sobrecarga de un método de la clase madre.

```
public override void Metodo()
{
}
```

- `private`: define un alcance que garantiza la visibilidad únicamente dentro de la misma clase.

```
private bool miValor;
```

- `private protected`: define un alcance que garantiza la visibilidad únicamente dentro de la misma clase y de las clases hijas que se sitúan dentro del mismo proyecto.

```
private protected int valor;
```

- `protected`: define un alcance que garantiza la visibilidad únicamente dentro de la clase y su descendencia.

```
protected string cadena = "Conexión";
```

- `protected internal`: define un alcance que garantiza la visibilidad dentro de la clase y su descendencia, así como dentro de todas las clases en la misma assembly.

```
protected internal int data;
```

- `readonly`: indica que un valor solo se puede definir en el momento de la construcción de un objeto.

```
private readonly int valor;
```

- `record`: se usa para la definición de tipo como si fuera un record.

```
public record Data(string valor);
```

- `record struct`: se usa para la definición de tipo como si fuera un record que se almacenará dentro de una estructura, en lugar de una clase.

```
public record struct DataStruct(string data);
```

- `sealed`: especifica que la clase no se puede heredar.

```
public sealed class ClaseFinal { }
```

- `set`: permite definir la función de escritura del dato de una propiedad. Usada sin cuerpo, permite definir la escritura de manera automática.

```
public int Valor { get; set; }
```

- `static`: indica que la clase no se puede instanciar o, en un método, indica que el método se puede invocar sin instancia.

```
public static class MiClaseEstatica
{
    public static void MetodoEstatico() { }
}
```

- `struct`: se usa para la definición de tipo como si fuera una estructura.

```
public struct MiEstructura
{
}
```

- `value`: disponible dentro de la función de `set` de una propiedad, contiene el valor nuevo que se quiere asignar a la propiedad.

```
public int Cuadrado { get { return cuadrado; } set { cuadrado =
value ^ 2; } }
```

- `virtual`: indica que un método se podrá sobrecargar en las clases hijas.

```
public virtual void MetodoSobrecargable() { }
```

4. Palabras clave algorítmicas

Las palabras clave presentadas en esta sección se usan durante la escritura de algoritmos en C#.

- `as`: intenta efectuar la conversión hacia el tipo deseado. Si eso no es posible, se devuelve el valor especial `null`.

```
object valor = 42;
string data = valor as string; // data contendrá null
```

- `async`: marca un método como su fuera asíncrono.

```
public async Task MiMetodoAsincrono() { }
```

- `await`: permite esperar a un método asíncrono que devuelve una promesa.

Observación

`await` solo se puede usar dentro de un método marcado como `async`.

```
public async Task MiMetodoAsincrono()
{
    await MiOtroMetodoAsincrono();
}
```

- `break`: colocado dentro de una instrucción `switch`, permite indicar el final de un tratamiento, o se usa dentro de un bucle para provocar el paro de este último.

```
// instrucción switch
switch(data)
{
    case "0" :
```

```
    break;
}

// bucle
while(true)
{
    break;
}
```

- `case`: colocado dentro de una instrucción `switch`, permite indicar un caso.

```
switch(data)
{
    case "0" :
    break;
}
```

- `catch`: permite definir un bloque de gestión de un error. Se sitúa obligatoriamente a continuación de un bloque `try`.

```
try
{
}
catch(Exception e)
{
}
```

- `continue`: permite interrumpir la iteración actual de un bucle para pasar directamente al siguiente.

```
for(int i = 0; i < 10; i = i +1)
{
    continue;
}
```

- `const`: indica que el valor será constante, es decir, fijado en el momento de la compilación.

```
public void Metodo()
{
    const int respuesta = 42;
}
```

- `default`: define una etiqueta especial de una instrucción `switch` que permite especificar el caso «por defecto», es decir, no gestionado por las otras etiquetas `case`.

```
switch(valor)
{
    case "0" : ...
    break;
    default: ...
    break;
}
```

- `delegate`: permite definir un delegado (puntero en función).

```
public delegate void MiFuncion(string param);
```

- `do`: se usa para definir un bucle «`do while`».

```
do
{
} while(true);
```

- `else`: permite definir un bloque para la condición inversa del `if` escrito inicialmente. También se puede usar junto con otro `if`.

```
if(test)
{
}
else
{
}
```

- `event`: permite definir un evento C#.

```
public event MiFuncion OnMiFuncion;
```

- `finally`: permite definir un bloque que se ejecuta de manera sistemática durante la evaluación de un `try catch`. Observación: se puede tener solo un bloque `try finally`.

```
try
{
}
catch
{
}
```

```
finally
{
}
```

- `for`: se usa para definir un bucle `for`, bucle que toma una condición de partida, una condición de salida y una función de evaluación en cada iteración.

```
for(int i = 0; i < 10; i = i + 1)
{
}
```

- `foreach`: sirve para definir un bucle `foreach`, usado para recorrer todos los elementos de una colección.

```
foreach(var item in collection)
{
}
```

- `if`: se usa para definir un bloque de código ejecutado únicamente sobre la base de una condición.

```
if(i > 10)
{
}
```

- `is`: se usa en el marco de la coincidencia de patrones para verificar si un valor es de un tipo deseado.

```
object data = "valor";
if(data is string str)
{
}
```

- `null`: sirve para describir la ausencia de valor.

```
object obj = null;
```

- `out`: indica que un parámetro de método está disponible como escritura. Recuerde: esto no funciona en los métodos asíncronos.

```
public void Metodo(out int data)
{
    data = 42;
}
```

– `params`: indica que un parámetro de método (de tipo tabla) puede tener un conjunto de valores ilimitado.

```
public void Metodo(params int[] args)
{
}
```

– `ref`: indica que un parámetro de método se pasa como referencia en lugar de pasarse mediante valor (para el caso de los tipos de valores) o que se trata de una referencia de puntero (para el caso de los tipos de referencias).

```
public void Metodo(ref int valor)
{
}
```

– `return`: se usa para indicar el final de un método (retorno al llamador) o el retorno de un valor.

```
public void Metodo()
{
    return;
}
public int Calc()
{
    return 42;
}
```

– `switch`: instrucción algorítmica que permite someter un valor a un conjunto de etiqueta. Se puede usar bajo la forma de una instrucción o de una expresión.

```
switch(valor)
{
    case "0": ...
    break;
}
valor switch
{
    "0" => ...
}
```

- `throw`: se usa para devolver una excepción. Dentro de un bloque `catch`, la palabra clave solo indica que se debe propagar la excepción.

```
throw new Exception();
try
{
}
catch(Exception e)
{
    throw;
}
```

- `try`: se usa para definir un bloque de evaluación de código que podría devolver una excepción. Se coloca obligatoriamente después de un bloque `catch/finally` o simplemente `finally`.

```
try
{
}
catch(Exception e) {}
finally {}
```

- `when`: se usa con el propósito de poder aplicar un filtro en un bloque `catch`.

```
try
{
}
catch(HttpException e) when (e.StatusCode == 404)
{
}
```

- `while`: sirve para declarar un bucle `while` (mientras).

```
while(true)
{
}
```

B

C

D

E

F

G

H

I

J

L

P

R

S

T

U

V

W

Y

Z